阿米巴合伙制

帅超◎著

北京联合出版公司

图书在版编目（CIP）数据

阿米巴合伙制 / 帅超著 . -- 北京：北京联合出版公司 , 2019.7
ISBN 978-7-5596-3186-2

Ⅰ . ①阿… Ⅱ . ①帅… Ⅲ . ①企业经营管理 Ⅳ . ① F272.3

中国版本图书馆 CIP 数据核字 (2019) 第 077039 号

阿米巴合伙制
作　　者：帅　超
选题策划：北京时代光华图书有限公司
责任编辑：牛炜征
特约编辑：刘冬爽
封面设计：新艺书文化
版式设计：蔡晓波

北京联合出版公司出版
（北京市西城区德外大街 83 号楼 9 层　100088）
北京市晨旭印刷厂印刷　新华书店经销
字数 290 千字　787 毫米 ×1092 毫米　1/16　23 印张
2019 年 7 月第 1 版　2019 年 7 月第 1 次印刷
ISBN　978-7-5596-3186-2
定价：68.00 元

未经许可，不得以任何方式复制或抄袭本书部分或全部内容
版权所有，侵权必究
本书若有质量问题，请与本社图书销售中心联系调换。电话：010-82894445

特别推荐

帅超老师这本书非常精准地剖析了稻盛和夫先生阿米巴经营的精髓，并在阿米巴经营本土化的实践基础上，提炼出一系列的原则、方法和工具，中国企业想要落地阿米巴经营模式，不可不看此书。

——广东三雄极光照明股份有限公司（深圳主板上市公司） 总裁 林元

经过三年多阿米巴经营体系的试行，联创光电在业绩提升、营销团队建设、绩效考核体系完善等方面都取得了可喜的成绩。而这些收获正是在帅超老师的辅导和培训下取得的。

本书详细阐述了阿米巴经营模式在中国企业导入的步骤和方法，值得企业学习、借鉴。

——江西联创光电科技股份有限公司（上海主板上市公司） 总裁 孙宁

帅超老师这本书的最大特点，在于在充分消化了日式阿米巴经营模式的基础上，结合本土化实践，提出了一整套阿米巴经营模式本土化的落地步骤和方法，给读者切实的指导，推荐阅读。

——华测检测认证集团股份有限公司（深圳创业板上市公司）董事长　万峰

阿米巴经营基于独立核算，合伙人制则是建立在独立核算基础上的中、长期激励的结合。阿米巴与合伙制结合起来，是共享时代现代管理和人性化相结合的崭新经营模式，已经超越了商业模式和行业选择的重要性。

——湖南大汉汽车经营集团有限公司（中国500强企业）　总经理　刘大成

市面上有关阿米巴经营的书籍很多，但能把阿米巴经营模式本土化讲得这么透彻的却寥寥无几，能把阿米巴与合伙制的有机结合讲到位的，更是凤毛麟角。此外，帅老师率领的和道和专家团队对宇通集团的项目指导非常有效，解决了长期困扰我们的问题。

——山东宇通集团（东营综合型集团企业）　董事长　杨晓东

雇用时代已经结束，合伙制才是当今企业必行大道。帅超老师的这本书从经营哲学、组织设计、领导力培养、激励机制、信息化工具应用等方面全方位解析中国式阿米巴合伙制经营。可谓达于道，则合于一。

——东呈国际集团（中国酒店管理行业前五强）　副总裁　胡长征

无论是芬尼克兹的"内部创业"、海尔的"人单合一"、万科的

"事业合伙人",还是韩都衣舍的"三人小组",都可以理解为阿米巴经营模式在中国的变形。本书高瞻远瞩,既有完整的理论架构,又有丰富的实操案例,是不可多得的一本好书。

——深圳市永泰新欣科技有限公司(银行排队机、填单机行业排名第一) 董事长 陈桂平

如何让员工从被动管理走向主动经营,是当今企业普遍面临的一大头疼问题。我十多年前在自己的企业里摸索开展独立核算,取得了一定成效。看了这本书后,才恍然大悟,原来我的实践稻盛先生早就在做了,看来经营和管理思想是不分国界的。如何在中国企业中应用阿米巴模式,避免走弯路,帅老师的经验都浓缩在这本书里,值得我推荐给广大的中国企业家们。

——深圳市金谷园实业发展有限公司(中国团餐领域知名企业) 董事长 甘小红

如何对员工进行公开、公平、公正的考核激励,是一直困扰我的问题。帅老师通过对我司的咨询实践,很好地解决了这个问题,阿米巴经营通过独立核算,各部门的贡献一目了然,考核激励很精准;并且让企业走向数字化管理,又能够与精益生产有机结合。这本书是帅老师多年咨询实践的精华,值得研读!

——胜蓝科技股份有限公司(电子行业知名企业) 总经理 伍康华

如何开创阿米巴经营在工程领域的应用模式,帅老师引领我们进行了有成效的实践。这本书的实操案例、方法、工具都很翔实,落

地步骤讲得很透彻，相信它对中国广大摸索阿米巴经营的企业家大有裨益。

——大红点商业装饰工程（深圳）有限公司（深圳工装知名企业） 总经理 杨志朝

帅超老师有大学老师的经历，又有丰富的企业高管和咨询经历，是目前中国本土不可多得的咨询人才。本书详细地阐述了阿米巴经营模式在中国企业导入的步骤和方法，给读者提供了切实的指导，推荐阅读。

——江海得实集团（打印机销售代理知名企业） 董事长 张小娟

稻盛和夫先生确立的经营理念"在追求全体员工物质和精神两方面幸福的同时，为人类和社会的进步与发展做出贡献"对我来说是一种震撼，我重新思考了企业存在的意义，做企业是唤醒人性的光辉和善，而不是利用人性中的恶。帅老师对我司的项目辅导颇有成效，稻盛先生的教诲永记在心！

——哈尔冰创美佳地板销售有限公司（哈尔滨建材销售企业中销量排名第一） 董事长 刘美军

目录

序言　中国企业为什么需要阿米巴

第一篇
阿米巴经营为何风靡中国

第一章　阿米巴的经营原理 /003
阿米巴是什么 /005
用经营解决管理问题 /010
阿米巴经营风靡中国 /015

第二章　阿米巴与企业战略 /019
企业竞争力从何而来 /021
企业生命周期与事业生命周期 /024
三种基本的竞争战略 /027
由阿米巴引出：企业需要对战略做梳理和调整 /031

第三章 阿米巴的经营哲学 /047
　　道、法、术——阿米巴经营的三大支柱 /049
　　阿米巴经营哲学的原点——做人何谓正确 /050
　　阿米巴经营哲学的核心内容 /054
　　阿米巴经营哲学与企业文化 /055
　　阿米巴经营哲学的落地 /057
　　"六项精进"与"经营十二条" /059

第二篇

阿米巴经营在企业的实操落地

第四章 阿米巴经营的基础知识点 /075
　　阿米巴组织结构介绍 /077
　　三层业务链与 SBU、SDU /087
　　阿米巴经营的利润中心 /090
　　企业相关部门的职责划分与巴长的选择 /096
　　不同类型企业的阿米巴组织划分原则 /099

第五章　阿米巴经营的内部交易 /103

阿米巴产生内部交易的原因 /105

内部交易三要素及其关系构建 /109

内部交易定价的确定与企业类型息息相关 /113

总部固定费用的分摊 /121

第六章　阿米巴经营的会计核算 /125

财务会计、管理会计与经营会计 /127

经营会计报表的构建及七大核算原则 /131

企业更需要经营会计而不是财务会计 /144

经营会计与财务会计在科目设置与利润核算方面的不同 /146

经营会计必备三张表：损益表、资产负债表和现金流量表 /156

企业经营会计核算的难点解析 /158

第七章　阿米巴经营业绩分析与改善 /169

阿米巴经营会计的业绩分析模型 /171

如何开好业绩分析会 /175

业绩改善策略的制定与实施 /179

阿米巴业绩改善与精益生产、PDCA 循环的联系 /180

不同类型企业的业绩改善方法 /183

第八章 阿米巴经营的业绩评价与激励 /189

阿米巴的二元制业绩评价 /191

阿米巴组织绩效考核的原则 /193

阿米巴组织业绩评价与个人绩效考核 /194

阿米巴业绩评价如何避免承包经营的误区 /214

阿米巴费用中心的业绩评价 /218

阿米巴与股权激励、合伙制的相容 /220

第九章 阿米巴经营计划与量化分权 /239

阿米巴年度经营计划的原则及全面预算管理 /241

阿米巴年度经营计划的逻辑、步骤和流程 /243

流程分权与量化分权 /252

量化分权的种类 /256

量化分权与年度经营计划、经营会计报表的联系 /258

第十章 阿米巴经营中企业领导者的领导力问题 /261

阿米巴经营对企业干部人员的素质要求 /263

阿米巴巴长的任职资格 /264

经营管理委员会与经营管理部部长 /266

开创赋能领导力的新篇章 /269

领导者应该用什么方法提高领导力 /283

第十一章　阿米巴经营相关软件介绍 /289

企业需要阿米巴核算软件 /291

阿米巴核算软件的功能——核算、分析与考核 /292

阿米巴软件与 ERP 系统的对接 /297

和道和阿米巴软件的优势 /299

对阿米巴经营本土化的思考

第十二章　实践阿米巴经营过程中企业容易出现的误区 /303

企业在阿米巴实践过程中出现的误区举例 /305

阿米巴经营与"人单合一"的区别 /320

第十三章　阿米巴经营如何在中国企业中平稳落地 /325

中日两国文化对阿米巴经营模式的不同影响 /327

阿米巴经营模式本土化成功的核心："心学 × 实学" /330

阿米巴经营本土化落地步骤 /332

对阿米巴经营本土化的一些思考 /334

后记　企业为什么要选择和道和 /339

序言

中国企业为什么需要阿米巴

2010年，稻盛和夫先生通过阿米巴经营模式，成功拯救了濒临破产的日航，这个案例震惊了全球。之后阿米巴模式开始在中国风靡，根据我的判断，中国大陆已经导入，或者正在导入阿米巴经营模式的企业已经超过五万家。

在我看来，阿米巴经营模式在中国持续火热的原因，主要是它特别符合中国人传统的文化特性。"宁为鸡口，无为牛后"的典故出自《战国策·韩策一》，意思是宁愿做小而洁的鸡嘴，也不愿意做大而臭的牛屁股，后人也常把这句话化用为"宁为鸡头，不为凤尾"，认为人们在做事时，应该宁居小者之首，不为大者之后。"鸡头"可以理解为处在比较糟糕的环境和比较差的条件中的领头人，"凤尾"可以看作是处在优越而复杂的竞争环境中的追随者。信奉"宁为鸡头，不为凤尾"的人，处处以自己为重，使自己居于主导地位。

这样的文化导向与中国人根深蒂固的实用主义传统息息相关，"官本位""拜金主义""窝里斗"等都是这方面的极端表现，蕴藏着扭曲的个人主义，极度缺乏团队精神。因此，现代企业管理制度在中国很多企业中比较难推行下去，企业里大部分人个体主义思想泛滥，各自为政的习性突出，不太愿意遵从企业的规章制度。而且，企业里这种类型的人会受到其他人的羡慕，大家都认为这样的人有本事，并乐意效仿之。

根据员工的人性特点，企业想出了各种方法来应对。比如，万科公司就适时调整了自己的策略，把职业经理人制度改为合伙人制度。万科是一家从创业初期就推行职业经理人制度的公司，管理非常规范，员工素养普遍很高。但这样一家公司，却在2014年由现任万科董事会主席的郁亮喊出了响亮的口号："职业经理人已死，事业合伙人时代诞生！"随后，建立了公司层面的股票跟投和项目层面的项目跟投方式，以此转变员工的个体主义思想，把他们的个人利益和公司利益更加紧密地联系在一起。其中，项目层面的跟投方式，就是以项目为独立核算单元的阿米巴经营模式在项目类企业的成功变形。

阿米巴经营模式的基本特点是划小核算单元，并任命巴长，开展自主经营。这样，在较大的企业里面就有可能产生更多的基层组织，能干的人就有了更多的用武之地。企业里的人才基本都符合二八法则，只有20%的人适合当领导，其他大部分员工则不太具备职业化精神，这些人往往愿意吃大锅饭，而不愿意承担太多的责任。企业用阿米巴经营模式划小核算单元后，把一个个小组织的业绩精确反映出来，让那些想偷懒的人也无处遁形。

改革开放后，中国企业的发展模式也佐证了我上面的观点。在农村家庭联产承包责任制取得成功的基础上，从1985年开始，中国经济体制改革的重点转移到了城市，主要针对的是国有大中型企业，在积极探索所有权和经营权分离、刺激经营者积极性的基础上，创造了承包经营责任制、租赁制、资产经营责任制、税利分流，以及股份制试点等有利于企业发展的多种经营方式。

1988年，在国有企业承包经营责任制取得一定成功的基础上，国务院发布了《全民所有制工业企业承包经营责任制暂行条例》，最为直接的效果是在当年制止了国有企业利润的滑坡。但经过两年的企业活力激发和财政收入回升后，中国的国有企业经济效益再次出现严重下滑，据统计，不少地区出现了50%的企业亏损，全国平均30%以上的企业出现了亏损。从1992年以后，国有企业改革开始转向以产权改革为主导的路线，这标志着国有企业承包经营责任制改革的失败。

产生这个结果的主要原因是，企业承包经营责任制是一种只体现企业经营者和职工负盈不负亏的经营机制，无论对企业的出资人还是对企业的经营者、职工，都起不到约束和激励的作用，相反却可能成为滋生腐败、造成国有资产流失的温床。但是，由于企业承包经营责任制有操作简单、对经营者产生直接刺激的优点，这20多年来还是不断有民营企业试行这种制度。当2010年阿米巴经营模式从日本传到中国时，不少民营老板都误以为阿米巴就是日本式的企业承包经营责任制度。

当然除一些民营企业外，大多数企业在看到承包经营责任制的缺陷后，都开始主动寻求改变，并找到了一些适合本企业的管理方法。

20世纪90年代初，邯郸钢铁集团推行了"模拟市场核算，实行成本否决"的经营机制，取得了显著的经营效益和社会效益。1992年，邯钢推行的"市场经济条件下的有效成本管理法"荣获国家管理新成果二等奖，引得国有企业纷纷仿效。邯钢的经营机制，就是把大企业划小的独立核算基础上的成本管理方式。

2005年，海尔正式推出"人单合一"管理模式，2012年3月24日，"2012年全国企业管理创新大会"在北京举行，海尔以"自主经营体为基础的人单合一管理"模式在全国451项管理项目中脱颖而出，获得国家级企业管理创新成果奖一等奖第一名。2012年11月，"中国管理全球论坛暨中国管理模式杰出奖"颁奖典礼上，海尔集团荣获"中国管理模式杰出奖"之战略远见奖。2012年12月，张瑞敏获得了瑞士洛桑IMD商学院的"IMD管理思想领袖奖"。所谓"人单合一"的管理模式，也是基于划小组织单元、实行独立核算基础上的。

可见，采用阿米巴经营模式绝不是中国企业心血来潮的结果，它有着得天独厚的文化基因。下面，我再从五个方面系统阐述一下当代中国企业为什么需要阿米巴。

1. 提升企业组织能力的需要。

按照定义，组织能力是指公司在与竞争对手投入相同的情况下，具有以更高的生产效率或质量，将其各种要素投入转化为产品或服务的能力。

韩都衣舍是一家成功的电商企业，它实行的就是典型的阿米巴经营模式。韩都衣舍实行"单品全程运营体系"，即每一款产品的设计、销售等环节都以"产品小组"为核心，配合企划、摄影、营销、客服、物流等相关业务环节，全程数据化、精细化的运营管理系统，"多款少量，以销定产"，最大程度发挥互联网的特点，建立起"款式多，更新快，性价比高"的竞争优势，成功解决了服装行业最为头痛的库存问题，保证自己可以以极高的性价比给顾客提供更多的商品选择。

"单品全程运营体系"以产品小组为核心，产品小组在企业的整体规划下独立开展业务，独立运营、独立核算，同时相互配合，全面统筹。韩都衣舍围绕"产品运营"，设有267个产品小组，每个产品小组由3名成员组成，产品设计、页面制作、库存管理、打折促销等非标准化环节全权交由各小组单独负责。产品小组模式在最小的业务单元上实现了责、权、利的相对统一，是建立在企业公共服务平台上的"自主经营体"，培养出了大批具有经营思维的产品开发和运营人员。

作为"单品全程运营体系"的核心组成部分，产品小组模式的优势主要是：

（1）极大地提高了运营效率。只要在公司规定的框架内，产品小组完全可以按照自己的节奏控制产品开发、新品上架、打折促销等运营环节；对消费者的反馈，产品小组也有自主权利来选择是否对产品进行相应的修正和改进，提升消费者的体验。

（2）大大降低了库存风险。每个小组业绩考核的核心指标是销售额、毛利率和库存周转率，为了获得更大利润、更多提成，每个小组会根据公司提供的各种参考数据预估销售量，下订单时会遵循"少量多次"的原则，严格控制风险库存。韩都衣舍通过系统规范的数据模型，在新产品上架15天后，即按照数据将产品分为"爆、旺、平、滞"四类。不同级别的产品，企划中心都有相对应的营销政策，产品小组在企划中心的标准政策范围内，根据市场行情进行商品营销策略的确定和实施，使整个产品端的反应更灵敏，风险也更容易控制。

韩都衣舍的阿米巴模式能够取得成功，不仅在于其正确划分了阿米巴组织，进行独立核算和考核激励，更为关键的是建立了一个强大的平台组织，通过全新的供应链系统、IT系统、仓储系统、客服系统等，为各个小组提供了全方位的支持。

这种强大的平台组织，就是强大的组织能力的鲜明体现。人们通常认为的公司总部，履行的职责是"管控"，重点是防范风险，依靠的是权力；而平台型组织建设的公司平台，履行的职责是"服务"，重点是对业务单元的快速响应能力，依靠的是专业化。

2. 提升企业凝聚力的需要。

我曾在2016年去日本考察阿米巴经营模式，第一站就去了稻盛和夫纪念馆。馆内的解说员是京都陶瓷株式会社（以下简称"京瓷"）的一名30岁出头的普通男员工，我问他："京瓷的经营理念对你有什么影响？"他的回答是："每当我想起京瓷的经营理念时，就感到身上有无穷的力量。"

京瓷的经营理念是，追求全体员工物质和精神两方面幸福的同时，为人类和社会的发展进步做出贡献。这种经营理念的特殊性就在于它的出发点是员工而不是客户。

企业通常被认为有三个经营原点：顾客、股东和员工。事实上，"顾客第一"的本质仍然是"股东第一"。因此，企业实际只有两个经营原点——股东和员工。过去及当下，乃至未来较长时间内，绝大多数企业仍会把"股东第一"变形为"顾客第一"，以此作为自己的经营理念。

但稻盛和夫先生发现并亲自践行了另一个原点——员工，即以员工为起点，到顾客，再到股东。在他看来，"员工第一"关乎的是企业的可持续经营，是与企业战略发展紧密相关的大事。

西方文明受基督教影响，假定人性本"恶"，由于亚当和夏娃犯了错，被罚到人间，终身劳动为自己赎罪。所以，劳动是一件受罪的事，善待员工就是让他少干活。而在稻盛和夫看来，劳动是一件非常有意义的事情，是一个清洁自己灵魂的过程。人应该全力以赴地去劳动，不是为了追求金钱，而是追求整个过程中价值的实现，通过为他人服务创造更多的价值，同时修炼灵魂。

因此，京瓷的经营理念假定人性本"善"。稻盛和夫重新思考了企业存在的意义，认为做企业是唤醒人性的光辉和善，而不是利用人性中的恶。"自利则生，利他则久"，企业家应该具有人文情怀，提升人文精神。这种思想使京瓷的员工感受到了人性的关怀，提升了企业的凝聚力，并使企业的所有人都因为这个理念而紧紧地团结在一起。

3. 建立科学有效的激励机制的需要。

职业经理人最大的问题是缺乏责任的担当，基本上是包赢不包输，赢了参与分享，但是输了跟自己没关系，最多拍拍屁股走人就是了。也就是说，职业经理人可以共创、共享，但没有共担，一旦遇到巨大的行业风险，职业经理人便难以依靠。在未来，职业经理人制度会渐渐消亡，取而代之的是事业合伙人制度。

合伙制的重点是员工必须出资，与股东风险共担、利益共享。员工只有出资才能成为合伙人，才会对此提起重视，并珍惜结果。合伙制不同于传统的超额利润分红，而是要求与员工绑定利益；它也不同于股权激励，而是结合绩效考核，一年一签，运作起来更加灵活。

4. 提升企业利润的需要。

阿米巴的高利润从根本上来源于员工的自觉自愿，独立核算的成果可以清晰了解到各个巴工作的具体情况，从而实施精准的绩效考核，促使巴长带领巴员激发潜能，提高利润。

目前，很多企业都建立有庞大的数据系统，但里面的销售数据、生产数据、资产数据等却是一个个"数据孤岛"，没有形成一个整体。老板费了很大劲，用了很多软件系统，但相应的数据缺乏分析应用，也不知道如何应用，最后导致这些数据一文不值。

而阿米巴经营会计报表可以把这些数据联结起来，提供给企业一个基础的大数据系统，老板通过分析，就可以得到各个阿米巴单元的精准化改善策略。

5. 培养经营人才的需要。

阿米巴业绩分析会就是培养经营人才的"道场"。业绩分析会的主要内容是，巴长条理清晰地说明自己巴的业绩分析报告；接受上级和其他同事的质询；大家群策群力，形成能够改善业绩的针对性举措。

业绩分析会在循环改善业绩的同时，培养人才的经营思维、提升人才的经营能力。

所以，阿米巴经营模式在形式上符合中国人的文化基因，从内核上讲是企业发展的康庄大道，值得中国企业对此给予足够的重视。

因此，我的结论是，阿米巴是中国企业的必由之路！

第一篇

阿米巴经营为何风靡中国

第一章

阿米巴的经营原理

- 阿米巴是什么
- 用经营解决管理问题
- 阿米巴经营风靡中国

阿米巴是什么

阿米巴的源起

　　阿米巴经营的理念源于日本经营之圣——稻盛和夫。稻盛先生1959年创立京瓷后,公司迅速成长壮大。1965年,京瓷的员工规模超过200人,稻盛先生既要管研发,又要管生产,还要管销售,身心疲惫,这时的他开始苦苦寻求一个解决方案。有一天,他偶然阅读到中国古典文学名著——《西游记》,看到孙悟空学会七十二变后深受启发,感悟到企业成长壮大的秘诀应该在于对经营人才的复制。由此,稻盛先生对阿米巴经营下了这样的定义:

　　阿米巴经营是一种经营方法,也是一种组织形态,它以牢固的经营哲学为基础,把组织划分成一个个的小团体,通过独立核算制加以运作,在公司内部不断培养具备经营者意识的人才,实现全体员工共同参与经营的全员参与型经营。

　　这个定义体现了阿米巴经营模式的三大目的:第一,独立核算,也就是划小组织单元,每个单元都能单独计算利润;第二,培养经营人才，企业通过独立核算手段，有效地调动起员工的经营意识；第三，全员参与，阿米巴经营成功的标志就在于全体员工都能参与进去，其中，阿米巴经营的核算单元划小，可以保证基层的阿米巴巴长关注到手下的每一名员工，带动大家一起参与经营。

阿米巴本是单细胞的变形虫，多生活在水中，身体形状时常会发生变化，靠伪足运动或捕食。阿米巴原虫主要有三个特点：

第一，单细胞，容易复制，对生存环境的要求极低。与恐龙因不适应环境变化全部灭绝相比，阿米巴原虫已经在地球上生存了几十亿年，对生存环境几乎没有要求，是已知的生命力最强的生物体之一。

第二，团队精神。阿米巴原虫的生存状态很有趣，在学术上被称为"阿米巴运动"。阿米巴原虫一般生活在水底或潮湿的森林，它们常在土壤里爬行，以吞食细菌来维持生命，平均三四个小时进食一次。别看它只有单细胞，却可以做出人类才能做到的事。如果出现食物匮乏，挨饿的阿米巴原虫便开始发出一种化学信号，告诉同类，让它们到某个中心地点集合。不一会儿，4万～6万个"单细胞"便围聚在一起，形成一个团队。阿米巴原虫的整体被命名为"各列克斯"，外形如一只脱了壳的蜗牛，这只"蜗牛"以每小时一厘米的速度缓慢移动，之后，令人费解的事发生了。

尽管阿米巴原虫没有记忆器官，它们却记住了各自抵达集合地点的先后顺序。首批到达的阿米巴原虫总是走在队伍的前头，带领大队人马前进。如果人为地把它们调到队尾，它们也会迅速重返队首，保持最早的队形站位。这种极具团队精神的表现，使阿米巴原虫获得了更多的生存机会。

第三，自我牺牲精神。在寻找食物的路上，如果阿米巴原虫们一直没有收获，它们就会改变原先的主意，一起营建出一个类似高塔上的球体的建筑物。

这项工作需要明确的分工和专业的水平，但外人很难看出是谁在发号施令，指挥整个工程的进度。因为阿米巴原虫既没有触觉，也没有语言，更没有思想意识，它们不可能感知到各自所处的空间位置。阿米巴原虫之所以可以完成这项工作，是因为它具有下面这些能力：

一些略微迟到的阿米巴原虫会用它们的"躯体"筑成盘状基座，基座上架起的"根茎"则由先前到达的阿米巴原虫构成，最后一批报到的阿米巴原虫便会沿着这些"根茎"攀登而上，在最高处形成一个突出球囊。还有一部分阿米巴原虫像搭乘交通工具的乘客一样，一个个钻进球体内部，在里面改变形状，形成胞囊。接着，阿米巴原虫会主动收缩体积，脱出水分，并分泌一层包膜作为保护性外膜。它们中止了自身的新陈代谢，最后变成一颗小小的"种子"。之前那些以自身"血肉之躯"筑成球状结构的阿米巴原虫，注定会因缺乏食物而把自己推向死亡。

那些钻进球囊内部，形成"种子"的阿米巴原虫，过一段时间会因球囊破裂散落下来。如果此时有一阵风吹过，它们就有可能获得降落到潮湿土地上的机会，重新复活过来，再次摄食、分解，形成团队……

正因为阿米巴原虫有这样的特点，稻盛先生才用"阿米巴"来命名自己独创的这一套经营模式。如果有一个组织，它里面的每名员工都是"打不死的小强"，不达目的，誓不罢休；这个组织的团队精神很强，每个人都为了共同的组织目标而努力奋斗；在个人利益与组织利益发生冲突的时候，组织里的每一个人都愿意牺牲个人利益，来保证团队利益的最终实现，那么，这个组织肯定是有着恐怖战斗力的优秀组织。

阿米巴这个名字即由此而来，其主要目的就是为组织培养经营人才，保证组织在健康发展的基础上，追求企业利润的最大化。

阿米巴的构造原理

对于阿米巴经营模式的构造原理，稻盛先生是这样描述的：

在京瓷，以我的"会计学"和被称为"阿米巴经营"的小集体独立核算制经营管理体系作为两大支柱，支撑企业经营管理的根干。也可以把企业比喻成一间屋子，京瓷的经营哲学是地基，并由我的会计学和阿米巴经营体制两根柱子共同支持，缺少其中任何一根，这间屋子都不会建起来。

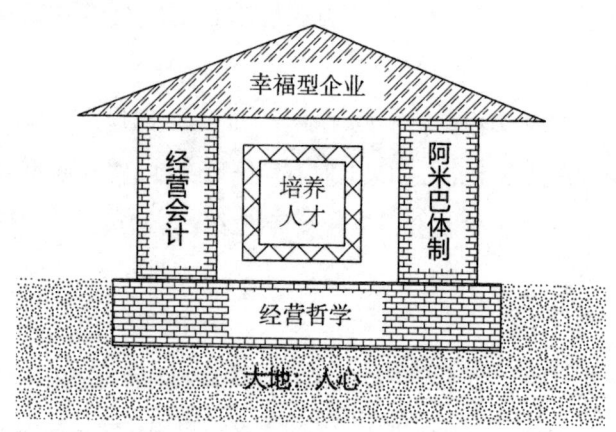

图1-1 阿米巴经营模式构造原理

可见，阿米巴经营模式是一套完整的，以经营哲学、经营会计、阿米巴体制为主的三位一体的经营模式，即：

阿米巴经营模式＝经营哲学 × 经营会计 × 阿米巴体制。

经营哲学：也就是人们常说的企业文化。其实，企业文化和经营哲学的内涵是相同的，只是用词稍有区别。

经营会计：是管理会计的一个分支，很多企业都建有自己的管理会计体系，以支持企业高层做出的经营管理决策。

阿米巴体制：指企业所拥有的一套完整的制度和流程。

为什么三者的关系是相乘而不是相加呢？这是因为三者之间存在互相渗透的关系。虽然很多企业都有自己的企业文化、管理会计和制度流程，但是企业经营依旧举步维艰，管理仍然漏洞百出，原因就在于这三者之间是"两张皮"的割裂关系，没有相互交融和渗透。即使这些企业的企业文化表面上看是"高大上"的，遇到实际问题却往往落实不下去，与企业的制度和流程背道而驰。"两张皮"的文化从本质上讲是虚假的，根本得不到广大员工的认同，自然也就落实不下去了。

阿米巴经营模式的三大构件可以分为如图 1-2 所示的三个层面：最基础的一个层面是经营会计，负责算账，因为涉及各部门的独立核算，所以需要提前制定内部交易价格，进行内部买卖；中间的一个层面是阿米巴体制，用制度和流程串联起整体的企业经营，通常会划小核算单元，并用经营会计的独立核算结果进行考评激励；最高的一个层面是经营哲学，指导企业经营不偏离企业设定的使命、愿景和核心价值观。

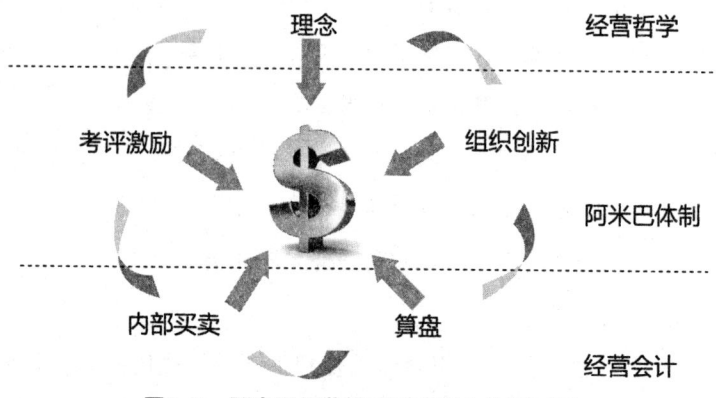

图1-2 阿米巴经营模式三层面立体解剖图

用经营解决管理问题

人们通常都会把经营和管理放到一起来讨论,认为它们是一体化中的两个概念,但实际上两者有很大的不同。

根据《极简管理:中国式管理操作系统》一书的观点,经营是从无到有、从小到大、从不发展到发展、从不安定到安定的创造过程;而管理是指通过计划、组织、指挥、协调、控制,以及创新等手段,结合人力、物力、财力、信息等资源,以期高效地达成组织目标的过程。由这个观点可知,经营和管理之间存在着明显差别,不能简单地一概而论。

总结来看,经营和管理有以下十个方面的差异(见表1-1):

表 1-1 经营和管理存在的十个差异

序号	经营	管理
1	如何选择做正确的事情	如何把事情正确地做好
2	把员工当"人"看	把员工当"物"看
3	决定企业发展和生死存亡	决定企业利润和工作效率
4	关注结果	关注过程
5	具有老板思维	具有员工思维
6	具备全局性整体思维	具备局部性模块思维
7	关注未来	关注当下
8	一直主动思考	一直被动思考
9	依靠原理和原则	依靠工具和方法
10	强调理念一致	强调专业技能

在这十个方面的差异里，最基本的是第一条，即经营解决的是企业"如何选择做正确的事情"，而管理解决的是企业"如何把事情正确地做好"。也就是说，经营解决的是关乎企业战略方向、生死存亡的大事，管理解决的则是组织在运转效率方面的提升问题。所以在企业中，经营一定是大于管理的，管理的具体行为要由经营来决定，并始终为经营服务。

经营和管理绝对不是平行的关系，而是经营领导管理，并决定企业未来的发展方向。企业如果没有搞明白这两者的关系，就极有可能犯"捡了芝麻，丢了西瓜"的错误。

表 1-2 经营、管理和执行的差异

经营	战略（空间：宏观；时间：大于 1 年）
管理	战术（空间：中观；时间：1 个月到 1 年）
执行	战斗（空间：微观；时间：1 个月以内）

由表 1-2 可知，经营思考的是企业的战略问题，管理思考的是企业的战术问题，执行思考的是企业的战斗问题。很显然，三者不是同一个层次的概念，在企业里这三者的关系应该是：经营＞管理＞执行。

如果一位老板天天关注执行问题和管理细节问题，而对经营问题不怎么上心，即使员工执行力很强，公司管理做得规范、有效率，也会出现老板天天救火，亲自解决管理和执行问题，员工则"跷着二郎腿，谈论公司发展战略和高层人事问题"的笑话。

企业想要解决上面的问题并不难，比如，稻盛和夫先生就用阿米巴经营模式彻底解决了日本航空公司濒临破产的难题。

2011 年，日本企业界发生了一件称得上是"奇迹"的事情，一位日本企业家仅用 14 个月的时间，就成功拯救了当时的世界第三大航空公司——日航，从年亏损 144 亿元人民币，强势逆转为年盈利 150 亿元人民币！创造这个"奇迹"的企业家，正是阿米巴经营模式的创始人——稻盛和夫先生。

稻盛和夫先生能实现这个"奇迹"的原因就在于，他是从经营的角度看待企业出现的问题，并把握住了这些问题的本质。

在他眼中，日航有如下怪象：

1. 日航是永远屹立不倒的民族骄傲。

日航公司的某些高层自大地认为，他们没有必要在意周围经营环境的变化，无论出什么事情，日航都不会倒下。

2. 维修用品一律是新品。

日航虽然建立了预算管理机制，但公司高层普遍认为航空公司属于设备密集型行业，在设备的维修和保养方面多花一些钱很正常，是没办法避免或解决的事情,因此对于预算的管理并不严格。

3. 经营计划是总部制订的。

经营计划是总部统一制订的,哪怕计划和实际相背离,底下的部门也不会主动改变。他们会觉得计划不是自己做的,不需要思考经营计划是否合适,照着做就好了。最终,计划变成仅仅是总部下达的任务而已。

4. 不同部门就好像是不同公司。

各项重要决策都局限于各部门内部贯彻执行,不仅各部门之间不会插手彼此的工作,就连在部门内部,干预他人工作也是不被允许的。

5. 工作手册比客户还重要。

所有工作都依赖于工作手册,一切必须严格从工作手册出发,绝不允许员工在工作现场自行做出判断。

6. 经营层是经营层,一线是一线。

经营层和一线员工之间有强烈的距离感,高层很少出现在工作现场,一线员工对他们也没有太深的印象。

7. 财务报表出来得特别慢。

公司的财务报表一般要两个月之后才能出来,经营层也不太关心每月盈亏的情况。

这些管理上的问题,在稻盛和夫先生这里都上升到了经营层面来解决。据此,他首先布置了针对日航高层的高强度培训,频率加大到每周4次,在短短1个月时间里组织了17次培训。其实,日航高层早就意识到了问题的存在,但他们苦于找不到解决的办法,因此只能在管理层面里手足无措地转圈圈。

在两个月的培训结束后,日航高层在意识理念方面发生了巨大的变化。"幸亏早期开展了领导人培训，在受过培训之后，再在经营层面做出判断时，就不会动摇了。""领导人培训带给我最大的益处就是，我像海绵吸收海水一样理解了什么叫作经营哲学。"

其次，稻盛和夫在这两个月的时间里一直思考如何把阿米巴经营模式导入日航。他研究后发现，航空公司最理想的方式是按照航线来划分组织，所以他把日航的每条航线都进行独立核算，然后，稳步推进他的重组计划：

1. 构建灵活的组织和管理体制，把总部重新划分为三大部门：业务部门、业务支持部门和总部部门。业务部门是利润中心，业务支持部门和总部部门是费用中心，以此明确各部门的收益责任。

2. 优化航线，彻底放弃不盈利的航线。

3. 削减机种，淘汰低效率的飞机。

4. 出售子公司，砍掉不相关的多元化业务。

5. 大幅缩小自营机场规模。

6. 削减30%的员工。

7. 重新评估办公室空间，削减房屋租金。

8. 大幅降低薪资水平。

9. 取消各部门采购权限，由采购总部统一负责。

由此可见，稻盛和夫拯救日航成功的核心因素在于他把握住了经营的本质。一方面，他从心学出发，通过培训提升了高层的经营意识，并鼓励高层到现场给员工传递能量；另一方面，他从实学出发，以阿米巴独立核算为基础，利用削减成本、提升利润的战略举措，在全体日航员工的高度配合下，一举扭转了日航持续亏损的不利局面。

阿米巴经营风靡中国

2008年世界金融危机爆发,中国企业受到了巨大的冲击。随着外部环境恶化,行业竞争激化,客户变得越来越挑剔,员工的要求越来越高,政府监管也越来越严,很多企业原本的一套经营模式变得难以维持和运行下去。

通过对这部分企业经营管理模式的分析,我认为它们在经营和管理上的主要问题是:第一,组织结构混乱,各部门权责不清,内耗严重;第二,会计核算大大滞后,无法实时反映经营状况;第三,企业内部利己主义盛行,员工对此怨声载道。

恰巧这时,稻盛先生带着他的阿米巴经营模式开始拯救日本航空公司,并获得了巨大成功,震惊全球,这自然也给身处金融危机中的中国企业带来了不少启发。

阿米巴经营模式源于中国传统的哲学思想,再加上西方先进的管理工具和方法,本质上是"心学 × 实学"的成功。只有算账,没有"大义名分"(大义名分来源于儒教,原指作为臣下应遵守的道义、节度、来历等的理想状态。在今天,主要是指"在采取行动时,主张其正当性的道理和根据")的经营哲学指导,企业就容易误入歧途,落入唯利是图的怪圈;只有经营哲学,却没有具体的工具和方法,那么再好的经营模式也无法落地。

正当中国企业家们焦虑烦恼时,稻盛先生适时地送来了已接受过千锤百炼的阿米巴经营模式,能够解决这些困扰中国企业的经营难题。企业家们发现,虽然一直都在学习西方先进的企业管理方法,但总觉得隔靴搔痒,不能从根本上解决问题。阿米巴经营模式中用经营解决管理问题的思路,让企业家们豁然开朗,很多管理难题也因此迎刃而解。而且,阿米巴经营模式奉行的经营哲学思想来自中国古代传统的儒家哲学,对中国的企业家们来说也更容易理解和运用。

稻盛先生的阿米巴经营模式,是奉行中国古老文化智慧并结合西方先进的管理制度和工具的集大成者。显然,这样的经营模式符合中国人的思维模式,工具和方法也简单明晰、易学易用,从而受到广大中国企业的热烈欢迎,并逐渐在中国风靡起来。

虽然阿米巴的经营模式逐渐在中国得到推广和认可,但还是有不少企业家对阿米巴模式产生了质疑:既然阿米巴模式这么好,为什么日本大多数企业还是走向了衰落?

其实日本企业的衰落,主要与日本经济经历了"失去的二十年"密切相关,这要从1985年《广场协议》(*Plaza Accord*)开始算起。20世纪80年代,日本与美国的双边贸易摩擦愈演愈烈,贸易战逐步升级为汇率战,美国集结英国、法国、联邦德国,和日本在纽约的广场酒店签订了《广场协议》,其目的在于联合干预外汇市场,使美元对日元及马克等主要货币有秩序性地贬值,以此解决美国巨额贸易赤字的问题。

《广场协议》的签订,对日本经济产生了难以估量的影响。在此之后,日元大幅度升值。在不到三年的时间里,美元对日元贬值了

50%，也就是说，日元升值超过了一倍。这对日本以出口为主导的产业结构产生了巨大的破坏作用。为了达到经济持续增长的目的，日本政府只能以调低利率等宽松的货币政策来维持国内经济的景气。从1986年起，日本的基准利率大幅下降，使得国内剩余资金大量投入股市及房地产等非生产工具上，形成了20世纪90年代著名的日本泡沫经济。日本房地产泡沫在1991年破灭之后，日本陷入"二战"后最严重的经济不景气状态，在持续了二十多年时间后，日本经济仍然没有完全复苏的迹象。

虽然日本宏观经济不景气，但并不代表日本企业没有了竞争力。1993年，美国《财富》杂志评选世界500强，排名前五的均是日本企业：三井物产、三菱商事、住友商事、伊藤忠商事、丸红商事。其中，三井物产在之后的十年时间里一直排在世界500强的前十位。2003年，三井物产把能源部门等重要产业机构独立核算，并且在全球设立独立法人企业，使自己在世界500强中的排名迅速下降，同时降低了外界对它的注意，其真正的实力和活动被隐藏了起来。三井物产代表着日本综合商社的经营模式，丰田、东芝、索尼、松下、三洋、NEC等世界知名日企的幕后推手都是三井物产。所以，日本企业只是隐藏了锋芒，实力依然是不可小觑的。

在科睿唯安（Clarivate Analytics，原汤森路透知识产权与科技事业部）评选的"2016年全球创新企业百强"中，美国以39家企业排名榜首，日本以34家企业排名第二，遥遥领先于其他国家，而中国仅有华为一家企业上榜。虽然媒体（包括日本媒体）都在强调日本"失去的二十年"，但在唱衰日本的同时，我们也应该看到，他们正在积极地为未来投资。以电子科技类企业为例，从表面来看，中国企业在狂飙突进，日本消费电子巨头都在衰退，殊不知日本电子行业巨头们的发展方向已经有了巨大变化，日本企业从B2C（business to customer，企业对消费者的电子商务模式）领域，逐渐转向B2B（business to business，企业对企业的电子商务模式）领域。如松下电器（Panasonic）向汽车电子、住宅能源、商务解决方案等领域扩展，夏普公司（Sharp Corporation）开始转向健康医疗、智能住宅、食品、水、空气安全领域等。

日本企业运用阿米巴经营模式，主动避开了终端市场竞争激烈的"红海"，转而向上游高附加值核心部件的"蓝海"扩展，日本电子行业也开始从亏损的泥潭中抽脱出来，积累资本，为未来投资。

第二章

阿米巴与企业战略

- 企业竞争力从何而来
- 企业生命周期与事业生命周期
- 三种基本的竞争战略
- 由阿米巴引出：企业需要对战略做梳理和调整

企业竞争力从何而来

按照教科书里的定义,企业竞争力是指在竞争性市场条件下,企业通过培育自身资源和能力获取外部资源,并综合加以利用,在为客户创造价值的基础上,所具有的能够比其他企业更有效地向市场提供产品和服务,并获得自身发展机会的素质。

如图 2-1 所示,企业竞争力主要分为两个层面。一个是外在的竞争力,也可以说是表象的竞争力,通过企业的产品、服务、研发、营销等方面展现出来,这种竞争力称为较差竞争力——比较差异竞争力,是企业的相对竞争力;一个是内在的竞争力,也可以说是深层次的竞争力,通过企业文化、经营要素、制度流程等方面展现出来,这种竞争力称为格差竞争力——人格差异竞争力,是企业的绝对竞争力。

下面,让我们先看一下企业的较差竞争力是如何表现出来的。

首先,企业的较差竞争力通过对顾客把握竞争力体现出来,即企业通过对顾客的把握,找准产品和服务的定位。比如苹果公司(Apple Inc.)的联合创始人史蒂夫·乔布斯(Steve Jobs)定义了新一代的智能手机产品,把握和引领了顾客的需求。

其次是商品竞争力,体现在对应顾客需求,开发出适合的产品和服务。比如华为手机,在前有苹果手机(iPhone)、后有同属于安卓系统的三星手机(Samsung)的夹击下,通过一系列的产品创新,形成了稳定的针对商务人群的 Mate 系列和针对年轻人的 P 系列高端智能手机,其销售量也呈现出逐年上升的趋势,体现出强劲的企业商品竞争力。

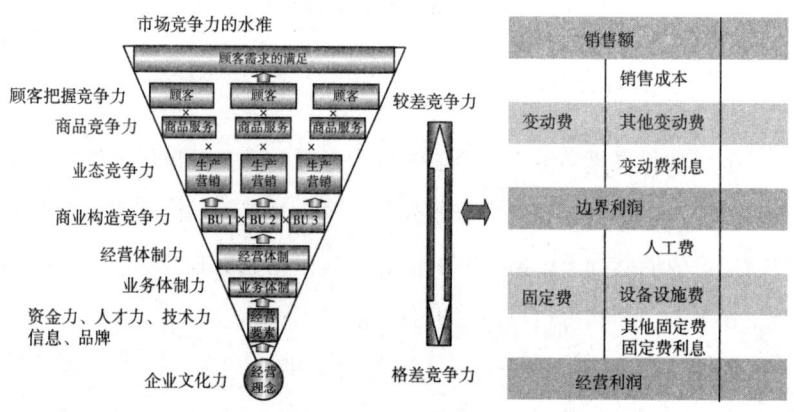

图2-1　市场竞争力模型

之后是业态竞争力,即企业在价值链上的侧重和选择,比如苹果公司选择在研发和营销等价值链的高端环节发力,在制造环节则选择全部外包。

以上几个方面的竞争力,处于经营会计报表边界利益以上的部分,通过企业的竞争策略、产品和服务直接体现出来,可以直接与同行进行比较,所以属于比较差异竞争力的范畴。

与边界利益平行的,称为商业构造竞争力,也就是企业不同的事业板块之间是否能产生协同效应,产生 1+1 > 2 的效果。比如小米公司,从 2010 年到 2013 年潜心用互联网模式打造小米手机,2014 年开始连续推出小米路由器、小米盒子、小米手环等消费电子类产品,这些产品都用互联网模式打造，相互之间的事业关联性非常强，极大地提升了小米的品牌知名度。

在经营会计报表边界利益以下的部分，主要通过企业文化、经营要素、制度流程等体现出来，叫作格差竞争力，这部分内容在经营会计报表上的表现就是固定费。

经营体制竞争力，主要体现在企业的制度流程是否具有优势，核心则体现在激励制度上，比如万科的事业合伙人制度。万科原有的职业经理人制度规定，在社会平均水平的净资产收益率以上部分，对经理人进行激励，这种激励制度在当时的房地产行业里已经处于领先地位。但万科发现职业经理人制度仍然是一种负盈不负亏的制度，职业经理人普遍缺乏责任的担当，于是在2014年，万科推出了事业合伙人制度，2500名骨干持有万科股份，与万科公司风险共担、利益共享。另外，万科创造了项目跟投制度，要求项目操作团队必须跟投自己的项目，这样才算真正解决了经理人普遍责任缺失的问题，取得了不错的效果。可见，万科在房地产行业的长期领先地位与它先进的管理制度密不可分。

商业体制竞争力，主要体现在企业的商业模式是否具有优势上，比如人们熟知的优步公司（Uber, Uber Technologies, Inc.）。优步公司的创始人特拉维斯·卡兰尼克（Travis Kalanick）2009年与朋友在巴黎游玩时，因苦于打不到车而萌生了开发手机打车软件的创意。优步公司提供的是高端的私家车预约服务，将用户需求与提供租车服务的司机直接联系起来，用户只需通过App一键发送打车请求，便会有车辆就近接送用户。优步软件操作起来十分方便，价格也比较合理，通常只有普通出租车的两倍，但带来的享受却是超值的，因此得到了大部分中产以上阶层乘客的青睐，优步也通过这种独特的商业模式获得了一日千里的飞速发展。

除体制竞争力外,企业的格差竞争力还体现在企业所拥有的经营要素上,比如资金、人才、技术、品牌、信息等,都是一家企业的绝对竞争优势,这些都很难被竞争对手超越。

在企业体制竞争力里,最深层次的是企业文化竞争力,即企业对于核心竞争力的概念。这里的核心竞争力不是指资金、人才、技术、品牌等单一的经营要素,而是隐含在公司核心产品或服务里面的知识和技能的集合体。

企业生命周期与事业生命周期

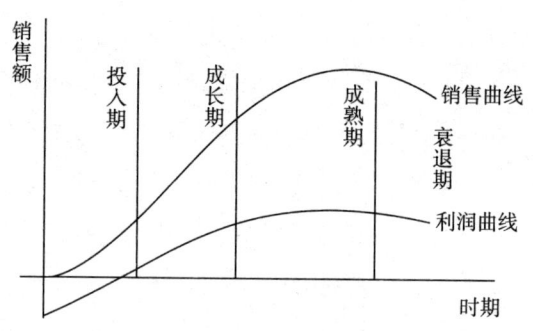

图2-2 企业的生命周期示意图

企业的生命周期,是指企业诞生、成长、壮大、衰落、死亡的全过程。迄今为止,在企业生命周期理论中最有代表性的是伊查克·爱迪思（Ichak Adizes）的理论，他撰写的《企业生命周期》一书，扩展了前人的企业生命周期理论，把企业成长过程划分为孕育期、婴儿期、学步期、青春期、盛年期前期、盛年期后期、贵族期、官僚初期、官僚期和死亡期等十个阶段。他认为，企业成长的每个阶段都可以通过灵活性和可控性两个指标来体现。当企业初建或年轻时，充满灵活性，做出变革相对容易，但可控性比较差，行为难以预测；当企业进入老化期，企业对行为的控制力较强，但缺乏灵活性，直到最终走向死亡。

按照企业生命周期理论，任何一家企业最后都会死亡，是不是说明，根本不可能有基业长青的企业呢？我认为这个观点是不对的。日本号称世界第一长寿企业之国，据统计，日本全国总共124万家公司，其中创业时间达百年以上的企业约2万家，200年以上的约1200家，300年以上的约400家，500年以上的约30家，1000年以上的有7家。综合来看，日本有百年以上历史的企业数量超过了其他发达国家的总和。在有着上千年历史的企业中，日本的金刚组公司最让人惊讶，金刚组创办于公元578年，至今已有1440年的历史了，是现存世上的最古老的家族企业。

日本人已经用实践证明，企业是没有生命周期的，只有事业才有生命周期，企业需要不断用新的事业取代旧的事业。所以，如果想延长企业的生命周期，就一定要注意对"事业"进行严格把控。如果想对事业进行准确把握，前提就是对"事业"这个概念有明确和细致的了解。

事业＝顾客 × 业态 × 商品力

事业之所以存在，首先一点就是能找准自己的目标顾客，也就是有明确的顾客定位。企业需要明晰顾客的需求，然后用精准的产品和服务来锁定这种需求，这是一家企业在创立初期就要解决的问题，也是企业发展战略的原点。

业态就是业务形态，即企业产品和服务的提供方式。在企业价值链上的各个环节，哪些是企业的优势，要牢牢把握的；哪些是可以外包，降低管理成本的。

表 2-1 企业业态体系分析图

事业＼业态要素	顾客信息	商品开发	设计	采购	生产	库存	物流	销售	售后服务	货款回收
SBU-1 代理商销售	×	○	○	○	○	○	×	一级代理	×	×
SBU-1 代理商销售	×	○	○	○	○	○	×	二级代理	×	×
SBU-3 OEM	×	×	○	○	○	×	○	○	×	×

说明：○表示自己做，×表示自己不做。货款回收是营销的结束又是营销的开始。

商品力是指决定顾客向企业购买产品和服务的前提要素，其本质是支撑顾客购买企业产品和服务的综合能力。

下面举一个例子来说明：

真功夫是中式快餐第一品牌，也是国内首家实现全国连锁发展的中式快餐企业，是中国快餐行业前五强中唯一的本土品牌。

当麦当劳、肯德基等"洋快餐"大肆进入中国市场时，真功夫的创始人从中看到了庞大的顾客需求。真功夫除了把布局在商业区的餐厅业态作为自己的不二选择，其成功的关键还在于对自身产品的准确把握。真功夫的产品由于中餐的特性而不容易标准化，经过长期实践，真功夫终于在1997年成功自主研发出电脑程控蒸汽柜，在全球范围内率先攻克了中餐"标准化"的难题，创造了"事业＝顾客×业态×商品力"的完美组合。运用中式快餐可口、健康的魅力，与麦当劳、肯德基等快餐展开直接竞争，并在很多区域打败了这些竞争对手，在中国本土站稳了脚跟。

所以，企业一定要分清企业生命周期与事业生命周期的区别，并对企业的事业周期进行准确地把握，这样才有可能使企业基业长青。

|三种基本的竞争战略|

哈佛大学商学院的教授迈克尔·波特（Michael E.Porter）被商业管理界称为"竞争战略之父"，他在1980年出版的《竞争战略》一书中，为企业家们提供了三种基本的市场竞争战略：总成本领先战略、差异化战略和专一化战略。

总成本领先战略，就是让企业的总成本——包括研发成本、采购成本、生产成本、营销成本、管理成本总额等低于竞争对手。企业如果想赢得总成本领先的优势地位，通常会被要求有较高的市场份额，这种战略就是所谓的No.1的市场战略。

差异化战略，就是将产品或公司提供的服务差别化，在行业内建立一些具有独特性的内容。公司有许多方式可以实现差别化战略,如设计亮眼的名牌形象、创造先进的优势技术、拥有独特的性能特点、提供优质的顾客服务、提供完善的商业网络及其他能体现公司优越性的内容。最理想的情况是公司在某几个方面都有与行业内其他公司的差别化特点,这种战略就是所谓的 Only 1 的市场战略。

专一化战略,就是指企业主攻某个特殊的顾客群、某产品线的一个细分区段或某一地区市场。总成本领先战略与差异化战略都需要在全产业范围内实现其目标,而专一化战略的整体却围绕着"很好地为某一特殊目标服务"这一中心来建立,企业开发推行的每一项职能化方针都要考虑这一中心思想。这种战略依靠的前提条件是,公司业务的专一化水平能够以更高的效率、更好的效果为某一狭窄的战略对象服务,从而超过在较广阔范围内竞争的其他对手。

由此可见,专一化战略是总成本领先战略和差异化战略的扩展形式,主要从产品、顾户、地域三方面进行聚焦,这就是人们熟知的三维聚焦战略(见图2-3)。当企业资源能力不足时常会用到此战略,使企业可以集中优势兵力,聚歼竞争对手。

从企业角度来说,专一化战略的应用主要以小企业为主,对于想在行业内有大作为的企业来说,光靠专一化战略就显得有些后劲不足了。所以,对于大多数企业来说,总成本领先战略(No.1)和差异化战略(Only 1)就是企业首选的两种竞争战略形式。

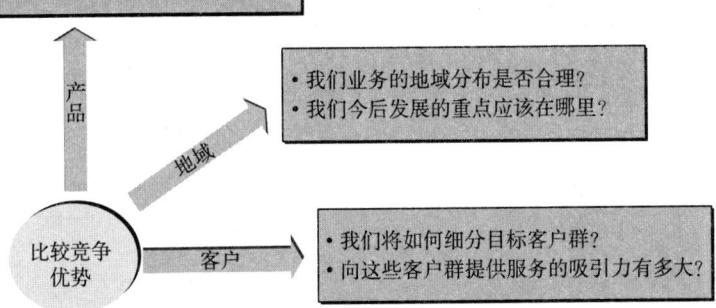

图2-3 三维聚焦战略如何获取竞争优势

如图2-4所示,一家企业从使命出发,在迈向愿景的过程中,通常有两种战略路径可以选择:一种是No.1,追求做大——以规模领先其他竞争者;另一种是Only 1,追求做专——使产品和服务在行业内独一无二。

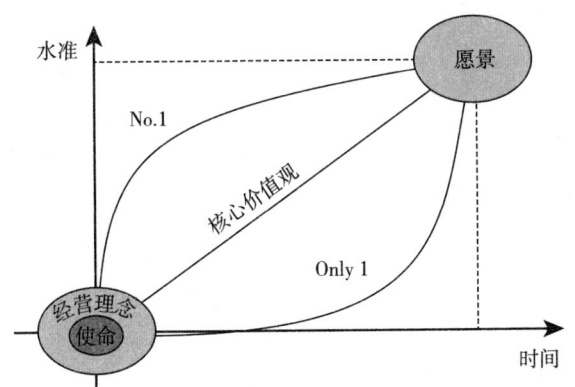

图2-4 No.1和Only 1的市场战略

以No.1路径获得成功的企业很多,松下电器(Panasonic)就是其中的典型代表。松下电器能够获得成功，与其创始人松下幸之助提出的"自来水哲学"关系密切。松下幸之助年轻时，曾看到行人在路边用免费的自来水管接水喝，咕咚咕咚灌了个饱，便又心满意足地上路了。他从中获得启发，对员工说："我们的任务就是制造像自来水一样多的电器，这是我们的使命。尽管实际上不容易办到，但我们仍要使商品的价格降到最便宜的水平。"这之后，松下幸之助带领着松下员工，用先进的工业化手段，把奢侈品变成人民大众都消费得起的普通商品。在这个例子中，松下电器就是典型的 No.1 战略，即以扩大自己的产品数量和规模来成为行业内的 No.1。

反观京瓷公司，走的则是 Only 1 的路径。京瓷创始人稻盛和夫先生本人是搞研发出身的，镁橄榄石陶瓷就是他的发明。因此，他的理念从一开始就是创造出独一无二的产品，继而拥有产品的定价权，获取高利润。京瓷的发展就是利用陶瓷的优越性能，并拓展到各行各业，做其他相关产品或零配件的替代品，以此发展事业空间。

所以，无论是 No.1 还是 Only 1 的市场战略，都可以让企业获得成功，关键取决于企业领导人的理念和公司的整体战略布局，没有对错和优劣之分。比如美的公司和格力公司，这两家公司在中国空调行业里竞争激烈，同属于中国家电领域的领头羊企业，年销售额均已达上千亿元。虽然这两家公司实力相当，但它们走的却是不同的战略路线。

美的公司走的是 No.1 的市场战略路线。美的公司的发展史是一串长长的收购史：1999 年收购东芝万家乐，进入空调压缩机领域；2004 年收购合肥荣事达，丰富了美的公司的白电产业群；2008 年，收购无锡小天鹅，做大洗衣机产业；2016 年 7 月，接连收购了德国库卡机器人和日本东芝白电业务。可以看出美的的"胃口"越来越大，收购的公司也越来越多。到目前为止，美的拥有了中国最完整的空调产业链、冰箱产业链、洗衣机产业链、微波炉产业链和洗碗机产业链，也拥有了中国最完整的小家电产品群和厨房家电产品群，是中国家电行业中产品线最广的一家企业。

格力公司走的是另一条路线，它是全球最大的，集研发、生产、销售、服务于一体的专业化空调企业，是一家专注于走 Only 1 道路的企业。格力公司自成立以来，便以"一个没有创新的企业是一个没有灵魂的企业"为座右铭，专注于空调方面的技术创新，把掌握空调的核心技术作为企业的立足之本。如今的格力空调已经在世界空调领域名列前茅，并连续十几年保持中国空调产品市场的份额领先。

上面这几个例子可以说明，企业无论选择哪种市场策略，都有可能获得成功，重点在于企业选择的路线是否与自己的发展目标一致，是否适合自己的竞争战略。

由阿米巴引出：企业需要对战略做梳理和调整

阿米巴经营系统本质上是一套战术系统，稻盛先生曾说，他更注重的是企业年度经营计划的实施，而不是企业发展战略。与其他国家企业相比，日本企业确实更擅长运营方面的管理工作，比如阿米巴经营模式、精益生产模式等都起源于日本企业。

稻盛先生对企业发展战略的相关论述不多，他更多强调的是企业经营哲学层面的东西。他说:"我们的竞争对手,从'二战'结束的1945年就着手经营。用马拉松赛做比喻,我们是14年后才刚刚起跑。而且我们是没有多大能耐的无名小卒,如果用一般速度来跑,我们将毫无胜算。今天我们这样拼命,能否坚持到底,我们自己也不知道。但是,我们只能用百米赛的速度来跑马拉松全程,否则永远追不上他们。大家会说,这样蛮干身体会垮。说得没错,要用百米赛的速度,一口气跑完42.195公里马拉松全程,当然不太可能。但新手迟发又慢跑,就一定毫无胜算,我们至少得尽力急起直追。我就这样说服了员工,自创业以来,始终全力疾驰,一刻不停,发展再发展。"

简而言之,稻盛先生认为,没有什么比员工持续努力工作更好的企业战略了。

如何确定企业发展战略是每一家企业都会面临的实际课题。在多变的市场环境中,战略不仅意味着企业未来5~10年的发展方向,而且企业日常的经营决策都要以战略为指引。在路径不清、资源有限,需要马上做出决策时,企业必须有洞察和分析外部环境、审视自身情况、对趋势进行预判等各种能力,并最终做出正确的选择。

作为全球著名战略咨询机构之一的波士顿咨询公司(The Boston Consulting Group,BCG),通过长达5年的研究,形成了战略调色板这一反映环境不可预测性、可塑性和严苛性的战略矩阵,强调企业必须及时调整自身战略,创立差异化的竞争力。这套战略模型非常实用,对当下的中国企业有极大的借鉴意义。

如图2-5所示,商业环境可分为五种类型,分别是:

经典型:能够预测,但无法改变——做大;

适应型：无法预测，也无法改变——求快；

愿景型：能够预测，也能够改变——抢先；

塑造型：不能预测，但能够改变——协调；

重塑型：企业资源严重受限——求存。

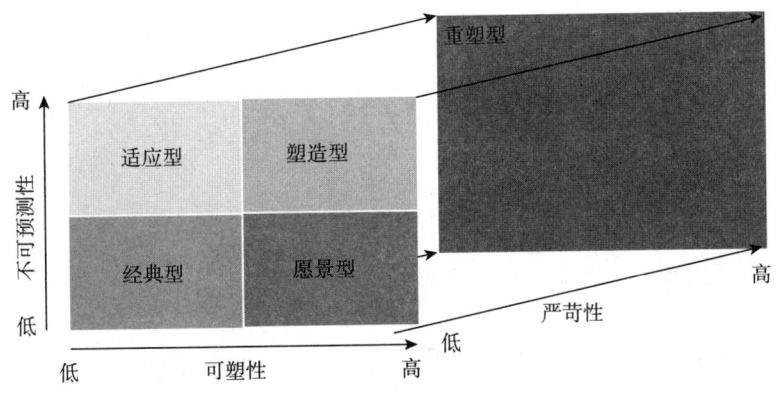

图2-5　战略调色板

根据波士顿咨询公司的研究，企业在不同的商业环境中需要用相应的战略来面对问题，解决冲突。在能够预测的经典型商业环境中，企业需要采取能够明确企业定位的战略；在适应型商业环境中，由于企业规划往往既赶不上变化的速度，也无法应对不可预测的情况，所以企业需要不断进行尝试的策略；在愿景型商业环境中，企业只有通过率先创造新市场，或颠覆旧市场规则，才有可能取胜；在塑造型商业环境中，企业可以与其他企业携手合作，通过协调利益相关方的商业活动，共同塑造新的行业格局，使其可以为企业的自身利益服务；企业在面对重塑型环境的严苛条件时，必须事先保存和腾出部分资源，以确保自身的生存和发展。接着，从其他四种战略路径中选择出合适企业的一种，使企业可以重新走上增长之路，实现稳定的繁荣和发展。

下面，让我们详细了解一下这五种商业环境及其对应的战略方案（见图2-6）。根据《战略的本质》一书的内容，这五种战略分别有如下特点。

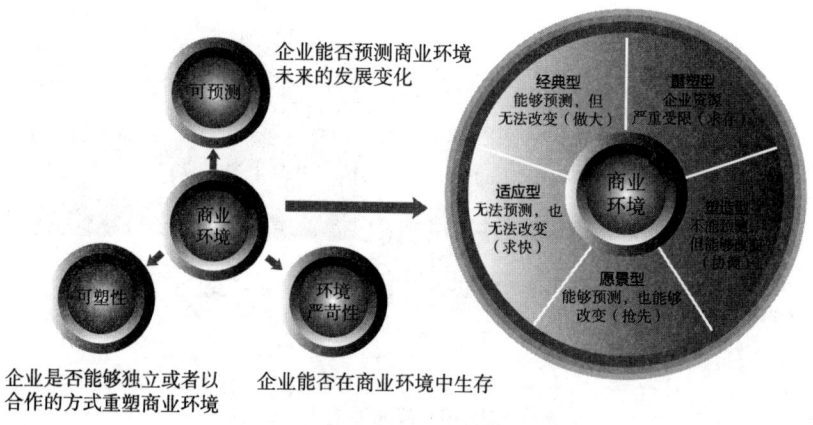

图2-6 五种商业环境及其战略方案

经典型战略方案（做大）——商业环境能够预测，但无法改变

经典型战略应该是企业家们最熟悉的一种战略了。事实上，对于许多企业管理者来说，商业战略指的就是经典型战略。

1. 经典型战略的商业环境特点：

（1）行业成熟；

（2）行业结构稳定；

（3）行业竞争格局稳定；

（4）行业发展前景可以预测；

(5)行业增长平衡持续;

(6)行业集中度高。

2.经典型战略的制定步骤:

(1)战略分析:分析市场吸引力、竞争基础以及公司竞争力。

(2)战略规划:

①明确企业定位;

②明确企业做什么、不做什么;

③明确企业竞争优势,即如何通过规模、差异化或内在能力获得竞争优势。

(3)战略实施:在企业价值链的各个环节如何展开行动,并获得协同。

3.经典型战略的行动计划:

(1)明确市场定位;

(2)分析细分市场的吸引力;

(3)分析竞争对手;

(4)确定公司的最佳定位;

(5)预测市场发展;

(6)确定明确的短期和长期目标;

(7)制定长期稳定的规划;

(8)构建阶段性目标和业绩标准;

(9)一丝不苟地执行。

经典型战略的案例——万科公司

2004年,万科公司在专业咨询公司的辅助下,制定了未来10年的企业发展战略。事实证明,这一战略非常成功,使万科公司在中国房地产行业领跑者的位置上一直持续了十几年,并被房地产行业其他竞争对手视为标杆,直到2016年才被恒大集团超过。

回顾2004年,当时万科公司面临的商业环境是:

自1998年中国福利房制度改革后,中国房地产投资市场开始复苏,占GDP比重持续增长,2002年达到了7.4%。与此同时,住宅销售占GDP比重也开始了持续增长。

万科公司从1998年到2004年销售额的增长率是15%,仅与行业增长率持平,这个结果对万科公司领导层产生了极大的震动。经过长达一年的调研、诊断、研讨后,万科公司制定了四大战略:

1. 保持30%的持续增长。

万科公司预测未来10年内行业的增长率在15%以上,因此万科公司要达到两倍于行业的增长速度。这也是保证万科"中国房地产行业持续领跑者"的定位所必须拥有的增长速度。

2. 聚焦城市圈。

众所周知,珠三角经济圈、长三角经济圈、环渤海经济圈是中国三大城市圈,引领着全国的经济发展和消费趋势。而房地产行业的发展关键在区域选择上,必须有计划地进行区域聚焦。上述三大城市圈是中国目前最富庶、消费力最强的区域,因此也是万科公司需要重点聚焦的区域。

3. 集约化细分价值。

通过对房产消费群的调研和聚类分析,万科公司把客户群细分为五类:价格敏感的务实家庭、彰显地位的成功家庭、注重家庭的望子成龙家庭、注重自我享受的职业新锐家庭和关心健康的老龄化家庭。

万科公司希望借此完成客户聚焦,对客户群进行精准定位,在分析出不同客户对产品的不同需求基础上,设计出能满足不同客户需要的产品。

4.产业化产品创新——从首次置业到终身锁定。

在对市场及客户进行了细致的研究和分析后,万科公司制定了针对不同客户群体的终身锁定模式。

(1)顺序式终身锁定模式:沿着家庭生命周期的形式,结婚的时候进入职业新锐系列,生子的时候进入望子成龙系列,退休养老的时候进入幸福晚年系列,最后进入成功家庭系列。

(2)跳跃式终身锁定模式:根据家庭重心的不同,人们可能会进入以父母为中心的幸福晚年系列,或者进入以子女为中心的望子成龙系列,或者进入以自我为中心的职业新锐系列,最后进入成功家庭系列。

因此,万科公司的产品创新是通过以细分客户价值为中心的产品线设计,建立起客户终身锁定模式来实现的。对不同类型客户有针对性的产品聚焦,使万科公司有机会从一开始就锁定住消费者的终身。比如一个中产阶层的客户,其典型的发展路径是职业新锐—望子成龙—幸福晚年,这样他的一生应该需要三套房。在了解了客户的需求后,如果万科公司的品牌、服务和产品设计能够贴合这位客户的购房需求,就能把他这辈子所需的三套房子都锁定在万科公司了。

适应型战略方案(求快)——商业环境无法预测,也无法改变

1.适应型战略的商业环境特点:

(1)行业不断变化;

(2)行业发展难以预测;

(3)行业难以塑造;

(4)行业呈高增长趋势;

（5）行业结构不成体系；

（6）行业并不成熟；

（7）行业以变化的技术为基础。

2.适应型战略的制定步骤：

（1）变化：不断地改变方法，提出大量的战略选择方案，并对其进行检验。

（2）选择：挑选其中最成功的战略，并予以实施。

（3）推广：把成功的战略在企业其他部门进行推广和探索。

3.适应型战略的行动计划：

（1）以提前捕获并分析变化信息为目标；

（2）创造选择及试验的组合；

（3）选择成功的试验；

（4）灵活地重新分配资源；

（5）快速重复（变化、选择、扩大规模）。

适应型战略的案例——腾讯公司

腾讯公司所处的互联网行业，是一个日新月异、难以预测的，具有高增长、高技术特点的行业。令人感到惊异和佩服的是，腾讯公司在二十多年的发展历程中，尽管早期有过几次濒于崩盘的情况，但一直没有出现过战略失误，因此也保证了腾讯公司的持续发展和壮大。

腾讯公司制定的战略步骤是：

（1）变化：依靠不断的微创新迭代和对中国本土用户需求的准确把握，击败MSN成为国内即时通信软件的龙头。

（2）实施战略选择：选择即时通信软件QQ为突破口，后开发出QQ游戏和其他增值服务，使企业得到迅速成长。2011年推出另一款重要的通信软件微信，接着大举收购互联网相关企业，继续增强自身实力。

（3）推广：以功能强大的免费社交软件（QQ、微信等）吸引庞大的用户群（10亿级别），在此基础上利用各项增值业务和游戏来实现货币化。

虽然有很多优秀的产品并非腾讯公司首创，但是腾讯公司按照上面的企业战略，保持着高度的敏感性，能够迅速跟进竞争对手，必要时展开并购，或依靠强大的产品研发能力和用户数基础实现超越。

愿景型战略方案（抢先）——商业环境能够预测，也能够改变

1. 愿景型战略的商业环境特点：

（1）行业提供空白机会或颠覆条件已经成熟；

（2）行业可以通过单个公司完成再造；

（3）行业中其他公司比较消沉；

（4）行业不能让客户满意或不能满足客户需求；

（5）行业有较高增长的潜力。

2. 愿景型战略的制定步骤：

（1）发现时机：

①逐渐明朗的大趋势，能够重塑市场；

②新技术的出现；

③现有市场无法满足需求。

（2）构建（建立）愿景：找到机会后，需要有应对机遇的愿景，创造新产品或服务、新的业务模式，并进行全面拓展。

（3）和相关人员广泛地交流愿景，并坚持战略应用：与自己的员工以及客户充分交流愿景，目标清晰、快速行动、方式灵活，从信息管理到组织结构再到领导力，指导原则贯穿始终。

3.愿景型战略的行动计划：

（1）观察分析行业中现实存在的差距；

（2）设计公司未来的愿景；

（3）为最终愿景构建的中长期规划；

（4）坚持实现自己的愿景；

（5）灵活应对过程中出现的困难。

愿景型战略的案例——小米公司

下面，让我们以小米手机为例，对小米公司的商业环境进行简略的分析。小米手机诞生前夜，互联网行业飞速发展，手机行业也已经进入智能化阶段。手机市场存在着巨大的需求，但除了苹果手机和三星手机，其他的手机企业当时都是追随者，无法满足客户全方位的需求。

在这种商业环境中，小米手机制定的战略步骤是：

（1）设想：硬件+软件+互联网服务。

（2）构建（建立）愿景：使手机取代电脑，做中国顶级智能手机，"为发烧而生"、定位中低端市场、利用互联网技术开发和改进手机操作系统。在对待客户方面，加大重视用户口碑，赚取人气，扩大影响，发明互联网七字诀——"专注、极致、口碑、快"。

（3）坚持产品定位、目标、研发、营销：包括高调发布新品，运用低价策略、饥饿营销策略、网络营销策略、口碑营销策略、连锁营销策略（代理、运营商）、社会化营销策略等进行市场营销。

塑造性战略方案（协调）——商业环境不能预测，但能够改变

1. 塑造型战略的商业环境特点：

（1）行业拥有尚未开发的潜力；

（2）行业可以通过合作进行塑造；

（3）行业规则可以塑造；

（4）行业内没有占领先地位的企业或平台。

2. 塑造型战略的制定步骤：

（1）吸引：企业需要建立能让其他利益相关方参与其中的平台，最终通过增大规模、保持灵活性等方式将这个平台升级。

（2）协调：制定的战略需要让外界利益相关方参与其中，对行业发展形成共同的理念。塑造型企业需要与其他利益相关方实现共赢，构建平台并能够在平台上锁住利益相关方，促进他们相互交流，获取利益，并提供能使塑造者施加影响力的中心点。

（3）发展：突破公司的边界，从鼓励外部创新到建构开放型组织架构，开展领导工作，影响其他生态系统参与者；平台通过客户满意度、需求形态、生态整体健康度自动获取信息；协调和鼓励参与方催化创新，使参与方能够以符合生态系统利益的方式创新。

3. 塑造型战略的行动计划：

（1）选择参与者并与其互动；

（2）为了找到更好的方法而创造一个共享的愿景；

（3）搭建协调合作的平台；

（4）参与到生态系统与合作平台的演化中。

塑造型战略的案例——阿里巴巴

阿里巴巴所面临的商业环境是，行业有巨大的发展潜力，但目前还未成熟，行业规则可以从头塑造，并且行业内没有领先地位的企业或平台。

阿里巴巴的战略制定步骤是：

（1）吸引："让天下没有难做的生意"，吸引个体、实体企业进入电商销售，并为各种商业模式提供统一的电商销售平台（B2B/B2C/C2C）。

B2B即在提供产品和服务的卖方（供应方）与消费产品和服务的买方（采购商）之间，由电子商务平台商、支付平台商和物流企业等组成一般意义上的电子商务产业链。

B2C是由卖家直接联系买家，减少中间环节，吸引了无数的卖家与买家加入。

C2C是个人与个人直接交易的电子商务类型。即一个消费者如果有一台电脑，那么他就可以通过网络进行交易，把商品出售给另外一个消费者。

（2）协调：第三方支付工具"支付宝"负责将有交易与贸易需求的人安排在阿里巴巴相遇，阿里巴巴通过打造行业内领先的免费电子商务平台，实现了汇聚人气的目的，注册用户规模与网上商机得以快速扩张。用户的任何交易与贸易行为都与阿里巴巴产生关联，阿里巴巴陆续开发出多项基于电子商务的增值业务，深入渗透到中小企业的整个经营流程。

（3）发展：推出诚信通一般等级的付费会员服务（年费2800元），会员可以获得信用论证、网铺等基本服务。阿里巴巴通过设立不同等级的会员制度，对相应的信用体系进行排序，会员（供应商）

在与买方（采购商）达成交易后，向阿里巴巴支付一定的报酬。所以，会员收入是阿里巴巴主要的收入来源，占总收入90%以上的比例。在诚信通等级制度逐渐完善的同时，阿里巴巴也适时推出了如关键词的竞价服务、商务搜索、商务软件等附加收费服务，以此扩展自己的收费服务范围，增加收入。

重塑型战略方案（求存）——企业资源严重受限

1. 重塑型战略的商业环境特点：

（1）行业或公司处于低增长或负增长状态；

（2）行业或公司正在亏损；

（3）行业或公司正遭受内部冲击；

（4）行业或公司正遭受外部冲击；

（5）公司的生存受到威胁；

（6）行业或公司获取资金受限。

2. 重塑型战略的制定步骤：

（1）节约：企业需要注意周边商业环境的恶化，及时做出应对。在节约开支的前提下，将主要的注意力放在业务上，保留资金，为重塑的下一阶段筹集资金。

（2）创新与发展：实施重复周期很短的低成本小博弈，用有限的现金支出快速地获得答案。

（3）把重心转移到其他四种战略上，从这四种战略中进行选择：在保证企业长远发展的前提下，选择符合企业特色的创新战略，并进行大规模投资。

3. 重塑型战略的行动计划：

（1）降低现金燃烧率；

（2）限制资本使用；

（3）专注行动；

（4）制定重塑规划；

（5）后期通过有选择性的创新，投入到新的模式中。

重塑型战略的案例——TCL

TCL的重塑型战略实施前的商业环境是，2004年，TCL抛出了龙虎计划。"龙计划"是在未来3～5年，TCL公司要拥有多媒体显示终端与移动信息终端两大业务，建立起可以与世界级公司同场竞技的国际竞争力，进入全球前五名，成为腾飞寰宇的"龙"；"虎计划"是在未来3～5年，TCL公司的家用电器、信息和电工照明三大业务，以及正在发展的相关产业形成国内领先优势，成为雄踞神州的"虎"。

TCL的"龙虎"战略是通过并购来实现的，TCL因在2004年一年之内连续并购法国汤姆逊彩电业务和阿尔卡特手机业务而蜚声海内外，当年便成为全球最大彩电企业。后来，却因为并购这两家企业时花费巨款而不堪重负，最终不得不先后甩掉阿尔卡特手机业务和法国汤姆逊彩电业务欧洲区，引起全球媒体对TCL的质疑声音。

这之后，TCL转变策略，制定的战略步骤是：

（1）应对与节约：砍掉使企业产生巨大亏损的阿尔卡特手机业务和法国汤姆逊彩电业务欧洲区，聚焦资源为下一个业务增长点储蓄力量的同时，也为公司节约了不少的成本。

TCL花了5年的时间，对法国汤姆逊公司进行了彻底的改造，包括重组业务团队、整合业务架构、关闭不盈利的工厂，并对其原有生产线进行转型升级等工作。等2009年这些工作逐渐完成后，TCL

才摆脱了旧账、坏账对公司的影响,卸下了这个困扰公司的大包袱,转而将主要精力放到产业升级调整上。

(2)创新与发展:为了改变类似"缺芯少屏"这种受制于人的情况,TCL投资了245亿元,建设8.5代液晶面板生产线,其目的就是打通TCL彩电的上下游产业链。

(3)增长:TCL在处理好并购带来的问题后,便开始进行聚焦资源和产业化延伸的工作。TCL投资了华星光电公司,这是一家高新科技企业,主攻高世代面板线和液晶显示屏。华星光电最近三年的利润额都超过了20亿元,成为TCL的利润大户,如华星光电的液晶面板和模组产品,40%的销售额会给TCL。TCL通过聚焦资源,成功实现了产业的协同效应,也促进了自身企业的持续增长。

2011年,TCL主动调整了产业结构,形成了"4+6"的新架构。其中,"4"指多媒体、通信、家电、华星光电这四大核心业务,"6"则指翰林汇、房地产、远程教育、医疗电子、泰科立、系统科技等六部分。

截至目前,TCL的业务节节攀升,并呈现出多点开花的状态。比如,多媒体业务依赖华星光电的液晶屏供应,重新开始增长之路;通信业务在2004年收购阿尔卡特,经历几年的整合与摸索后,找到了与当地大型运营商的合作模式,成功融入当地市场。

TCL通过重塑型战略,把自己从泥潭中拉了出来,重新开启了企业的增长之路。

通过上面对战略调色板中五种战略的分析,相信你已经对这些战略的内容及应用形式有了一定的认识和理解。企业需要从中找到适合自己的战略方案,通过强有力的举措予以实施,而阿米巴经营模式恰恰就是能帮助企业实施战略落地的最佳运营模式。

表2-2 战略调色板中的五种战略总结

关键元素	方法				
	经典型	适应型	愿景型	塑造型	重塑型
核心理念或必要条件	做大	求快	抢先	协调	求存
环境类型	可预测，不具备可塑性	不可预测，不具备可塑造	可预测，具备可塑性	不可预测，具备可塑性	环境严苛
适用行业	公共事业、汽车、石油、天然气	半导体、纺织、零售业	不针对特定行业（打破旧格局，创造新产业）	部分软件领域、智能手机软件	2008—2009年金融危机期间的金融机构
特征	低增长、高度集中、成熟行业、监管法规稳定	增长不稳定、集中度有限、新兴行业、高科技变革	高增长潜力、空白区、无直接竞争者、监管法规有限	碎片化、无主导企业、平台化、监管法规有塑造空间	低增长、衰退、危机、融资能力有限、负现金流
做法	分析、规划、执行	变化、选择、推广	设想、构建、坚持	吸引、协调、发展	应对、节约、增长
成功标准	规模、市场份额	周期、新产品力	率先进入市场、新用户的客户满意度	外部生态环境发展和利润率、新产品活力指数	节约成本、现金流
主要陷阱	过度运用	盲目地为无法规划的事制定规划	愿景错误	过度管理企业的生态环境	没有第二阶段

第三章

阿米巴的经营哲学

- 道、法、术——阿米巴经营的三大支柱
- 阿米巴经营哲学的原点——做人何谓正确
- 阿米巴经营哲学的核心内容
- 阿米巴经营哲学与企业文化
- 阿米巴经营哲学的落地
- "六项精进"与"经营十二条"

道、法、术——阿米巴经营的三大支柱

首先,让我们回顾一下阿米巴经营系统的三大构件,分别是经营哲学、经营会计和阿米巴体制。巧合的是,这三大构件恰好对应着三种中国传统的哲学思想(见图3-1)。

经营哲学简称为道——价值观,即判定好坏、美丑、喜恶的价值标准;阿米巴体制简称为法——实现价值观的最根本的战略、方法、思路;经营会计简称为术——战术、技术,指具体的操作手段。

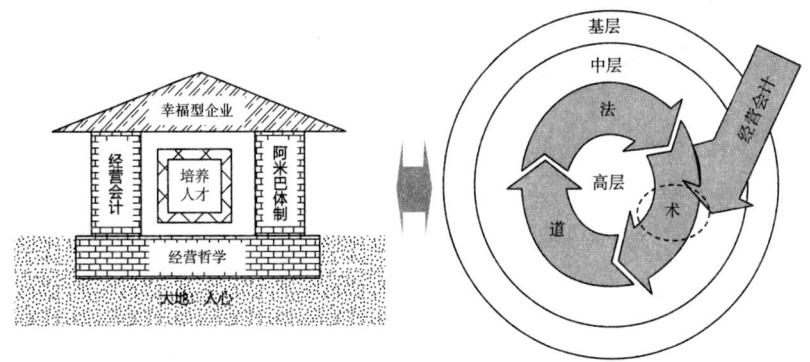

图3-1 阿米巴经营的三大支柱的关系

这三者的关系可以总结为:以术载道、以道御法、以法固术。企业首先要用经营会计里算账的方法导入阿米巴，在这个过程中要注意不能偏离经营哲学，否则算账就把人心算坏了，阿米巴也就推动不下去了。其次，制定阿米巴相关的运行规则、制度、流程的时候，要遵循经营哲学的指导思想。最后，在运行经营会计的过程中，要不断完善相关规则、制度和流程，巩固经营会计的成果。

其中，阿米巴经营可以说是围绕一张经营会计报表，也就是精细的经营数据展开的。从中国企业的实践来看，阿米巴经营会计报表具有普遍实际的操作价值，是企业经营哲学落地的有效工具。因此，经营哲学在企业的落地不能仅仅通过对员工的教育、教化来实现，而且必须依赖算账、考核激励和业绩的改善，在实践中一步一步实现落地。

此外，阿米巴运行要遵循涟漪原理，即首先从高层统一思想和基本经营原则，再由高层向中层传播，最后传递到基层，而不是一下子就铺开一大片。哲学共有是一个循序渐进的过程，员工思想也不是一下子就能统一的。当然，高层最好在企业经营哲学建立初期，就让员工看到高层坚持改变的决心与真诚的态度。

阿米巴经营哲学的原点——做人何谓正确

稻盛先生曾说：
很多人简单地以为，京瓷成功是因为有先进的技术，而且抓住了机会。但我认为绝非如此。我认为京瓷之所以成功,是因为京瓷经营判断的基准,不是"作为京瓷,何谓正确",更不是"作为经营者的我个人,何谓正确",而是"作为人,何谓正确"。因而它具备了普遍性,能够为全体员工所共有。我认为京瓷成功的原因就在于此,除此之外,没有别的原因。

稻盛先生退休后才到京都的圆福寺出家修禅。在京瓷任职期间,他从来没有告诉过别人他的宗教信仰,而是通过"隐蔽修佛"的方式坚守着自己的信仰。稻盛先生因为懂得"作为人,何谓正确"的道理,所以不会轻易把自己的信仰附加到公司的文化里,而是把适用于全体员工的哲学思想传递给员工。

稻盛先生阿米巴经营哲学的原点,即做人何谓正确,带给企业的是普世价值观。普世价值观由公平、正义、自由三个基本要素组成,它超越了民族、种族、国界和信仰,是全人类共同拥有的价值观。稻盛先生通过日常行为,把普世价值观融入企业的生产过程,并成功地把这种价值观传递到每一位员工心中。

所以,企业在建立之初就要明确自己的价值观。对此,稻盛先生清楚地指出,他的经营哲学能够被全体员工认同,就是因为他提出的观点都是有普世价值的。里面没有代表他自己的个人价值观,也不是代表企业的价值观,是以"作为人,何谓正确"为出发点推导出来的使广大员工认同的价值观。只有价值观具备了这种普世价值,才能引起广大员工的共鸣,起到凝聚人心的作用。

企业在运用阿米巴经营哲学传播自己的价值观时,常常会遇到这样一个问题:推广时是应该遵循客户第一,还是员工第一的原则呢?

众所周知，企业有三个基本的经营原点，分别是顾客、股东和员工。因为多数企业会把顾客和股东归为一类，所以，企业实际上只有两个经营原点——顾客和员工。以"顾客第一"为标准的企业不在少数，这类企业追求的是生产利润的最大化，但容易忽略对员工的关注。以稻盛先生为代表的另一类企业，除了对顾客比较重视，还对员工进行了特别关注。在他看来，"员工第一"关乎企业的可持续经营，是企业战略发展中不能忽视的重要内容。

有意思的是，对这两个经营原点的不同侧重正好反映出东西方企业相异的经营理念。由于受到的文化熏陶不同，这些企业在对待员工这个经营原点时也呈现出不同的特点和态度。

西方文明来源于基督教，假定人性本"恶"，人类因为犯错（亚当和夏娃偷食禁果）而需要终身劳动为自己赎罪。因此，西方价值观认为劳动是一件使人受罪的事，减少员工的工作量就是善待员工的表现。

与西方价值观不同，以稻盛和夫为首的东方价值观认为，劳动是一件对人类来说非常有意义的事情，是一个净化灵魂的过程。人应该全力以赴地去劳动，不是为了追求金钱，而是为了在整个过程中通过为他人服务实现自我价值。

京瓷以人性本"善"为经营理念，认为企业人心定了，就不需要管理了。稻盛和夫在重新思考企业存在的意义后，提出了做企业是唤醒人性的光辉和善良的观点，强调"自利则生，利他则久"的属于传统东方哲学的思想。

这种"以员工为出发点"的经营理念更能彰显出企业家的人性光辉。稻盛先生通过"作为人，何谓正确"的原点拉开企业管理的大幕，这其中原点就是员工。

在他看来，人生不是一场物质的盛宴，而是一次灵魂上的修炼。对企业家来说，做企业也是人生修炼的一部分，而且这不是一个人的修炼，是全体员工共同的修炼。企业家通过成就员工，最终成就自己，并通过企业这个平台使自己的灵魂得以提升，既获得物质上的成就，也获得精神上的幸福。

我曾有幸到稻盛和夫纪念馆参观学习。接待我的讲解员是一位30岁左右的京瓷员工，他明确地告诉我，当他想起京瓷的经营理念时，心中会立刻充满向上的力量。这就是以员工为出发点的经营理念带给员工的正面鼓励作用，当一家企业以客户为经营原点时，是不可能产生这样的精神动力的。

稻盛先生用"作为人，何谓正确"拷问自己，使京瓷没有成为满足某一个或几个股东私欲的产物，而是为了满足全体员工的物质和精神幸福而存在。作为员工，用"作为人，何谓正确"拷问自己，工作的意义就不再是简单地满足自己养家糊口的需求，而是主动成为一名经营者，以企业利润最大化作为自己追求的目标。在这种追求的作用下，员工改善业绩不仅是为了多拿一些奖金，更重要的是在"职场就是人格修炼道场"的理念下精益求精，不断完善自我，获得物质和精神的双重幸福。

所以，京瓷在经营过程中，根据稻盛先生的经营理念所推行的"大家族主义"，拉近了股东与员工的距离。在实际践行中，企业高、中、基层员工均以追求利润最大化为目标，不断提升经营意识，改善管理水平，真正达到了"上下同欲"的效果。

阿米巴经营哲学的核心内容

阿米巴经营哲学包含的核心内容有：经营理念、使命、愿景和核心价值观。

1. 经营理念：创办企业最根本的哲学判断，是创始人的发心。

经营理念来自于企业创办人对经营的内心认知，它是创始人对人、社会、自然、经济、产业等的哲学判断，也是指导企业一切经营活动、制度、思维方式的根本前提。

例如，京瓷的经营理念是"追求全体员工物质和精神两方面幸福的同时，为社会和人类的进步做出贡献"，这个理念自20世纪60年代形成后就再也没有改变过。

2. 使命：企业在此领域展开业务及存在理由。

使命是企业存在的理由，它为社会及利益相关者提供了"价值"，也是企业事业活动特性的宗旨。比如京瓷的使命和它的经营理念就是一致的，并且经营理念中已经包含了使命的内容。

使命能够指导企业的战略和组织发展，其主要任务是为内部人员提供指导。因为它描述了一个鼓舞人心的事实，只要通过努力，企业就可以在一个特定时期内实现目标。

3.愿景：领导者希望企业发展的前景和未来。

稻盛先生对企业愿景的阐述不多。他曾在《活法》一书中提到，当年京瓷还是一家乡村公司时，他就对不满百人的员工多次抛出豪言壮语："这家公司一定能成为世界一流公司。"在《经营十二条的大智慧》中，他也提到自己50年前赤手空拳创建京瓷时，面对仅有的28名员工，总是重复下面的话："让我们拼命干吧，我们要创建一家卓越的公司，镇上第一的公司，不，京都第一的公司，日本第一的公司！"

4.核心价值观：企业想实现愿景，完成使命所必须坚持的原则。

核心价值观是企业战略实施和组织发展过程中的游戏规则，主要为内部人员提供指导。企业需要定义核心价值观，即对企业来说最重要的意义是什么，当发生判断和选择的冲突时必须向它妥协。

比如，京瓷的核心价值观是，敬天爱人。敬天，指遵从自然规律和社会规律；爱人，指企业必须拥有利他思维。

阿米巴经营哲学与企业文化

过去几十年里，大部分中国企业都在向美国等西方企业学习管理知识，知道了企业管理在精神层面里的专业名词叫作企业文化。其实，企业文化和经营哲学两者的本质和内涵基本一致，只是在侧重点上有一些区别：企业文化偏重的是对企业内部人文和精神的建设，旨在营造一个有利于经营发展的内部环境；而企业经营哲学更看重对企业在社会大环境下的生存准则或企业自有法则的探索，更偏重于对社会大环境的建设。

企业文化主要从使命、愿景、核心价值观三个方面来构建企业精神层面的内容，而把经营理念放在次一级的位置。阿米巴则非常重视经营理念，认为企业家的发心是排列第一的要素。所以，企业在构建自己的经营哲学时，可以把原有的企业文化大纲拿出来供高层研讨，并结合阿米巴的经营理念，修订出符合企业特点的经营哲学。

由于实行阿米巴经营哲学的条件非常高，一部分老板对这种经营模式产生了恐惧心理。他们会认为自己还没达到稻盛先生的哲学高度，员工也没有日本企业员工的高素质，于是根本不敢在自己的企业里推行阿米巴经营。

其实，在企业里推行阿米巴经营并不困难，关键在于老板及其手下员工能否真正理解阿米巴经营的精髓是什么，即从经营哲学层面理解"作为人，何谓正确"。理解了这一点，员工就会摆脱打工心态，以经营者的心态来做事情，工作自然会从被动变为主动。比如下面这个案例：

有一家传统制造型企业，在经过了一段时间的阿米巴经营哲学辅导以后，生产部经理在企业第一次开业绩分析会时发言说道："企业原来的管理方式是以KPI绩效考核为核心的，分到我头上的就是如成本、质量、交期等指标。但经营会计报表出来后，我眼前一亮，作为生产部的经理，我能看到整个部门的销售额、变动费、固定费、经营利润等情况，一下子就觉得自己像企业的经营者了。由此，我明确了'为了生产部的经营利润最大化而努力'的目标，并认真地分析了这张报表上的各项数据及隐藏在背后的意义，从中整理出我们部门存在的短板，制定了精准的改进措施，最终成功提升了经营利润。"

所以，老板对员工空谈哲学是没有用的，还需要有和经营哲学配套的实际操作。很多企业的中高层管理者虽然表面上被稻盛先生的经营哲学所折服，但在现实利益面前不能放弃自己的小算盘，使经营哲学完全没有成功的可能。

经营哲学只有在企业的实际操作层面才能逐步落地，"经营利润最大化"的共识在企业的高、中、基层等各个层面也才能达成一致，并产生正向的力量。等企业员工达到从打工到经营心态的转化，从被动执行到主动经营行为的转化后，阿米巴经营之路才算正式开始。

阿米巴经营哲学的落地

如果把企业员工分为高层、中层和基层，那么阿米巴经营哲学落地的顺序是，首先在中、高层员工层面统一思想，然后通过中、高层的经营实践带动基层统一思想，最后实现全员参与。

如前所述，阿米巴有一套完整的经营系统，在经营哲学层面，它有很多闪光的思想，如经营理念从全员出发、重视全体员工的物质和精神幸福、强调利他思维而不是利己思维等，但这些思想都比较虚化笼统，对人的道德要求非常高，并不利于统一员工思想。

因此，老板不要一下子把阿米巴经营哲学拔得太高，给员工灌输如"利他"思维、"活着就要感谢"等理念。这些理念虽好，但想让员工理解、认同并遵循却难上加难。

真正能够统一员工思想的是强调"利润最大化"的阿米巴经营思维。阿米巴独立核算让每个巴都有一张经营会计报表，这张表能够计算出每个巴的经营利润，让巴长产生当"老板"的感觉，愿意为经营会计报表上的经营利润最大化而努力工作。所以，用简单核算取代考核的方法，能让企业的经营利润指标更加直观，也更加容易让人理解，并有效改善员工不知道如何提升KPI指标的状况。

企业通过一张经营会计报表，就可以把复杂的事情变得简单，使公司里的所有人都朝着同一个目标前进。具体来说，阿米巴经营哲学的落地有以下四个步骤：

第一步："知"，让员工认知、感受企业文化，认识到什么应该做、什么不应该做。

第二步："信"，让员工认同企业倡导的价值观。

第三步："行"，员工的行为由企业价值观支配，并逐渐由行动养成习惯。

第四步："创"，员工的心智模式已经得到改善，思考问题的角度也已发生变化，学会如何面对工作中不断出现的新问题，并从源头上思考、解决问题，由内而外地改变行为模式，开发出"对"的潜能。

这四个步骤中，最关键的是第二步。以京瓷为例，从"作为人，何谓正确"出发，稻盛先生构建了京瓷的经营哲学，它具有的普世价值观为所有员工所认同，成功地完成了"信"这一步。

第三步的"行"则是执行的关键，企业需要搞一些仪式来促进价值观的落地。比如晨读企业核心价值观和经营原则、夕会分享心得等形式，强化员工对企业文化的认同，从员工的分享中挖掘闪光点共享给全体员工。除此之外，还可以通过表彰精神文明标兵、给精神文明标兵更多培训和晋升的机会等手段推行价值观。

"六项精进"与"经营十二条"

根据阿米巴经营哲学的特点和内涵，稻盛先生总结了针对管理者的"六项精进"和"经营十二条"，作为对阿米巴经营哲学的补充和进一步说明。

稻盛先生认为，"六项精进"是人们经营企业必备的基本条件，也是经营人生时必须遵守的准则。如果人们能够日复一日地实践"六项精进"的内容，那么人们的生活将更加美好，事业也一定会更加成功。

"六项精进"的具体内容是：

1. 付出不少于任何人的努力。

在稻盛先生看来，工作态度是第一位的，是人们能否取得工作成果的首要条件。工作态度决定了工作成果，虽然努力工作的态度不一定能获得好的结果，但没有努力工作的态度一定不会有好的结果。

稻盛先生刚创立京瓷时，只有松下电器这一个客户，产品也只有电视机的陶瓷绝缘体这一种。在这种不利的局面下，稻盛先生始终保持着强烈的危机感，拼命工作，争取获得更多的工作成果。所以，不管经济如何萧条，努力加倍工作是经营者，乃至每个人都必须重视的最低生存条件。

2. 要谦虚，不要骄傲。

谦虚是重要的人格要素。一个人如果只取得了一点成绩，就不知天高地厚，认为自己无所不能，那么等待他的一定是失败。

华为公司能获得大多数人的尊敬和喜爱，不仅因为它业绩突出，进入了世界100强的排名，它的具有传奇性的总裁任正非也是另一个重要因素。任正非本人十分低调，出差时基本不带助手，经常独自坐经济舱，几乎不接受记者的采访。他的危机意识很强，曾多次对华为员工喊话"狼来了"，认为华为总有一天会破产，因此所有华为人都必须保持谦虚、低调。任正非不仅自己做到了这点，还把这种品质灌输到了每个华为员工的心中，使华为在近些年保持住了上升的势头和持续发展的趋势。

3. 每天反省。

稻盛先生认为，人们在一天结束后，回顾这一天的工作和生活，进行自我反省是很有必要的。一个追求进步的人会经常检查自己的言行，并进行反思，这是取得成功的重要方法和途径。

反省是一种智慧，是一个人心智得到提升、心灵得到升华的过程。反省也是一种取舍，比如企业战略就是企业家进行的取舍。正如企业有企业的发展战略，个人也有个人的发展战略一样，人们需要在综合评估外界环境和自身能力的基础上，思考最佳的策略和行动计划，通过反省选择最适合自己的发展道路。

4. 活着，就要感恩。

每个人活着都不容易，需要空气、水、食物、家人等条件才能生存。所以，只要能健康地活在世上，人们就该对此拥有感恩之心。

感恩是一种极具智慧的处世哲学。人生在世，不可能永远一帆风顺，其间种种的无奈最终都要靠自己去面对。如果人们能时刻怀有一颗感恩的心，相信世界是美好的，就不会一味地索取，一味地膨胀自己的私欲，心态就会变得平和很多。在遇到各种困难时，也就不会仓皇失措、自怨自艾了。

5. 积善行，思利他。

稻盛先生一直都强调，世间存在着因果报应的法则。他认为，如果人们能多做好事、善事，那么家人、家族有好报自不必说，这种好报还会贯穿你的一生。利他的行为，就是以亲切、同情、和善和慈悲之心去待人接物，会在未来给你特别的意外之喜。

获利之心是人的本性，也是经营者开创自己事业的原动力，这种欲望本无可厚非，但这种欲望不可停留在单纯利己的层面，也要考虑到别人的感受。

稻盛先生创办第二电（原名DDI，现名KDDI）前，拷问了自己半年时间，做这件事情是利己还是利他的？最后他得出了答案，自己是为了日本人民的福利才做这件事情。结果KDDI的创办大获成功，经过短短15年的发展就进入了世界500强的行列。因为稻盛先生的利他思想，使KDDI的产品和服务能定位精准，并迅速击中了广大普通民众的需求。

6. 不要有感性的烦恼。

稻盛先生认为，人们需要对过去的事情进行深刻反省，但是没有必要因此在感性的层面上伤害自己，加重自己的心理负担。而是要理性思考问题,迅速将精力集中到新的思考和行动中,这样才能开创出新的局面。

既然烦心事已经发生并且过去,那么就不要再因为它来影响自己的心情,否则就会像陷入泥潭一样无法自拔。比如有的人说自己这阵子真倒霉,喝凉水都塞牙,就是沉浸在第一件倒霉的事情中无法自拔,导致方寸大乱,判断力和处事能力都迅速下降的结果,之后遇到的第二件、第三件事情自然就会接连出错了。

下面,是稻盛先生讲述的故事:

二十多年前发生的一件事,让我至今印象深刻。

京瓷通过反复试验,利用陶瓷与人的细胞具有亲和性的特点,研究并制造出了人造膝关节。如果京瓷想要销售这款产品,必须先进行临床试验,将有关数据报告给厚生省(注:厚生省原为日本政府部门之一,现与劳动省合并,改组为厚生劳动省,是日本负责医疗卫生和社会保障的部门),并获得批准,这需要经过一段比较长的时间。医生们都认为,陶瓷髋关节的效果非常好,已经积累了上百个成功的案例,所以用陶瓷制作膝关节不会有任何问题。这些医生还保证说,如果有问题,他们可以负全责。在得到医生的反馈后,京瓷决定尽快投入生产,并上市了这款产品。

与人造髋关节一样,人造膝关节的效果非常好,定制人造膝关节的请求源源不断。正当京瓷依照客人的要求生产制作产品时,有人写新闻稿投诉了这件事,报纸杂志也纷纷进行了转载:"京瓷在没有得到厚生省批准的情况下,擅自销售陶瓷膝关节牟利。在人命关天的医疗领域,为做生意而销售未经允许的产品,这样的企业太没有道德了。"

第 三 章　阿米巴的经营哲学

我当时为了这件事,多次去厚生省说明、解释,并认错道歉。媒体的摄像机每次都会找好位置、摆开阵势,我低头道歉的样子因此经常出现在当时的电视新闻中。我感觉那一段时间自己在家族、公司员工以及周围的人群中都抬不起头来,名誉、信用受到了极大的伤害。

因为这件事情,我时常坐立不安、心神不宁,内心非常痛苦。为了得到心灵上的安抚,我特意去拜访了西片担雪禅师。

"稻盛君,你之所以会感受到这样的苦恼,是因为你还活着,如果你死了,就没有什么苦恼了。正因为活着,所以才有苦恼,这不是一件好事情吗?"西片禅师这样说道。

禅师接着又说:"稻盛君,虽然我不知道你过去有怎样的罪孽,但可以肯定的是,你现在遭受的都是过去犯下的罪孽所导致的后果,这是一种因果报应。当原因招致的结果发生时,原因也会随之消失。

"如果这种报应严重到会剥夺你的性命,那么你的人生就算告一段落了。但是稻盛君,你现在不是活得好好的吗?京瓷也还是一派繁荣景象。因为人造膝关节的问题,你受到了外界严重的批评,你为此感到痛苦和烦恼,但如果这种程度的挫折能把事情了结,将你过去的罪孽一笔勾销,稻盛君,你该庆祝一番才对啊。"

我听完后便觉醒了,西片禅师的话救了我,如果这种程度的灾难就可以勾销我的罪孽,那么我十分愿意接受这些来自世间的灾难和指责。接受就是一种忏悔,是为了消除自己身上的污垢所必须承担的责任,当我意识到这一点时,我的心境就豁然开朗了,浑身也充满了力量。

稻盛先生把自己在京瓷和KDDI经营实践中切身感悟到的经营原理和规则进行了归纳整理,作为指导企业成长发展的经营要诀,简称

为"经营十二条",这十二条的具体内容是:

第一条,明确事业的目的和意义——树立光明正大、符合大义名分的崇高的事业目的。

稻盛先生刚开始创办企业的目的很简单,就是想让自己的家人和员工过得好一点。到了后来,经过与十多名员工要求加薪谈判的事件后,稻盛先生确立了京瓷的经营理念,是"追求全体员工物质幸福和精神幸福的同时,为人类社会的进步与发展做出贡献"。

当经营者有了这样的胸怀和格局后,就会想方设法地让利于员工,把企业作为员工成长的平台。员工心怀感恩,会更加努力工作,为企业创造更大的价值、更多的利润。

京瓷公司在创立的第二年(1960年)招进来十多名高中生,经过一年的工作锻炼后,他们成为公司的主力军。有一天,他们一起持"联名状"向稻盛先生发难,联名状上写着每年最低工资增幅和最低奖金要求,并让稻盛先生对此做出承诺。当时的京瓷公司创立不久,缺少人手,这些人已经成为公司骨干,如果走了,公司肯定元气大伤。但是,当时的京瓷公司还是一家缺乏资金、产品,没有形成品牌的小公司,宝贵的资金都用在了研发新技术上。稻盛先生认真考虑后,没有妥协,并且明确答复他们不可能。

这次谈判从公司一直谈到稻盛先生的家里,稻盛先生对他们说:"作为经营者,我绝不只为自己考虑,我倾尽全力想把公司办成人们从内心认可的好公司。这话是真是假,我现在还无法向你们证实,你们姑且抱着'就算是上当也要试试'的心态来面对,怎么样?我拼了命也要把企业做大做强,如果我对经营不尽责,或者我贪图私利,你们觉得真的受骗了,那时把我杀了也行。"这样谈了三天三夜,经过双方推心置腹的交谈后，十多名员工总算相信了稻盛先生的话，留了下来，并且更加努力地为公司工作。

这件事情深深刺痛了稻盛先生，此前他创办和经营企业的目的是"技术问世"，对公司前景的展望仅仅停留在"只要废寝忘食，饭总能吃饱吧"的水平上。这件事使稻盛先生从内心深处理解了员工的愿望，他说："我开始意识到企业经营者应有的真正目的。这目的既不是'圆技术者之梦'，更不是'肥经营者一己之私欲'，而是对员工及家属现在和将来的生活负责。"

稻盛先生彻底明白了经营的意义：经营者必须超脱私心，让企业拥有大义名分。这种光明正大的事业的目的，最能激发员工内心的共鸣，获得他们对企业长时间、全方位的协助。此后的京瓷及KDDI的壮大、繁荣，都是因为贯彻这种正确的经营理念所产生的必然结果。

第二条，设立具体的目标——所设目标随时与员工共有。

稻盛先生认为，目标要用具体的数字进行明确表述，如销售额、利润等项目都要建立明确的目标，包括空间上的和时间上的。

空间上的明确目标，是指目标不能是一个抽象的数字，而是分解到各部门的详细资料，最小的组织单位、每一名基层员工都必须有明确的数字目标。

时间上的明确目标，是指公司不仅要设定年度目标，而且要设定月度目标，可以让每个人清楚知道自己每天的工作目标是什么。

每名员工都努力完成任务，每个部门就能达成目标，公司整体目标自然就可以达成了。如果目标不明确，即经营者不能指明公司的前进方向，员工就会无所适从，或者各行其是，行动方向混乱，力量分散，组织也就无法形成合力了。

第三条，胸中怀有强烈的愿望。

企业家要有对目标不懈的追求和坚信自己一定能达成目标的强烈愿望，这是决定企业成功的关键之一。

如前所述，在京瓷成立之初，稻盛先生就经常对企业仅有的28名员工不断地进行激励。那时候他们经常加班到深夜，有小贩算好时间过来卖面条，稻盛先生就同员工一起边吃面条边聊公司的未来。稻盛先生常在此时给员工们讲述公司即将拥有的美好未来，在反复强调后，员工们都在不知不觉间相信了这些话，并一起朝着这个目标努力奋斗。

第四条，付出不亚于任何人的努力。

这一条在"六项精进"中也有出现，并被稻盛先生排在了第一位，说明这一条对企业能否取得成功最为关键。

京瓷在创立之初，没有资本，没有经验，唯一拥有的就是无尽的努力。员工们因此夜以继日地工作，生活没有规律，睡眠很少，不能按时吃饭。虽然很苦，但大多数人还是坚持了下来。后来，稻盛先生在一次开会时提到了这段创业时的奋斗经历，他说："虽然我不太懂企业经营是怎么回事，但我认为它就像马拉松，是一场长距离、长时间的竞赛。我们是初次参赛的非专业团队，起步也晚，包括大企业在内的先头团队已经跑完了全程的一半。我们反正是没经验、没技术的新手，不如一上场就开始全力奔跑吧。

"以百米赛跑的速度跑马拉松，或许中途会倒下，或许会因跑不动了而落伍。大家这么讲过，我也这么想过。但是，与其参加没有胜算的比赛，还不如一开始就全力以赴，即使坚持不久，也要挑战一下。幸运的是，不知不觉中我们居然适应了高速度，并用这样的高速度一直跑到今天。"

第五条，销售最大化，费用最小化。

很多人都认为企业销售额增加了，其经营成本必然会增加。但是稻盛先生不这么认为，他认为想经营好企业就要超越这种想法，要实现销售额增加的同时，经营成本比以前还低的目标。

稻盛先生曾说："人们通常认为订单增加了，那么员工、设备、管理人员等都要做相应的增加，这种经营理念是非常危险的。因为一旦订单减少，销售额降低，企业的经营负担一下子就会加重，可能会很快亏本。要想实现'销售最大化，费用最小化'，就必须建立起完善的经营管理系统，使每个部门每月的费用明细一目了然，各种开支清清楚楚。"

第六条，定价即经营。

定价是企业把产品推向市场时的一个关键环节，体现出经营者的经营理念。产品推向市场后能卖出多少，获得多少收益，客户反馈怎么样，这些都是经营者需要思考的问题。价格定得过高，产品有可能卖不出去；价格定低了，虽然产品畅销，但企业得不到什么利润。所以，定价对企业来说非常重要，在正确判断产品价值的基础上，寻求单个产品的利润与销售数量乘积为最大值的某一点（这一点应该是客户乐意付钱购买产品的最高价格），据此确定好产品的定价。

稻盛先生认为，定价、采购、压缩生产成本这三者必须整体考虑，定价不要孤立进行。也就是说，定价意味着对采购成本及生产成本负责，价格之所以要由经营者亲自决定，就是因为要考虑后续降低制造成本的问题。

在进行价格决策时，经营者必须考虑四个因素：成本因素、竞争因素、公司利润和市场目标。其中，成本因素包括产品从研发、生产、宣传到投入市场所产生的一系列相关费用，决定着产品的最低价格，如果定价低于此价格，必然造成企业亏损；竞争因素构成了产品价格的上限；公司利润和市场目标是企业为谋取利润、实现未来发展所制定的产品价格。

除此之外，定价还需要参考产品的生命周期。产品的生命周期具体分为研发阶段、导入阶段、成长阶段、饱和阶段和衰退阶段。

研发阶段，产品从概念设想到设计出模型，其间只有成本，没有收入；导入阶段，即产品测试阶段，测试市场对产品的反应程度，以此决定价格的高低区间；成长阶段，随着市场需求增大，产品销量增大，单位产品成本不断降低，竞争者的产品定价也会跟着走低；饱和阶段，同业竞争者相继出现，企业面临艰难的处境，是调低价格还是坚守价格，体现出经营者秉持的经营理念；衰退阶段，市场上出现了升级换代的产品后，该产品必须降价才能继续收割市场。

第七条，经营取决于坚强的意志。

在市场环境变动频繁的今天，经营者如果缺乏"无论如何也要实现目标"的坚强意志，企业经营将难以为继。如果一味将经营去"凑合"状况变化，结果往往会不尽如人意，因为在企业向下调整目标的过程中，必定会失去股东和员工的信赖。所以，经营者既然决定"要这么做"，就必须以坚强的意志贯彻到底，并获得来自员工的共鸣。

如何让员工认可公司的目标呢？稻盛先生是这么做的：在开宴会时，他先对员工们讲一番激励的话："咱们公司前景光明，虽然现在规模不大，但将来会有巨大的发展潜力，大家可以期待。"等大家一起干杯后，又接着说："今年我想把咱们公司的营业额再翻一番。"他的身旁是提前安排的几个善于揣摩上司心理的家伙，这时就可以让他们接话了："社长，说得对！干吧！"于是那些脑子好使、办事利索但冷静过度的人就难以开口说"不"了。否则一听到高目标，他们就会立马泼冷水："社长，那可不行，因为……"讲一大套的理由。这时的气氛使消极者不好反对，甚至会在不知不觉中随声附和起来。高目标往往就在这样的环境中，在全员赞同的条件下顺利通过。

所以，企业经营者也要懂一些心理学，如果让那些比较消极的人先发言，即使目标不高，他们也一定会说如"肯定完不成任务""目标太不现实了"等消极的言论。经营者肯定不愿意让这些人发言，那么就需要提前暗中选好企业中积极向上的员工，让他们率先发言，这样就可以使其他员工比较容易接受公司的高目标了。

所有成功者都有着坚强的意志！每一个经营者都会遇到各种各样的困难，有时甚至会面临企业生死存亡的关键时刻，如果没有足够的自信和坚强的意志，经营者是很难带领企业挺过难关的。

第八条，燃烧的斗魂。

稻盛先生认为，格斗场中需要的"斗魂"，在企业经营中也必不可少。脾气太好、连架都没吵过的人，应该趁早把总经理的座椅让给更有斗争心的人。

经营一家企业，哪怕是一家非常小的企业，也会面临市场竞争。经营者如果缺乏"斗魂"，不能为保护员工发挥昂扬的斗志，那么这家企业必败无疑。经营者为了保护企业不受侵害，就需要具备角斗士一样的"斗魂"，需要有压倒对方的大无畏的气魄。

第九条，临事有勇。

稻盛先生认为，经营者经营企业时，只要依据"做人何谓正确"这一标准进行判断，就不会发生大的失误。但是，很多经营者在需要按原理原则进行判断、得出结论的时候，因为遭遇了各种各样的障碍，他们妥协、屈服后，往往会做出错误的选择。

为了避免错误选择的发生，经营者们应该按照原理原则得出的结论来做事，即使受到威胁、中伤和诽谤，面临损失和灾难，仍然要毫不退缩，坦然面对，坚决做出对公司有利的判断。经营者只有具备充足的勇气，才能真正做到这一点。

此外，真正的经营者还必须具备"胆识"。所谓胆识，是指见识加上胆力，或者加上勇气。因为具有出于灵魂深处的坚定不移的信念，才能顶天立地，无所畏惧，敢于面对一切障碍，正确判断，坚决实行，摆正经营之舵，在风浪中勇往直前。

第十条，不断进行创造性的工作。

稻盛先生曾经说过这样一句话："我们接着要做的事，又是人们认为我们肯定做不成的事。"京瓷确实做了当时人们认为它做不成的事——开发新型陶瓷，把它作为新型工业材料。

京瓷公司在稻盛先生的带领下，充分利用新型陶瓷的优良性能，进一步开发出半导体封装，促进了计算机产业的蓬勃发展；同时，又开发出人造骨、人造牙根等生物工程和医疗领域的新产品。由此，京瓷公司开拓出了以制造精密陶瓷为主的新产业，对人类和社会的进步做出了贡献。

许多经营者认为京瓷是因为拥有强大的技术开发能力，所以才具有这么强的创造性。稻盛先生却不这么认为，他觉得没有任何一家公司拥有完胜别人的杰出技术，能不能专注于进行产品研发和创新，才是企业能不能进行独创性经营的关键所在。

稻盛先生说过："不论各位的企业属于哪种行业，不可每天以同样的方法重复进行同样的作业，要不断创新。经营者需要把这句话作为公司的方针明确提出来，而且要率先做出榜样，这样经过3～4年后，企业就会有独创性，就能进行卓有成效的开发。"

稻盛先生经常讲到"将来进行时"的概念，他认为企业不是以现有的能力决定将来做什么,而是现在就确定一个似乎无法达成的高目标,并决定在将来的某个时间点达成它。之后盯住这个目标,通过不断的努力和拼搏,提高现有能力,直到将来成功地在某个时点达成既定的高目标。如果人们只以现有能力判断今后能做什么、不能做什么,就根本无法开拓新的事业。现在做不成的事,今后无论如何也要把它完成,这种强烈的使命感,才可能开辟出一个新的时代。

第十一条,以关怀之心,诚实处事。

"关怀之心"实际上就是"利他之心"。稻盛先生认为,经营一家企业,不能只考虑自身的利益,也要考虑对方的利益。必要时即使做出自我牺牲,也要为对方尽力。

但是,许多人认为,"关怀""利他"等类似说法,在弱肉强食的商业社会里很难推行。企业与合作者之间、与员工之间产生的最大差距,即是只考虑经营者自己的利害得失,还是能真正地为对方着想。这种"心理上的差异",会给企业带来截然不同的结果。

第十二条,保持乐观向上的态度,怀抱梦想和希望,以坦诚之心处世。

乐观是一种处世哲学,也是一种积极的生活态度。人生在世,不可能一帆风顺。不管处于何种逆境,经营者都必须保持开朗的、积极向上的态度,这已成为稻盛先生的信念。他还认为,既然已经是一家企业的经营者了,就不要怕各种各样接踵而来的经营难题,而且越是困难,越不能失去梦想和希望。

乐观是一种积极的人生态度。例如在企业资金周转困难、伤人脑筋时,经营者不要轻言放弃,坚信只要努力,总会有解决的办法,就会更加努力地解决问题。

稻盛先生把积极乐观的人生态度和工作态度称为"与宇宙的意志

相协调"。他说:"同情之心、谦虚之心、实事求是之心,抱有这样美好的心灵,又坚持踏实努力的人,他们必将时来运转,幸运一定会关照他们。"

经营者们只要学好稻盛先生的"六项精进"和"经营十二条"的内容,并在生活和工作中切实执行下去,就会成为和过去完全不一样的自己。一旦经营者变了,紧接着公司的管理人员就会跟着改变,再接着员工也会改变。这样,公司就会变得优秀,并且充满活力。

第二篇

阿米巴经营在企业的实操落地

第四章

阿米巴经营的基础知识点

- 阿米巴组织结构介绍
- 三层业务链与 SBU、SDU
- 阿米巴经营的利润中心
- 企业相关部门的职责划分与巴长的选择
- 不同类型企业的阿米巴组织划分原则

阿米巴组织结构介绍

三种经典的企业组织结构

在介绍阿米巴组织结构前,先给大家讲一下企业最常用的三种组织结构,分别是直线职能制、事业部制和矩阵制。

直线职能制是在直线制和职能制的基础上建立起来的组织结构形式,目前为绝大多数企业所采用。这种组织结构形式把企业管理机构和人员一分为二,一类是直线(业务)领导机构和人员,按照统一原则对各级组织行使指挥权;另一类是职能(非业务)机构和人员,按专业化原则从事组织的各项职能管理工作。直线领导机构和人员在自己的职责范围内有一定的决定权和对所属下级的指挥权,对自己部门的工作负全部责任。职能机构和人员是直线指挥人员的参谋,不能对直接部门发号施令,只能进行业务指导(见图4-1)。

直线职能制的优点是,既保证了企业管理体系的集中统一,又可以在各级职能机构负责人的领导下,充分发挥各专业管理机构的作用。它的缺点是,过于重视权力归属和汇报关系,职能部门之间的协作和配合性较差,职能部门的许多工作要向上级领导报告请示后才能处理,这一方面加重了上级领导的工作负担,另一方面也造成企业办事效率低下。

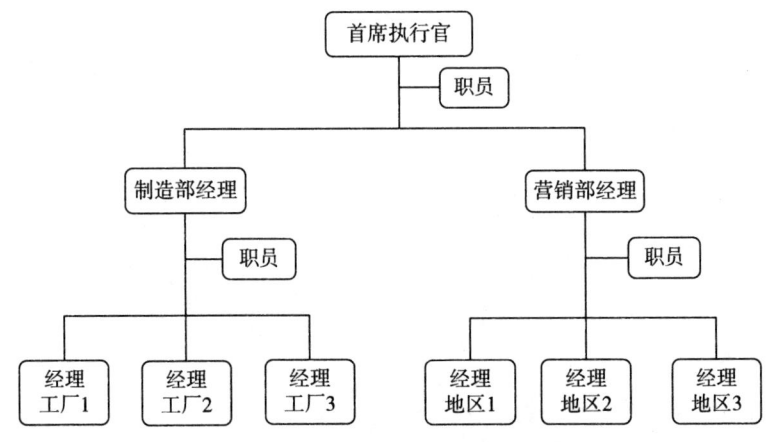

图4-1 直线职能制组织结构

事业部制由美国通用汽车公司总裁斯隆于1924年提出，故有"斯隆模型"之称，也叫"联邦分权化"，是一种分权管理体制。事业部制是一种以分级管理、分级核算、自负盈亏为主的管理形式，即一家公司按产品、客户、地域等维度分成若干事业部，从产品设计、原料采购、产品制造到产品销售，均由事业部及所属工厂负责，实行独立核算、独立经营，公司总部只保留人事决策、预算控制和监督大权，并通过利润等指标对事业部进行控制（见图4-2）。

事业部制的优点是：

（1）每个事业部都有自己的产品和市场，能够独立规划未来发展，也能灵活自主地适应市场出现的新情况，并迅速做出反应。所以，这种组织结构既有高度的稳定性，又有良好的适应性。

（2）权力下放，有利于最高领导层摆脱日常行政事务和直接管理具体经营工作的繁杂事务，成为坚强有力的决策者。同时，又能使各事业部发挥经营管理的积极性和创造性，提高企业的整体效益。

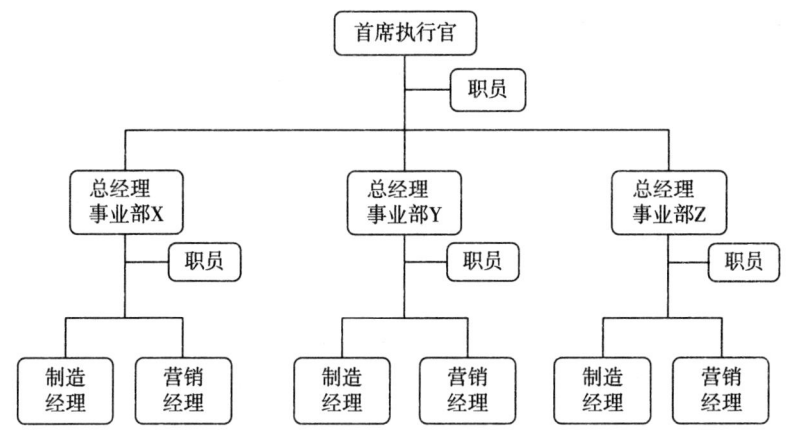

图4-2 事业部制组织结构

（3）事业部经理虽然只负责领导一个比所属企业小很多的单位，但是，由于事业部自成系统、独立经营，相当于一个完整的企业，所以他需要面对企业高层管理者可能遇到的各种考验。显然，这有利于培养全面型管理人才，为企业的未来发展储备干部。

（4）事业部作为利润中心，便于建立衡量事业部及其经理工作效率的标准，并进行严格的考核。而且，也易于评价每种产品对公司总利润的贡献大小，用以指导企业发展的战略决策。

（5）按产品划分的事业部，便于组织专业化生产，采用专用设备，形成经济规模。并能使个人的技术和专业知识在生产和销售领域得到最大程度的发挥，有利于提高劳动生产效率和企业经济效益。

（6）各事业部自主经营，责任明确，使目标管理和自我控制能够有效持续进行，在这样的条件下，高层领导的管理幅度便可以适当扩大。

（7）各事业部门之间可以展开良性竞争，增强企业活力，促进企业的全面发展。

事业部制的缺点是：

（1）由于各事业部利益具有的独立性特点，企业内部容易滋生本位主义。

（2）事业部之间协同性不够，在一定程度上增加了企业的费用开支。

（3）对公司总部的管理能力要求较高，否则容易出现失控的情况。

在组织结构上，把既有按职能划分的垂直领导系统，又有按产品（项目）划分的横向领导关系的结构，称为矩阵制组织结构（见图4-3）。

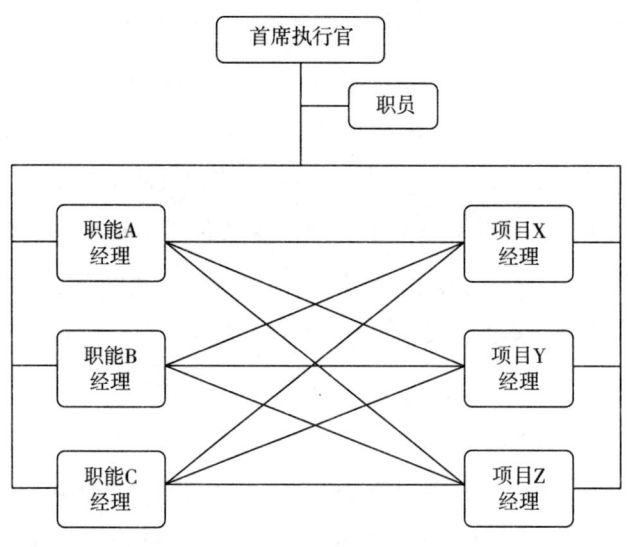

图4-3　矩阵制组织结构

矩阵制组织是为了改正直线职能制横向联系差、缺乏弹性的缺点而形成的一种组织形式，是围绕某项专门任务成立的跨职能部门的专门机构。例如，组成一个专门的产品（项目）小组从事新产品开发工作，在研究、设计、试验、制造各个不同阶段，由相关部门派人参加，力图做到条块结合，以协调相关部门的活动，保证任务的完成。因此，矩阵结构多用于一些重大攻关项目，比如完成涉及面广的、临时性的、复杂的重大工程项目或管理改革任务。矩阵制组织特别适用于以开发与实验为主的单位，例如科学研究，尤其是应用性研究单位等。

矩阵制组织的优点是，机动、灵活，可随项目的开发与结束进行组织或解散。由于这种结构是根据项目而组织的，因此组织内任务清楚、目的明确，各方面有专长的人都是有备而来的。在新的工作小组里，小组成员沟通顺畅，能把自己的工作同整体工作联系在一起，为攻克难关、解决问题献计献策，使他们增强责任感，激发工作热情，促进项目的实现。而且，矩阵制组织还加强了不同部门之间的配合和信息交流，克服了直线职能制组织中各部门互相脱节的现象。

矩阵制组织的缺点是，项目负责人的责任大于权力。因为参加项目的人员来自不同部门，隶属关系仍在原单位，所以只是为"会战"而来，项目负责人对他们的管理会出现一定的困难。这种人员上的双重管理是矩阵结构的先天缺陷，由于项目组成人员在任务完成以后仍要回原单位，因而容易产生临时观念，对工作的完成情况有时会有一定的负面影响。

直线职能制、事业部制和矩阵制是三种基础的企业组织形式，其他组织形式都是这三种的变形和延伸。

模拟分权制组织结构

阿米巴组织结构来源于模拟分权制组织形式，模拟分权制是一种介于直线职能制和事业部制之间的结构形式（见图4-4）。

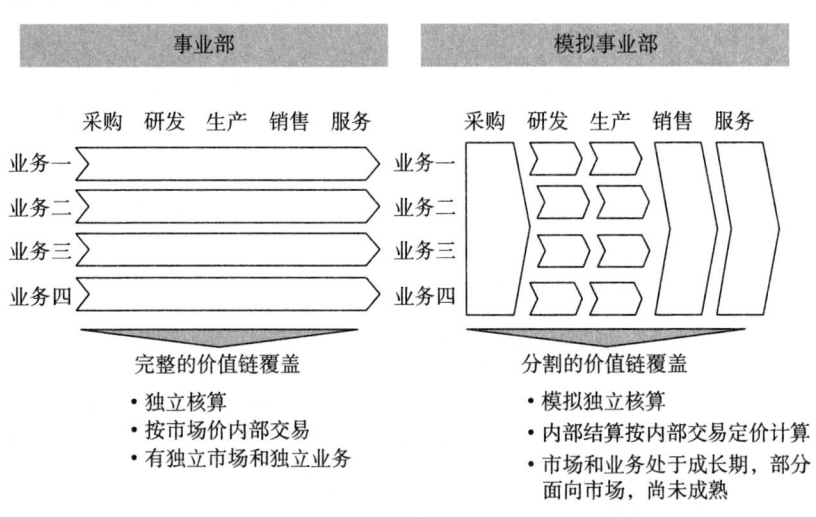

图4-4 事业部制与模拟事业部制的区别

许多大型企业，如连续生产的钢铁、化工企业，由于受产品品种或生产工艺过程所限，难以分解成独立的事业部；又由于企业的规模庞大，以至于高层管理者感到采用其他组织形式都不容易管理，这时就出现了模拟分权组织形式。模拟是指模拟事业部制的独立经营、单独核算，但不是真正的事业部，实际上只是一个个"生产单位"。这些生产单位有自己的职能机构，享有尽可能多的自主权，负有"模拟性"的盈亏责任。这样做的目的是调动这些生产单位的生产积极性，达到改善企业生产经营管理的目的。

模拟分权制的优点是，除了能调动起各生产单位的积极性，还可以解决企业规模过大、不易管理的问题。高层管理人员将部分权力分给生产单位，减少了自己的行政事务，可以把精力集中到战略问题上去。它的缺点是不易为模拟的生产单位明确任务，造成考核上的困难；另外，各生产单位领导人不易了解企业的全貌，在信息沟通和决策权力方面也存在着明显的障碍。

阿米巴量化分权的组织结构

在模拟分权制的组织结构下,不完全的事业部就是一个个的阿米巴单元,再往下切割,就形成更多层次的阿米巴组织结构。它的基本特征是,每一个阿米巴单元都可以独立核算出单位时间内创造的经营利润人(见图4-5)。

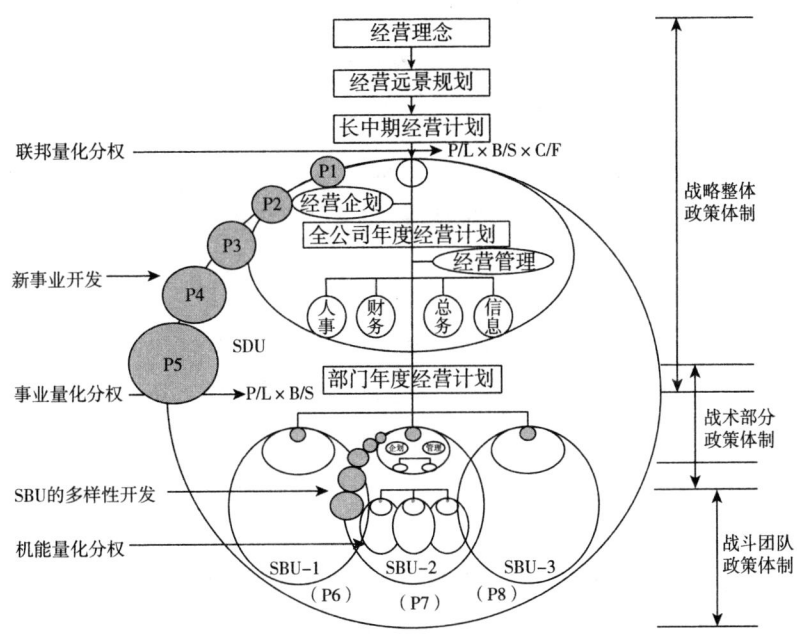

图4-5 阿米巴量化分权的组织结构图

首先,把组织单元划分为业务单元(直线部门)和非业务单元(辅助部门),非业务单元有两类:一类是常规的财务、人力资源、行政、信息化等部门;另一类是经营企划部和经营管理部这两个非常重要的参谋部门,它们的层级比常规部门要高。经营企划部是老板的右脑,负责给老板提供企业战略规划内容的参谋意见,并培育新的事业单元;经营管理部是老板的左脑,负责公司整体经营计划的执行工作和对各事业单元进行业务指导。这两个部门类似中国古代的宰相,对各事业部没有直线的领导权责,而是业务指导关系,所以各事业部仍然要向总经理汇报工作。

其次,各组织单元分为战略、战术、战斗三个层次,这三个层次从时间和空间两个维度进行区分。从时间上,分为战略——一年以上、战术——一个月到一年之间、战斗——一个月以内;从空间上,分为战略——宏观、战术——中观、战斗——微观。其中,战略和战术决策之间、战术和战斗决策之间互有交叉,意味着两种决策之间有重要的衔接、转化关系,如果战略不能有效地转化为战术,并转化为战斗动作,那么战略会因缺乏执行而无法落地,这就是有些企业"执行力差"的症结所在。

最后,不同层次组织单元的权限也不相同。阿米巴组织按照量化分权的形式给各组织单元授权。所谓量化分权,即根据各层级阿米巴单元的数据责任,给他们一定数量费用的使用权利。其中,给基层战斗级阿米巴单元的权力叫机能量化分权,指满足基层战斗级阿米巴单元功能展开、达成业绩目标的一定数量费用的使用权利;给战术级事业单元的权力叫事业量化分权,指满足事业单元利润以及资产保值增值目标的一定数量费用的使用权利,公式为 $P/L \times B/S$,其中 P/L 代表损益表,B/S 代表资产负债表,其结果代表一个战术级的单元,说明事业部不仅对利润负责,还要对资产的保值增值负责;给战略级总部部门的权力叫联邦量化分权,指企业总部的权限,公式为 $P/L \times B/S \times C/F$,其中 C/F 代表现金流量表,说明总部不仅对整个公司的利润以及资产的保值增值负责，还要对企业的现金流负责。

在阿米巴组织结构下，企业可以有效解决以下三个矛盾（见图4-6）：

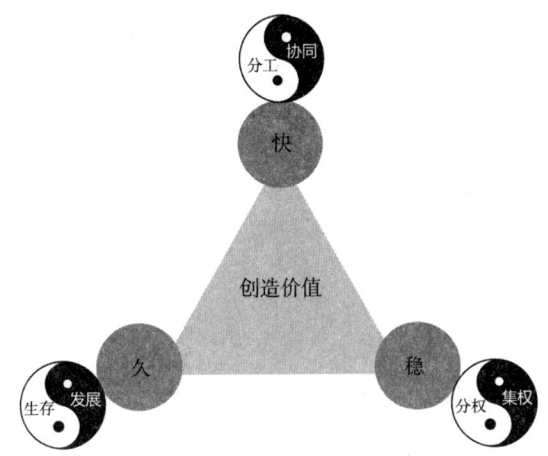

图4-6　阿米巴组织解决企业三大矛盾

第一，分工和协同的矛盾。直线职能制下各职能部门有较为清晰的分工，但如何协同是个难题，各部门如果按照权力大小和影响力排序，难免出现本末倒置的情况。比如，企业里的财务总监很强势，他不会站在客户的立场看问题，而是站在财务的规范化角度看问题，结果财务就不是为了业务服务，而成为业务的一个管理者。

阿米巴事业型组织结构把总部财务、行政、人事等职能部门安排成总经理的助手。职能部门首先服务于业务部门，其次才是履行管理功能，把获取利润作为企业共同的目的。这样就使职能部门和业务部门的分工变得清楚，有效解决了组织中分工和协同的矛盾。

第二，生存和发展的矛盾。阿米巴事业型组织结构把业务部门划分为SBU和SDU两类：SBU是现在赚钱的业务部门，为满足企业生存必须存在；SDU 是将来赚钱的业务部门，需要公司总部拿出资源来培育，是企业为了将来发展而做出的投资。这样的策略布局非常清晰，可以有效解决企业生存和发展的矛盾。

第三，集权和分权的矛盾。阿米巴事业型组织结构是集权和分权的有机结合。它按照纵向层次把组织分为战略、战术、战斗级别，分别授以联邦量化分权、事业量化分权、机能量化分权，不同分权级别的权力归属非常清晰。

解决好企业管理中分工和协同的矛盾，部门之间职责清晰、任务明确；解决好生存和发展的矛盾，企业不仅有现在，还会有未来；解决好集权和分权的矛盾，给予下属单元一定权限，激活组织的同时又控制住了风险。这样，企业就能发展得稳健、顺利。

阿米巴组织的分裂与合并

阿米巴组织的变化是常态化的，组织的变化会导致层级、汇报关系、考核等一系列变化，虽然不同类型企业的阿米巴组织划分原则存在差异，但阿米巴组织内部的分裂与合并却是相似的，所以企业在进行阿米巴组织划分时，一定要记得变动不宜过于频繁，以免影响人心。总之抓住一个核心原则，即战略决定结构。

阿米巴组织的分裂与合并有两种形式：第一，相同功能的阿米巴单元的分裂与合并。比如一个工序切分为两个工序，或者反过来，两个工序合并为一个工序。第二，不同功能的阿米巴单元的分裂与合并。比如华为的"三人战斗小组"，指客户经理、解决方案经理、交付经理三人组成一个阿米巴单元。再比如韩都衣舍的"产品小组"，指设计师、页面制作专员、货品管理专员三人组成一个阿米巴单元。这些都是从底层打破企业原来职能制的组织结构，鼓励"内部创业"

的跨职能团队的组织模式,它最大的优点是能对标客户需求,快速响应。

阿米巴组织的调整时间没有统一的规则,完全根据企业的实际需要来定。一旦公司有战略上的调整,组织结构就会发生相应的变化,之后再通过新的组织结构划分二级阿米巴组织,根据它们的性质划分为利润中心或费用中心,并根据核算基础判断是否再往下划分三级甚至四级阿米巴组织。

三层业务链与SBU、SDU

SBU,即strategical business unit,指"战略事业单元";SDU,即strategical development unit,指"战略发展单元"。下面就通过图4-7,来深入了解一下这两个概念和它们与企业事业生命周期的关系。

图4-7中的横坐标代表成长性——规模增长,纵坐标代表收益性——利润增长,坐标系中把事业的成长划分为P1到P11的11个阶段。P1叫作胎儿,处于原点的位置,表明事业只是停留在领导人头脑中的一个想法;P2叫作婴儿,表明事业处于研发阶段,还没有生产和销售;P3叫作幼年,表明事业处于市场试销的阶段,产品有了一定的规模,但是亏损在加大;P4叫作少年,表明产品销售规模在增长,并且在减亏;P5叫作青年,这时的事业取得了盈亏平衡。

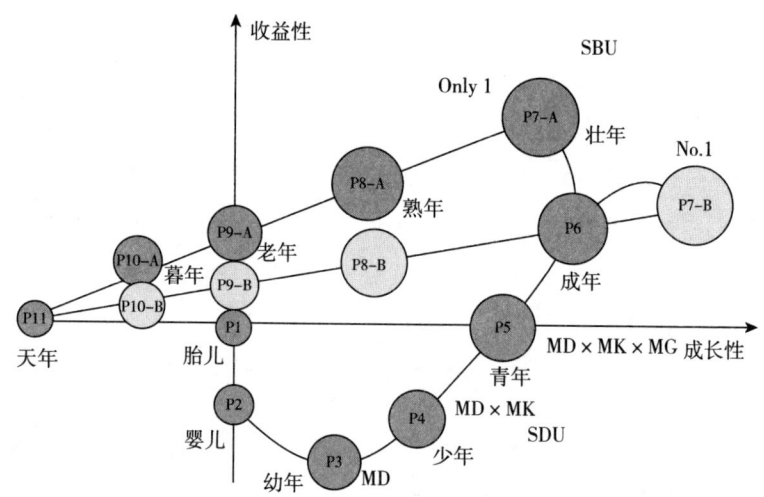

图4-7 企业事业生命周期与SDU、SBU关系坐标图

P1 到 P5 即定义为 SDU 的 5 个发展阶段。但要注意，即使一个 SDU 单元获得了盈亏平衡，也不一定能成长为 SBU，这时还需要一个条件，就是机能成熟。机能成熟有三个发展阶段：幼年阶段，MD——研发制造功能发育；少年阶段，MK——市场营销功能发育；青年阶段，MG——管理功能发育。也就是说，事业获得了盈亏平衡，并且 MD、MK、MG 三项功能发育成熟，这两个条件都达到后，才算是从 SDU 阶段发展到了 SBU 阶段。

所以，很多企业的新事业、新项目、新产品发展不起来，就是因为他们急功近利、拔苗助长，只注重考核利润，而忽视了对机能的建设。在这种情况下，即使短期内扭亏为盈，但仍然有可能因为机能的不成熟而在未来陷入亏损的泥潭。

P6 到 P11 定义为 SBU 的 6 个发展阶段，P6 是成年，P7 是事业发展的最高峰，叫作壮年，然后不断衰退，直至死亡。一个企业要想基业长青，就必须不断拓展新的事业，并驱动新事业发展成熟，以替代不断衰亡的旧事业。这和三层业务链是一个道理，核心业务、增长业务、种子业务，这三类业务必须取得一定的平衡，才能让企业获得源源不断的发展动力（见图4-8）。一个有战略的人怎么吃饺子呢？他是嘴里吃着一个——核心业务，筷子上夹着一个——增长业务，锅里煮着一个——种子业务。

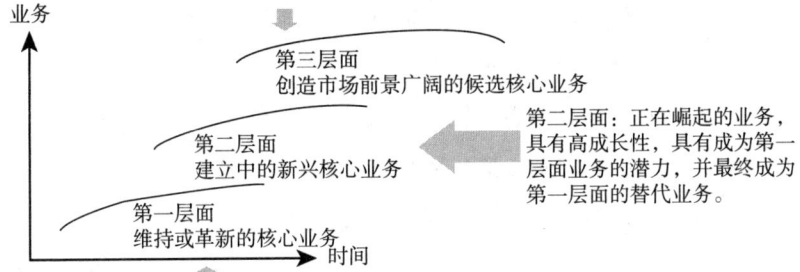

图4-8 三层业务链示例

在事业从成年发展到壮年的过程中，企业有No.1和Only 1两种市场策略可以选择。如前所述，No.1追求规模第一，Only 1追求唯一性，这往往与企业领导人的理念相关。No.1是先快后慢，在发展到一定规模、市场饱和后就会面临同质化竞争，这时就需要适时调整战略，加大产品研发创新力度，才能获得进一步的发展；Only 1是先慢后快，由于产品的唯一性优势，这种企业在获得市场认同之后，发展速度会越来越快。

阿米巴经营的利润中心

在管理会计中，责任中心是指承担一定经济责任，并拥有相应管理权限和享受相应利益的企业内部责任单位的统称。责任中心分为两类：成本中心和利润中心。其中，成本中心指只对成本和费用承担责任的责任中心，利润中心指对利润负责的责任中心。

成本中心一般包括负责产品生产的生产部门、劳务提供部门以及管理部门。按照成本中心控制对象的特点，可将成本中心分为技术性成本中心和酌量性成本中心。技术性成本中心是指把生产实物产品而产生的各种技术性成本作为控制对象的成本中心；酌量性成本中心是指把为组织生产经营而发生的经营费用作为控制对象的成本中心，又称为费用中心。按照这个定义，费用中心是成本中心的其中一类，费用中心并不是和成本中心并列的概念。

从以上定义来看，制造型企业典型的利润中心是销售部门，成本中心是生产部门，费用中心是行政、财务部门。

在阿米巴经营中，没有必要区分成本中心和费用中心，所以可以统一归类为费用中心。利润中心和费用中心的划分是灵活的，经营者会尽量把组织单元作为利润中心，增强各部门的自尊感和价值感，这对阿米巴经营的开展十分有利。比如生产部门，传统上都划分为成本中心，在运营管理中把每一项产品或者每一项工序的标准成本规定好，并且把实际成本和标准成本进行比较，实施考核。而阿米巴经营中通常把生产部门作为利润中心，通过制定比标准成本高的内部交易定价，预留一定的利润空间，由制造部门把实物产品卖给销售部门，或者采取由销售部门提取销售佣金的方式，把制造部门转化为利润中心。

比如企业的维修部门本来是一个费用中心，在某些企业里面往往存在维修成本居高不下的情况，为了节省开支，把维修部门转化为利润中心就是一种很好的选择。这样其他部门为了节省开支，一些小的问题就会自己动手处理；维修部门没活干，必然入不敷出，维修部门的员工就会去找新的利润点，努力工作使自己获得更多的利润。

再比如采购部门，本来也是一个费用中心，但如果能够通过合理的定价把采购部门转变为利润中心，则会大大刺激采购部门员工的积极性。他们会因此而更加努力地工作，如收集市场行情、多渠道开发合格供应商、加强谈判力度等。

成为利润中心的前提条件

企业中的组织如果想成为利润中心，有以下三个前提条件。

第一，能够独立核算。利润等于销售额减去费用，如果销售额和费用能够核算清晰，与其他阿米巴单元没有交叉，就可以把利润进行单独核算。

第二，能够独立完成业务。即这块业务不能外包，由企业内部单位独立完成。现代社会分工越来越细，从理论上讲，绝大多数业务都可以外包，如销售、生产、采购、财务、行政、人力资源等。

企业是否选择业务外包，取决于内部交易成本高还是外部交易成本高。1991年诺贝尔经济学奖获得者科斯在其论文《企业的性质》一文中提出，当市场交易成本高于企业内部的管理协调成本时，企业便产生了。企业的存在是为了节约市场交易费用，即用费用较低的企业内交易代替费用较高的市场交易。当市场交易的边际成本等于企业内部的管理协调的边际成本时，就是企业规模扩张的界限。

第三，能够执行公司的战略方针。比如研发部门，既可以划为阿米巴费用中心，也可以划为利润中心。如果把研发中心划为利润中心，就得按研发新产品的销售收入，设定一个比例给到研发部门。但这有可能会造成研发部门集中资源于短线项目而忽视长线项目，在这种情况下，就会妨碍公司战略方针的实现。这时，就不要把研发中心划为利润中心了，而是把它作为费用中心来安排。再比如质检部门，有的企业想当然地认为质检部门可以作为利润中心，但这样会存在天然的缺陷，质检部门经理会想方设法地用降低费用来创造利润。过一段时间后，质检部门虽然创造出一些虚拟利润，但却可能把更多不合格的原材料加入生产中，或把更多不合格的成品投入市场，给企业带来损失，也给企业品牌带来巨大的伤害。所以，把质检部门这种质量监督部门设定为利润中心也是弊大于利的。

综上，企业部门只有同时满足以上三个条件，才能把这个组织单元划分为阿米巴利润中心。

像行政、人力资源、财务等职能部门也可以按照服务，标明内部交易价格，和业务部门进行内部交易。但容易出现两个问题：第一，服务不易标准化，在定价之后，这些部门容易产生偷工减料的行为，给服务打折扣。虽然企业可以制定严格的技术标准，但是管理成本太高，可操作性不强。第二，这些职能部门不仅服务于业务部门，还服务于总经理，是企业中的战略性部门。所以，职能部门还肩负企业管理变革和升级的重任,而这个重任是通过企业战略性资源来支撑的,无法通过内部交易弥补成本。由于以上两个原因,我不建议公司把总部的职能部门作为阿米巴利润中心,或者至少使阿米巴在企业运作一年以上,内部服务标准化程度提高、员工比较适应之后再考虑把职能部门划分为阿米巴利润中心。

在我辅导过的企业里,确实有把商学院划为利润中心的案例,但这是在阿米巴导入两年后,商学院的服务相对标准化、相应的管理机制比较健全之后才实现的。所以,刚导入阿米巴的企业切勿心急,而要循序渐进、逐步推进。

循序渐进推进阿米巴

这里,再多说几句关于企业为何要循序渐进推行阿米巴的问题。一般来讲,组织划分得越细,则阿米巴经营模式的推动越深入。但是,组织划分也不都是越细越好,还要根据企业的具体情况来进行调整。比如企业原来设计的是销售按照大区划分阿米巴单元,生产按照车间来划分阿米巴单元。后面决定再往下深入一层,做到销售按照小组、生产按照工序(班组)划分,则阿米巴组织呈几何级数增加,大大增加了核算的工作量。而且,在阿米巴理念尚未深入人心的时候,员工会因为核算工作量的加大而出现消极怠工的情况,增加阿米巴推动的阻力。

在企业中,组织汇报关系直观体现了权力的大小。很多人以为阿米巴组织的结构设计和划分只是为了独立核算,这种想法是错误的,它其实是对原有组织结构的重新构造。其中的变动直接关系到权力的分化和重组,并改变企业中的汇报关系。

对于组织汇报关系的变化,当事人是非常敏感的。一名管理干部的理念再好，他也不愿意自己负责的组织单元向上的汇报层级增加，更不愿意自己的位置没了。因此，为了减少阿米巴经营在企业推进的阻力，我的建议是尽量不要变动汇报关系。可以先把利润中心和费用中心区别开，然后划定组织层级和汇报关系，确立好基层的核算单元。

待条件成熟，即阿米巴经营模式深入推进过程中涉及深层次的矛盾时，比如原有部门职能不清晰、不合理，或者业务流程和管理流程发生变化，就会促使企业的组织结构和组织汇报关系必须发生变化，这时调整组织结构和汇报关系就显得顺理成章了。

企业在初期运行阿米巴、划分阿米巴核算单元时，一般确立三级即可，至多不要超过四级。有的企业在初期推进阿米巴模式时，就想一步到位，模仿京瓷划分到班组，一下子深入到五级、六级阿米巴单元，给数据收集、核实、统计及分析工作带来很大的压力，为了提供这些数据，企业被迫设计了很多细化的记录数据的表单，增加了很多细化的工作流程，无形中加大了人力、物力、财力的投入。

此外，阿米巴单元的独立核算最大的好处是，把原来不清晰的数据通过独立核算查清楚了，这其实就是责任的归位。但是，有时并不是责任越清晰越好，因为责、权、利的统一是配套的。责任清晰了，但权力、利益没有配套，反而会造成各部门间扯皮的增多。比如，阿米巴经营会计报表核算使各阿米巴单元的利润变得清晰，制订年度和月度经营计划的时候会据此确立利润目标，体现各阿米巴单元的责任；通过绩效考核，明确各阿米巴单元的利益。但是，如果不给各阿米巴单元放权，审核、审批的流程仍然冗长，一点小事都要向上级领导写申请、走流程，显然会打击各阿米巴单元的积极性。所以，在制定好规则后，还要给各阿米巴单元授予一定的权限，使它们的责、权、利有机统一,提升工作效率。

在阿米巴运行过程中,条件比较好(管理基础扎实、人员素质较高)的企业想要真正把权、责、利统一好,至少需要半年左右的时间,条件一般的企业需要半年到一年的时间。所以,企业在这个过程中要多注意员工的反馈,尽量避免推行阿米巴时出现问题,否则就容易造成阿米巴的夭折。

尽量提高利润中心的数量和所占权重

从企业角度来讲,自然希望有更多的利润中心出现,对利润负责。对于各层级管理干部而言,他们也希望自己管理的部门可以成为利润中心。原因有二:第一,有面子,谁都希望自己成为对公司有直接价值的重要组成的部门;第二,这有可能获得更直接的利润分享激励。一般来讲,利润中心的员工比费用中心的员工奖金更高,因为他们直接创造了企业的经营效益,承担了更大的责任和压力。

虽然企业中的员工都有这样的愿望,但能否成为利润中心,还要根据利润中心的三个前提条件来判断。如果有的部门设置成利润中心或费用中心都可以,就尽量设置成利润中心。比如现在很多企业非常重视培训,把培训学院从人力资源部独立出来,并设置为利润中心。这有两方面的好处:一方面各部门要向培训学院支付培训费用,清晰自身的培训成本后,它们会更珍视培训的机会;另一方面,会促使培训学院不断提升标准化水平和培训水平,最终提升培训学院的总体利润。当然,培训定价要参照市场水平,由经营管理部来审批定价,这也会促使培训学院加大对外拓展市场的力度,如果对外能批量性地接到订单,就更能证明培训学院的价值了。

再比如我辅导过的一家电力企业。由于煤是主要原材料,价格的控制非常重要，又由于煤是大宗原材料，每天都有市场行情价，所以，按照市场行情价作为内部交易定价的标准就很公平。如果采购价低于市场行情价，采购部就会赚钱；如果采购价高于市场行情价，采购部就会赔钱。通过这种交易定价方式把采购部做成利润中心后，大大激发了这家企业内采购部业务人员的价值感，使当年的采购成本降低了几千万，取得了很好的效果。

企业除了更多地设置利润中心，还应该尽可能多地把人员安排到利润中心，尽可能少地把人员安排到费用中心。这样可以让企业里更多的人产生对利润负责的意识，也变相要求费用中心的人员不断提升能力，以高效率来支持利润中心的工作。

企业相关部门的职责划分与巴长的选择

经营管理部和经营企划部的职责

经营管理部是日本企业普遍设立的一个类似最高参谋的部门，它是总经理的助手，但并不对各业务部门发号施令，而是指导、帮助它们提升业绩。经营管理部有四项核心职责：经营会计核算、经营会计分析、组织绩效考核、制定并管理企业制度和流程。

第一项，经营会计核算。经营会计报表核算应该放在经营管理部，而不是财务部。经营管理部部长负责整个公司经营会计报表的合并、汇总、核算,包括检查数据、汇总核算、内部交易定价的制定、内部交易争执的裁决等工作。

第二项,经营会计分析。经营管理部部长应该擅长对经营会计报表进行分析,通过对问题高屋建瓴的分析,提出有针对性的业绩改善指导建议。

第三项,组织绩效考核。经营管理部负责对各阿米巴单元进行评价和考核,人力资源部负责对公司各岗位进行评价和考核,这两者在阿米巴绩效考核中是完全分开的。企业要先对组织考核,再对个人考核,把两者结合后,再具体考核到岗位,兑现个人利益。这种方式有助于年度经营计划的执行到位,很多企业做绩效考核时喜欢直接考核到岗位,这是错误的。因为岗位业绩无法支撑公司业绩,只有部门业绩才能支撑公司业绩。很多企业都犯过这种错误,结果发现企业总体业绩没有提升,反而是岗位,特别是辅助岗位的员工绩效考核成绩优秀。所以,企业应分清主次,先做组织考核,再做岗位考核。

第四项,制定并管理企业制度和流程。经营管理部负责对公司整体年度经营计划的跟踪,当经营管理部部长发现运行中出现不畅的时候,如果是体制方面的原因,就可以通过对流程和制度的调整,来保证各部门协调有力,共同为公司年度经营计划的达成贡献力量。

经营企划部主要有两项核心职责:公司战略规划、SDU的培育。

第一项,公司战略规划。经营企划部负责在对国际国内宏观经济研究的基础上,对国家政策和行业发展趋势进行跟踪研究,结合企业内部资源能力,研究和制定公司中长期发展战略规划,并负责发展目标的论证和监控过程。

第二项,SDU的培育。SDU的培育能否成功,是关乎企业战略成败的大事。经营企划部长引领企业发展战略，需要不断培育新的事业单元，以此取代那些正在老去、将会失去生命力的事业单元。SDU的培育不仅要关注业绩增长，实现扭亏为盈，还要关注研发制造、营销、管理三项核心机能的成熟。只有业绩达到盈亏平衡点，并且三项核心机能成熟后，SDU才能转化为对公司有利润贡献的SBU，经营企划部的职能才得以实现。

巴长的选择

阿米巴巴长任职的前提条件是，在业务方面，熟悉该阿米巴单元在工作内容、业务流程等方面的各项规定及工作要求，并具备开展工作的相应操作技能；在管理方面，了解基础的经营管理知识，尤其是基本的财务、核算及成本控制方面的知识。

在具备这两个前提条件的基础上，阿米巴巴长还应该具备良好的品德和意识。品德铸就巴长的领导力水平，能够在阿米巴的内部管理中公平、公正、公开地处理事情。意识主要包括经营意识、民主意识、客户意识、协作意识、成本意识等。

如前所述，一家企业刚导入阿米巴经营模式时，最好对职位和汇报关系少做变动，在原有职能型架构的基础上，建立模拟事业部（二级阿米巴），再根据需要往下划分三级或四级阿米巴单元。这样，原有单元的领导人自动成为各阿米巴单元的巴长，形成组织结构和人事关系的平衡过渡。

在阿米巴深入推进过程中，原有的巴要裂变出新的巴，这时候就要选拔新的巴长。选择时要注意把握好人才选拔的漏斗模型，从理念、能力、业绩三方面进行考核，但不要进行加权平均考核。比如有5个人竞聘巴长的位置，可以让他们先比理念，有2人不合格直接淘汰；剩下3人再比能力，有1人不合格直接淘汰；最后剩下2人比业绩，由业绩好的人当巴长。这里需要注意的是，不要选业绩好而理念不好的人当领导，可以给他高额奖金，但不能给他管理职位，否则他会带坏一个团队，破坏公司整体的文化氛围。

在选拔形式上可以做成竞聘会，让巴长撰写自己巴的经营计划，互相竞争，充分展现巴长的才华。巴长的竞聘应从考核计划开始，计划不仅包括目标，更重要的是策略和举措，这样才能真正看出一个巴长的经营思路是否合适。

不同类型企业的阿米巴组织划分原则

制造型企业的阿米巴组织划分原则

制造型企业是运用阿米巴经营模式最多的企业群体，原因很简单：阿米巴经营的起始——京瓷就是一家制造型企业。所以，阿米巴经营模式非常适合制造型企业。

制造型企业一般由采购部、研发部、生产部、销售部等主要业务部门组成，还有财务部、行政部、人力资源部、客服部等职能部门作为辅助。一般来讲，业务部门划分为阿米巴利润中心，职能部门划分为阿米巴费用中心。

生产部、销售部肯定可以被划分为利润中心，但采购部却并不一定，这与采购部和生产部的内部交易相关。如果是大宗原材料，一般都会有专业网站每天公布价格信息，这时可以比较方便地制定出采购部卖给生产部的内部交易价格，这时采购部作为利润中心是可行的；与之相反，如果不是大宗原材料，因为缺乏公平的价格信息，制定采购部卖给生产部的内部交易价格因市场价格波动频繁，在技术上核算难度很大，是几乎不可能完成的任务，在这种情况下，一般把采购部作为费用中心比较合适。

对于原材料库存和成品库存较高的企业，把原材料仓和成品仓做成利润中心有很强的现实意义。销售部门对成品库存负责，把成品仓作为利润中心后，向销售部门收取仓储费和库存占压流动资金利息时，销售部门会因感受到压力而尽量压缩库存，这样可以有效减缓企业流动资金方面的压力；生产部门对原材料库存负责，把原材料仓作为利润中心后，向生产部门收取仓储费和库存占压流动资金利息，生产部门会因感受到压力而把生产计划做得规范准确，避免不必要的原材料库存，这也可以在一定程度上减缓企业流动资金的压力。

销售服务型企业的阿米巴组织划分原则

以一家品牌服饰代理企业为例，它的主要业务职能有采购、运输、仓储、门店销售等，除了门店，采购、运输、仓储都可以作为阿米巴的利润中心。另外，企业中还有一个维修部门，负责对门店设备及工具进行维修保养，它也可以划分为利润中心。由于该企业的采购没有议价权，都是从品牌商那里拿货，所以把采购部门做成利润中心的意义不大。

这样划分的一个显著好处是，原来门店只关注进货成本、门店租金、人工费、促销费用等，现在发现运输、仓储、维修都要花钱，自然会对这些费用进行关注和节约。比如原来门店连换个灯泡都要找维修部,现在类似这样的小事肯定都是自己处理了;原来门店不关注库存的情况,现在也会开始关注,并尽量减少滞销货品,制订精准的要货计划,每天盘点库存和修订销售计划。

当然,这类销售型企业的重心一般都在销售部门,所以首要要把销售部门做成利润中心,在阿米巴导入的初期可以把其他职能部门先划为费用中心,在阿米巴运营较为成熟后,再逐步转化为利润中心。

项目型企业的阿米巴组织划分原则

项目型企业有很多,如工程施工类企业、工程装修类企业、软件类企业、物业管理类企业等,它们的运行特点是以项目制为中心展开运营,所以项目本身就是天然的阿米巴单元。

以图4-9为例,它的基本业务单元是采购部——负责材料采购、市场部——负责销售接单、项目部——负责项目施工,企业需要把这三个部门作为利润中心,把其他组织单元作为费用中心。

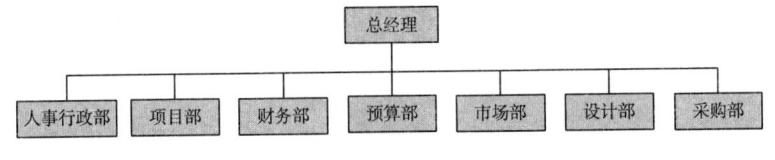

图4-9 某工程装修企业的组织结构图

这家企业在具体运作一个项目时,项目经理下面会安排采购、工程、预算、后勤、设计等一套班子。这时就可以把项目部作为二级阿米巴单元,每个项目作为三级阿米巴单元,项目还可细分为采购和工程两个四级阿米巴利润中心。这样不仅可以核算到每个项目创造出多少经营利润，还可以核算到每个项目的采购和工程各为项目贡献了多少利润。显然，这种阿米巴组织划分形式有很强的实操意义。

第五章

阿米巴经营的内部交易

- 阿米巴产生内部交易的原因
- 内部交易三要素及其关系构建
- 内部交易定价的确定与企业类型息息相关
- 总部固定费用的分摊

第五章 阿米巴经营的内部交易

阿米巴产生内部交易的原因

在阿米巴经营中要从组织划分上把单元划小核算，为了把每一个阿米巴单元的利润核算清楚，就要进行内部交易。比如一家生产制造型企业，划分了生产和销售两个二级阿米巴利润中心，要核算生产部门的经营利润，用销售额减去费用就可以了。如果想实现销售额，就要把自己生产的产品定价后卖给销售部门，这就叫内部交易，这个定价就叫内部交易定价。在管理会计中内部交易定价称为内部转移定价，同样是为了核算组织内部单元独立创造的经营利润。

在组织划分之后，要把所有阿米巴单元区分为利润中心和费用中心。比如一家制造型企业，制造和销售部门确认为利润中心，销售部门是有对外销售收入的，它的销售收入减去费用可以得到经营利润；而生产部门是没有销售收入的，生产部门生产出的成品要以一定价格卖给销售部门，这样生产部门才有了销售收入，这叫对内销售收入。所以，如果没有生产部门与销售部门的内部交易，就没有办法构造出生产部门的内部销售额，没有内部销售额，就不能核算出生产部门的经营利润了。

这里要注意的一点是，并不是说做阿米巴就一定要做内部交易，而是要根据企业的具体情况而定。有的企业内部交易极为复杂，有的企业则根本没有内部交易。比如我辅导过的一家品牌服饰销售企业，它是七八个女装品牌的代理商，下面有20多家服装服饰专卖店，对它来讲，就是从品牌服饰厂商手里购买服装，然后通过门店销售给顾客。其他的部门，如仓储、运输、维修部门定位为费用中心。这样每家门店就是一个天然的阿米巴单位，它们有外部销售收入，但不需要和其他部门发生内部交易，也就没有内部销售收入。再比如很多项目类企业，它的各个项目就是一个个天然的阿米巴利润中心，如果定位工程、预算、采购等部门为费用中心，也不会产生内部交易。

通过内部交易，企业创造了一个内部的"虚拟市场"，也就是说，内部交易并不伴随着钱的流动，不是一手交钱、一手交货，而仅仅体现在阿米巴经营会计报表中数据的变化上。

比如生产部门今天生产了一批产品，共100件，质检合格后进入到成品仓，这意味着生产部门完成了销售，这100件产品有了内部交易定价，生产部门用内部交易定价乘以100，得到的是部门今天的对内销售额。同时，销售部门从生产部门购买了这100件产品，销售部门也是用内部交易定价乘以100得到今天的对内采购额，这个对内采购额在经营会计报表中体现为变动费用。每一笔对内销售额和每一笔对内采购额是相等的，体现在公司的整体合并经营会计报表中时，总的内部销售额和总的内部采购额就会相互抵销。

通过内部交易，每个部门都会关注自己产品的质量、成本、交期。比如生产部门的产品质量不合格，销售部门就可以拒收，这样生产部门就无法获得对内销售额，丧失一部分经营利润。同样，对于交期不合格的也可以制定相关制度，如交期未达成计划的可以扣除一部分货款，相当于打折。这样，企业就可以模拟外部市场的规则，建立一套符合市场规律的内部交易规则,并体现在内部交易管理制度中。

这里,再提几句有关内部市场和外部市场的区别(见表5-1)。

表5-1 外部市场与内部市场的区别

项目类别	外部市场	内部市场
本质	实际市场	虚拟市场
目的	交换价值	改善业绩
供求关系	自动均衡	人为干预
竞争机制	自由竞争	缺乏竞争
价格机制	市场机制	计划手段

从本质上讲,外部市场是一个实际市场,一手交钱、一手交货;内部市场是一个虚拟市场,它的交易仅仅是经营会计报表中数据的变化。

从目的上讲,外部市场的目的是交换价值,买方愿意买,卖方愿意卖,从而达成交易;内部交易的目的在于激发员工的经营意识,增收节支,从而改善经营业绩。

从供求关系上讲,外部市场通过供求关系的变化达成价格的自动均衡,供大于求,价格下跌,供小于求,价格上升;内部市场的内部交易价格是人为制定和干预的,不允许不按照计划进行买卖,更不准哄抬物价、囤积居奇。

从竞争机制上讲,外部市场是自由竞争;内部市场虽然也鼓励竞争,但竞争强度有限,而且不鼓励各阿米巴之间进行残酷竞争,而是友好竞赛。

从价格机制上讲,外部市场是市场机制,依靠市场这只"无形的手"来调控价格;内部市场则是计划手段,是有计划的市场经济。

所以，要准确理解阿米巴的"自主经营"，就要在公司整体经营计划的基础上实现，而不是每个阿米巴单元各自为政。阿米巴经营的主导部门是经营管理部，公司的整体经营计划和各阿米巴单元的经营计划都掌管在经营管理部手中，它通过对公司内部各阿米巴单元的计划平衡来调控，确保资源的集约化使用，从而保证公司的整体利益最大化。

在外部市场上，各市场主体的竞争是完全的市场行为，在很多时候充满了残酷性；在公司内部市场，是有计划的市场经济，一切在经营管理部的主导下，按照计划有条不紊地运行。各阿米巴单元一般不是直接竞争关系，也就是说，它们的竞争更多表现为在经营数据上的比拼，即使有直接竞争关系，也是在规则约束下的行为。

比如，生产部门总是抱怨采购部门供给的原材料价格过高，那么可不可以允许生产部门自行采购原材料呢？答案是可以，但不是全部，比如说放开一个口子：10%的原材料由生产部门自己采买，如果生产部门采买的原材料在质量相等的情况下确实价格更低，那么采购部门就没有理由不把采购价格降下来。但是，不能把100%原材料的采购权给到生产部门，因为这样就把采购部门的功能废掉了，也不符合企业战略发展方向。所以，企业只能允许部门之间有规则的竞争和博弈。

只要在经营管理部的指导和监督下，不断完善企业内部的机制，就完全可以把公司的内部市场营造成一个规范有序、良性竞争的市场，各阿米巴单元就可以实现共赢，而不是共输。

内部交易三要素及其关系构建

阿米巴内部交易三要素是交易对象、交易关系和交易定价。

交易对象，指两个阿米巴单元之间交易什么产品和服务；交易关系，指某两个阿米巴单元之间进行交易；交易定价，指某项交易关系定义的交易对象如何确定内部交易价格。其中，交易对象和交易关系合起来，又称为交易结构。

这三个要素按照一定的逻辑展开，首先要搞清楚交易对象是谁，然后弄明白交易对象的交易关系是怎样的，最后制定出交易定价。

很多企业推行阿米巴，一谈到内部交易就直指内部交易定价，以为这样就算直接看到了事物的本质。但如果交易对象不清晰、交易关系不明确，制定交易定价就会困难重重，错漏之处甚多。所以，企业在内部交易前要先搞清楚各部分的关系，不然很容易进入误区。

下面以一家餐饮企业为例，看这家企业是如何分步骤做好内部交易结构的（见图5-1）。

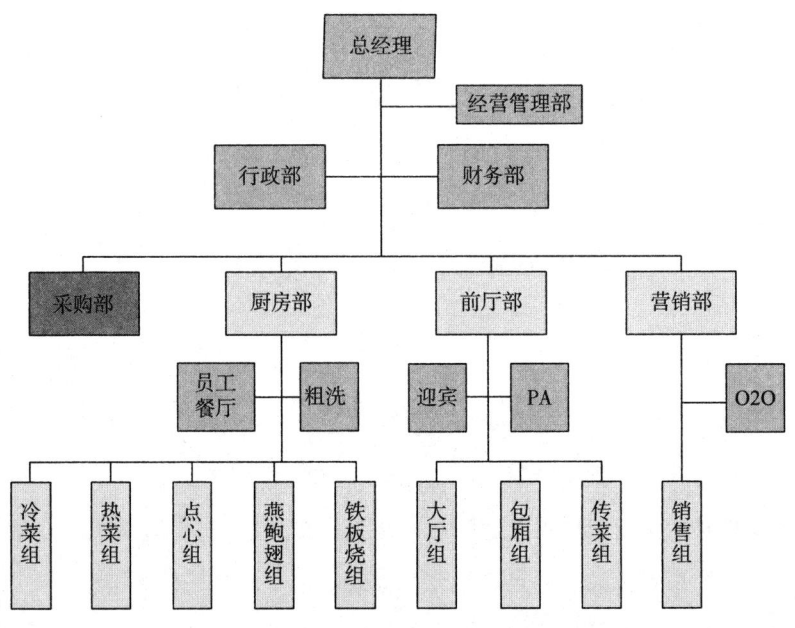

图5-1 某餐饮企业的阿米巴组织结构图

这是一家综合性餐饮企业，有员工150多人，在导入阿米巴之后，首先建立了阿米巴组织结构，把行政部、财务部列为费用中心。另外新成立了一个经营管理部，由于企业偏小，没有专门成立经营企划部，由老板本人负责战略规划的制定。

接着，企业根据业务链条，建立了采购部、厨房部、前厅部、营销部等二级阿米巴利润中心，再在厨房部、前厅部、营销部下面建立了三级阿米巴利润中心。

第一个是厨房部，总共50多人，一名厨师长很难对这么多人施行有效的管理，所以按照档口划分了更低一级的阿米巴利润中心。每个档口都有独立核算的条件，据此建立了冷菜组、热菜组、点心组、燕鲍翅组、铁板烧组等五个小组，作为三级阿米巴利润中心。厨房部管理着一个员工餐厅，考虑到实际情况，仍把员工餐厅归属厨房部管理，建成一个三级阿米巴费用中心。另外，粗洗也是一道加工工序，但附加值较低，没有必要成立一个利润中心，所以也把它列为厨房部下面的一个三级阿米巴费用中心。

第二个是前厅部，也有50多人，一名前厅经理很难对这么多服务员施行有效的管理。根据实际情况，把前厅部划分为大厅组、包厢组、传菜组三个小组，作为三级阿米巴利润中心。迎宾和PA是两个服务小组，按常规做好自己的接待工作即可，因此把它们作为前厅部的两个三级阿米巴费用中心。

第三个是销售部，销售部下面有一个销售组和一个O2O组，虽然是两条销售渠道，但由于O2O刚起步，只有一个人，所以把它作为销售部下面的一个三级阿米巴费用中心。

如何画如图5-2这种形式的内部交易结构图呢？很简单，把横行设定为价值链，从原材料采购到厨房加工，再到服务员端到餐桌上；把纵列设定为部门分类，二者共同组成一个清晰的内部交易结构图。

从1到5的五条交易关系线，是采购部卖给厨房部五个小组的原材料；6和7的两条交易关系线是不经过厨房部加工的烟和酒，它们直接由采购部加价卖给前厅部；8到12的五条交易关系线是厨房部卖给大厅组的成品；13到17的五条交易关系线是厨房部卖给包厢组的成品；18，19的两条交易关系线是传菜组对大厅组的传菜服务和收台服务；20，21的两条交易关系线是传菜组对包厢组的传菜服务和收台服务；22，23的两条交易关系线是销售组分别对包厢组和大厅组的销售点菜服务。

通过对这张阿米巴内部交易结构图的解析，相信你现在已经了解了这家餐厅阿米巴利润中心的交易结构。在这样的交易结构定位清晰的前提下，企业就可以着手制定交易定价了。

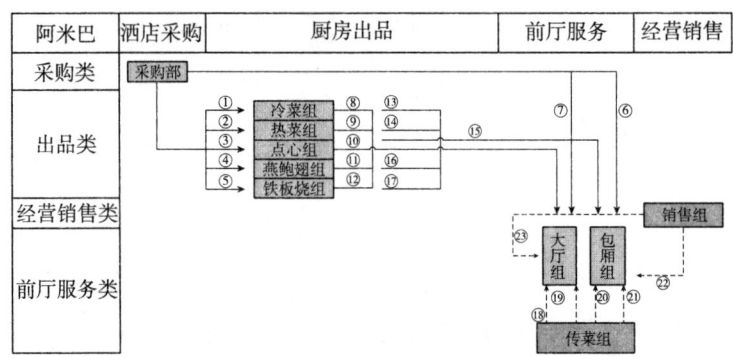

图5-2 某餐饮企业阿米巴内部交易结构图

上面所举的例子是餐饮企业的阿米巴内部交易关系构建，在订单型生产和库存型生产模式下，其内部交易关系构建的标准具体如下：

在订单型生产模式下，企业的产品由客户指定标准，销售部门根据客户制定的标准委托设计部门进行设计，客户认可后签订合同，销售部门向生产部门下订单。这种情形下，企业的生产、研发及设计部门与客户需求有紧密的连接，这种连接直接决定企业是否可以与客户签订合同。因此，在订单型生产模式下，生产部门处于主导地位，销售部门处于辅助地位，外部销售收入应该归属生产部门，而销售部门通过辅助生产部门获得内部销售佣金收入。

在库存型生产模式下，企业产品遵循行业标准或者自身标准，销售部门通过调研客户需求，主导产品策略。这种情况下，销售部门处于主导地位，生产部门处于辅助地位。这时，外部销售收入应该归属销售部门，而生产部门通过销售部门的销售计划制订生产计划，根据生产计划把产品生产出来，进入成品仓，完成生产部门和销售部门之间的交易。

内部交易定价的确定与企业类型息息相关

内部交易定价的基本方法及步骤

在确定内部交易前,企业需要明确的一点是,阿米巴内部交易没有必要用现金交易。因为阿米巴内部交易是虚拟的,用现金交易会加大交易成本,反而体现不出内部交易的优越性。

企业内部交易定价的确定一般有三种方法,分别是交易协商定价法、市场基础定价法和成本基础定价法。

第一种是交易协商定价法,指两个部门之间对内部产品或服务的价格进行协商,达成共识。简单来讲,就是一单一议。交易协商定价法的成本较高,在双方无法达成一致的情况下,要由经营管理部裁决,这种方法适用于非标产品的定价。

第二种是市场基础定价法,适合用于内部交易的产品或服务,在能找到公允的市场价格前提下,就可以参照市场价格给内部交易对象进行定价,可见,这种定价方式有利于把市场压力向企业内部进行传递。

第三种是成本基础定价法,以企业内部成本为基础推算出定价。比如测算出生产部门的产品成本是100元,加上合理的利润比例是

10%，那么，卖给销售部门的内部交易价格就是 110 元。如果生产部门有几个车间或者工序，划分成了企业的三级阿米巴单位，则分段测出这几个车间或工序的标准产品成本，就可以作为内部交易定价的依据。这时，测算内部半成品成本要采用财务口径的全成本核算，包括直接材料、直接人工和制造费用。

阿米巴经营内部交易定价的制定步骤是：

第一，画出阿米巴内部交易结构图，图上清晰标明哪些利润中心之间（交易关系）对什么产品或服务（交易对象）进行交易。

第二，查找内部交易对象的市场价格，如果外部市场有同类产品或服务的交易，就可以把这个市场价格作为参照来定价。因为内部交易的成本一定比外部交易的成本低（否则这一块业务不如外包给外部市场），所以内部交易定价可以比外部交易定价略低。

第三，对于内部交易对象无法找到市场价格的，就必须测算其成本。这时，企业成本会计的水平很关键，要在阿米巴组织机构的基础上，分巴来测算各类，甚至是各品种产品的成本，以此作为内部交易定价的基础。

制造型企业的内部交易定价

首先，看采购与生产之间的内部交易。采购部门把原材料和辅料等卖给生产部门，如果按照原价加成的方法来定价是没有意义的，因为采购价格越高，采购部门的内部销售额越高，绩效越好，这会与企业推行阿米巴的初衷相违背。所以，企业需要制定一个公允的价格作为内部交易价格。

其次，看生产和销售之间的内部交易。生产和销售之间的交易方式要依据企业的生产方式而定,如果是订单式生产,则可以认为企业的主导部门是生产部门,这时外部销售收入的归属部门是生产部门,销售部门按照销售产品的金额提取销售佣金;如果是库存式生产,则可以认为企业的主导部门是销售部门,这时外部销售收入的归属部门是销售部门,生产部门按照内部交易定价卖给销售部门。

第三,看仓库与其他单元的内部交易。制造型企业的仓库一般分为原料仓和成品仓,它们发生交易关系的单元是不同的。人们一般把仓库看作费用中心,这里则要把仓库划分为利润中心,因为仓库是企业的"毒瘤",库存会占压流动资金,而资金是有成本的,利率就是资金的价格。把仓库作为利润中心,目的就是压低库存。

堆在成品仓里的成品必须由销售部负责。因为销售下单给生产部来生产,所以成品仓和销售部进行交易;堆在原料仓的原材料由生产部负责,销售为龙头,根据销售计划制订生产计划,再根据生产计划制订采购计划,所以原料仓和生产部进行交易。交易定价可以参照同区域、同行业的仓储费标准制定,如有的行业按件数、有的行业按吨数等,各不相同。另外,为了给销售部、生产部制定货物快速流转的要求,可以在仓储费的基础上再加一个利息,叫仓储费利息,这是阿米巴虚拟出来的一个利息,但是非常有现实意义。这个利息告诉生产部和销售部,资金占用是有成本的,要用经营行为减少资金占用,做好计划和计划的执行。这一招在制造型企业里非常实用,往往起到提升相关人员经营意识、大幅度降低库存、减少资金成本、提升经营利润等奇效。

一个例外的情况是,有的行业原材料是大宗产品,这时采购部门搏行情的功能就很重要了,原材料库存要由采购部门来负责,把采购部门做成利润中心,原材料仓向采购部门收取仓储费和资金利息。

销售型企业的内部交易定价

销售型企业一般是业务部门接单回来，再卖给运营部门。这种类型的公司应该如何定价呢，是按接单总额比例，还是营运部门收取一定比例的服务费来计算？

以上两种方式都可以，但应用逻辑不同。运营部门可以把业务部门作为外包单位，给它销售佣金，按照接单总额的一定比例计算定价；或者是业务部门把运营部门作为外包单位，给它一定比例的服务费，同样按照接单总额的一定比例计算定价。

但上述两种方式计算出来的比例所落实的责任还是不够清晰，也就是说，责任没有做到一对一。我辅导的一家汽车销售企业，把每家 4S 店作为阿米巴单元，它主要有三个业务部门：市场、销售和售后。市场部负责通过各种线上线下的宣传手段，把客户引导到大厅看车，来看车的顾客就是比较有意向购买的顾客，这叫作集客；销售部负责把车卖给顾客，并做二手车、精品销售、金融等延伸业务；售后部负责车的维修清洗等服务。为了更清晰地显示各部门的业绩，可以设计为市场部把集客标价卖给销售部，按一个集客的价格测算服务成本，然后给予一个合理的利润空间。这样的定价，非常清晰地显示了各部门的责任，市场部只对集客数量负责，集客数量不达标，就是它的责任；销售部对销售额负责，它的责任是到店顾客的成交率和客单价，成交率不高、客单价低，肯定影响销售额达成。

这个案例中用到的方法其实和制造型企业中生产部门卖给销售部门的成本基础定价法相同，产品可以测算成本，服务同样可以测算成本。成本基础定价法是最精准的定价方法，比较清晰地揭示了企业内部的成本结构，以成本为基础做交易定价对各部门来讲也是最公平公正的，经营会计报表的核算可以清晰地揭示各部门的利润贡献，从而实施公平公正的评价和激励。

制造型企业中研发部门的内部交易定价问题

很多制造型企业有研发中心或研发部，那么研发部门可以做成阿米巴利润中心吗？如果可以做，内部交易关系如何建构，内部交易定价如何进行呢？

研发可以分为战略、战术、战斗三种层次，所谓战略性研发是指企业的基础研发平台，这类研发有公共部门的性质，只能放在公司总部，做费用中心；战术性研发是指产品的应用研发；战斗性研发是指拼装级研发，主要是工艺方面的改善。所以，战术和战斗级研发可以作为阿米巴利润中心存在。

我辅导过一家做智能晾衣机的企业，这个行业里的大多数企业不太注重研发，研发部一般只有五六个人，以模仿为主。而这家企业立意很高，创业之初就立志要做行业第一，非常注重研发工作，研发中心有三十多人，研发成本很高。老板在跟我交流时，表示一定要把研发中心做成利润中心。

如何把研发中心做成利润中心呢？难点就在于如何建立交易关系，如何做内部交易定价。这个问题在很多企业中出现，但都没有得到妥善的解决，这些企业在导入阿米巴之后，把研发中心作为费用中心处理，要求研发部门对每个月的研发费用做详细统计，按照进度进行项目制管理。但这种方式仍然不利于激发研发人员的积极性和创造性，对研发项目的成果缺乏量化的数据。

这里，给大家介绍两种有关研发部门的内部交易定价方式：

第一种方式是在研发项目立项之后，核定项目开发合同收入，把一个项目组作为虚拟的阿米巴利润中心。等项目结项,通过评审之后,收入减去费用得到经营利润,从而模拟核算出一个项目创造的利润。这种方式的缺点是,项目收入是既定的,创造利润的唯一方式是节省费用、缩短工期,造成研发人员只对项目通过评审负责,而对项目实际为企业创造的效益不负责任。

第二种方式是首先建立项目与销售的交易关系,规定从研发新产品销售收入中分成一定比例给研发,作为研发项目的销售收入。这种方式也有缺陷,比如项目研发周期是六个月,则前面六个月产生的都是费用,等六个月结束产品上市之后才有收入。这种方式的好处是从一开始就极大地激发了研发人员的经营意识,他们会更多地从客户需求出发,因为项目是否成功,直接决定了产品上市之后的销售收入。

对此我的建议是,企业可以按照研发项目立项开始后一年内的新产品销售收入的比例,分成给项目组作为销售收入。这种定价传导的思想是:加快研发进度,早日完成项目,让新产品尽快上市。

按照第二种方法,这家智能晾衣机企业的项目非常成功地盘活了研发中心,研发人员加强了市场意识和经营意识,不仅主动加班加点抢研发时间,而且积极与销售人员交流客户需求,研发周期大大缩短,新产品也更加贴近市场需求。

内部交易与企业业务形态的关系

如前所述,做不做内部交易,和企业的规模大小没有关系,只跟企业的业务形态相关。比如我辅导过的一家做建材销售的企业,年销售额超过2亿元,是若干建材品牌的代理商,在全国拥有50多家门店,员工500多人。它的各门店就是天然的阿米巴单元,因为采购部作为阿米巴单元很难定价,所以把它看成费用中心;门店是唯一的阿米巴利润中心，门店的进货价格就是各门店的商品成本，它们的实际销售回款就是销售额。所以，在这样一家有一定规模的中型企业里，推行阿米巴时就没有做内部交易定价。

再比如另一家做智能工程和暖通的工程类企业，年销售额不到1000万元，员工有十几个人，下设三个部门——销售部、暖通部和智能工程部，这三个部门就定义为阿米巴利润中心。暖通部负责空调类产品的设计、安装和服务；智能工程部负责智能化设备的设计、安装和服务，由销售部分别和暖通部、智能工程部作内部交易，这样就要做这两种交易关系的内部交易定价。

按道理来说，采购是企业价值链的重要一环，属于业务部门，肯定要做成利润中心。但是，如果没有合理的内部交易定价方式，把采购部门做成利润中心的效果就会不太明显。比如很多企业在把采购部门做成利润中心时，采取的是以实际采购价加一定比例的交易定价的总和卖给下游部门，那么，采购进来的物料价格越高岂不是越好？所以，这样的定价方式是错误的，与把采购部门做成利润中心、不断降低采购价格的初衷相违背。

设备部门可以做成利润中心，关键点仍然在于内部交易定价。如果可以标出每一种维修服务的标准工时，就是一种很精准的内部交易定价方式。维修部门在接到维修任务之后，在标准工时以内完成工作，就算赚了；反之，就算亏了。

但是很多企业并不具备这样的条件，由于机器设备繁多、维修服务非常零碎，不太好确定维修服务的难度系数。这时候，可以把一年的设备维修任务汇总起来核算一个总的维修收入，也就是说，设备部的销售收入既定，想要增加经营利润，只有降低费用。为了避免维修部门偷工减料，一定要制定详细的维修服务标准，比如维修之后多长时间内设备不许出故障，一旦出故障就要罚款，冲减设备部的销售收入同样要在内部交易规则中体现。

我在给一些制造型企业做咨询的时候，采取了上述的方法，极大地激发了设备部人员的积极性和能动性，直接效果就是原来设备部总抱怨人手不够，现在则主动加班加点完成维修任务，积极培训生产部门保养设备，并通过减员来降低成本。

质检部门不能做成阿米巴利润中心，因为质检部门的职责是为企业提供产品质量保证，不把质量不合格的原材料放进来，不把不合格的成品放出去。如果把质检部门做成利润中心，它的工作导向就变成了利润最大化，便很难保证它的质量监督管理职责的有效落实。比如，质检部门为了增加利润，减少质检人员数量，降低质检的频次，当期可能不会体现出质量成本损失，但时间一长，势必导致企业产生更多的质量损失，对企业来说就得不偿失了。

内部交易关系只存在于基层的阿米巴利润中心之间

经营会计报表的核算，从基层的阿米巴单位的数据开始，逐层汇总而来。因此，上下级单元之间不存在内部交易关系，内部交易关系以及费用分摊关系都是直接从基层阿米巴单元开始的。

比如某制造型企业，刚开始只设计了二级阿米巴单元，利润中心有采购部、生产部和销售部；费用中心有财务部和行政部。这样采购部把原材料卖给生产部、生产部把成品卖给销售部时就会发生内部交易。同时，采购部、生产部和销售部分摊财务部和行政部的费用。

在阿米巴经营运行三个月后，该公司决策把阿米巴经营单元深化到三级单元：生产部按照工序A、B、C划分，销售部按照区域甲、乙、丙划分。这时，采购部直接与A工序展开内部交易，C工序直接与区域甲、乙、丙展开内部交易。生产部下属的生产计划部为它的利润中心，在报表核算过程中，工序A、B、C分别分摊掉生产计划部的费用，再分摊总部财务部和行政部的费用。销售部下属的跟单部为它的费用中心，在报表核算过程中，区域甲、乙、丙分别分摊掉跟单部的费用，再分摊总部财务部和行政部的费用，即做了两层分摊，以此类推。

总部固定费用的分摊

企业在做固定费用分摊的时候，常常碰到这样的问题，像工资、礼品，甚至给企业外部人员的商业性回扣等费用，对企业内部来讲是保密的，不能公开，以免相关人员跳槽之后泄密给竞争对手。这时，总部部门的费用不需要做每个单项的分摊标准，而是打包分摊，比如总部的行政部、人事部、财务部、信息部等费用中心，其费用打包起来一个总数，再给几个利润中心，如采购部、生产部、销售部等来分摊。这样做的好处，不仅保护了企业的核心机密，而且计算起来较为简单。如果按照每项费用都协商分摊比例，往往会造成工作量巨大，而且有些分摊较难有公允的标准，容易引起利润中心之间的争吵。所以，为减少阿米巴推行的阻力，开始的时候就做到尽量简化，打包分摊即可。

总部固定费用分摊给利润中心来承担，容易出现两个弊端：第一，总部各费用中心没有压力，花费多少，利润中心就承担多少；第二，容易引起各利润中心的抱怨。

这个问题在很多推行阿米巴经营的企业里存在，为解决这个问题，我的建议方案是：

第一，实现各利润中心和费用中心的内部交易，让费用中心也动起来，主动关心各部门的经营状况。

第二，根据全年经营计划，如公司整体销售额是1亿元，行政部计划花掉100万元费用，则行政部提取销售收入1%的行政服务费，作为行政部的内部销售收入。这样就相当于费用中心与各利润中心展开了内部交易。

如果公司业绩完成情况好，完成了1.2亿元的销售收入，则行政部提取的行政服务费达到120万元，再加上它勤政节约，全年只花90万元的话，在行政部的经营会计报表中会显示有30万元的经营利润，就可以根据这个数据来制定相应的激励方案。需要注意的是，激励方案不能直接对30万元切分，这样做容易把内部交易变成承包制度。

如表5-2所示，这是一家餐饮管理公司的内部费用明细表，职能部门（费用中心）有总经办、营运部、厨务部、人事部、财务部、物流部、市场部、开发部、培训部和行政部，各部门分别向门店收取相应的服务费用。有的部门，比如厨务部，既承担了研发新品的职责，又承担了原材料采购的职责，还承担了门店品质管理的职责，就可以分别向门店收取研发管理费、厨务管理费和物流服务费。

表 5-2　某企业内部费用明细表

品牌使用费	总经办为门店提供的品牌输出服务收取的费用
营运管理费	营运部为门店提供的协调管理服务收取的费用
研发管理费	厨务部为门店提供的菜品研发更新服务收取的费用
厨务管理费	厨务部为门店提供的菜品品质管理服务收取的费用
人事服务费	人事部为门店提供的人事服务收取的费用
代理记账费	财务部为门店提供的财务核算服务收取的费用
物流服务费	厨务部为门店提供的原材料采购服务收取的费用
市场推广费	市场部为门店提供的营销推广服务收取的费用
门店开发费	开发部为门店提供的选址筹备服务收取的费用
人才培养费	培训部为门店提供的人才培养服务收取的费用
行政服务费	行政部为门店提供的证照办理及其他行政服务，收取的费用

让费用中心与利润中心交易的好处是，第一，费用中心的收入是动态的，随着公司销售收入的增长，它们收取的服务费用也越高，可以刺激费用中心给利润中心提供更好的服务；第二，利润中心不会再抱怨费用中心为什么不省钱了，一旦全年的经营计划敲定，费用中心向利润中心收取的服务费用就是按照销售收入的一定比例确定好的；第三，费用中心的全年预算不是固定的，当销售收入上升，公司经营情况向好时，它也可以灵活地调整自身费用预算，只要保证自己部门的经营利润数据为正就可以了。这样，就不是按照财务预算来控制费用，而是根据经营计划灵活调整，更加符合经营原则，把销售额和费用合成"一张皮"。

在这里还需要注意的是，当制造型企业当期生产量与销售量不一致时，内部交易的方式需要企业慎重处理。

首先做一个假设，企业生产是按照生产计划来做的，无论是订单式生产还是库存式生产，只要是按照计划生产出来的成品，进入成品仓或者直接发货后，都算是由销售部门直接购买的，以这个生产量来进行内部交易。

按照内部市场化的原则，在订单式生产方式下，生产部作为企业的主导部门，把销售部作为外包单元；在库存式生产方式下，销售部作为企业的主导部门，把生产部作为外包单元。但无论是哪种方式，都是按照销售计划—生产计划—采购计划的业务流程来执行的。所以，只要是销售部给生产部下达的计划，生产部按照计划完成了，销售部就必须采购。也就是说，一旦成品进入成品仓，就归属销售部了，那么生产部门和销售部门就发生了内部交易。前提是生产部门按照生产计划来生产，如果超出生产计划进行生产，则可以认为这部分超出计划的产量不计入生产部门和销售部门的内部交易，仓储成本由生产部自行承担。

所以，无论当期生产量和销售量是否一致，生产部和销售部之间都按照成品生产量进行内部交易。

第六章

阿米巴经营的会计核算

- 财务会计、管理会计与经营会计
- 经营会计报表的构建及七大核算原则
- 企业更需要经营会计而不是财务会计
- 经营会计与财务会计在科目设置与利润核算方面的不同
- 经营会计必备三张表：损益表、资产负债表和现金流量表
- 企业经营会计核算的难点解析

财务会计、管理会计与经营会计

经营会计是管理会计的分支,与管理会计源于西方不同,经营会计是日本人发明的,它是一种直接以促进经营为目的的会计系统,它的出现解决了"企业家如何一目了然地掌握经营实态""如何通过量化的数据来贯彻经营者意志"等难题。

要了解经营会计,就要从经营会计与财务会计的区别谈起,又因为经营会计是管理会计的一个分支,所以我们首先要了解管理会计和财务会计的区别(见表6-1)。

表6-1 财务会计与管理会计的区别

	财务会计	管理会计
服务对象	政府、银行、股东等外部利益相关者	企业内部管理层
依据标准	政府部门颁布的《企业会计准则》	企业自行制定,不受企业会计准则约束
提供信息类型	以已完成或已发生的交易和事项作为加工对象,面向过去	以预计企业要发生的和企业未来的经济行为为加工对象,所产生的信息面向未来
报告形式	报告形式固定:损益表、资产负债表、现金流量表	报告形式自由,依据企业需要自行制定

（续表）

	财务会计	管理会计
时间范围	以一定的期间（月、季、半年、年）编制	不受固定期限限制
会计原则	权责发生制	收付实现制
记账方法	复式记账——有借必有贷，借贷必相等	单式记账——数据表格
成本计算方法	严格按照公认会计准则采用的方法进行，采用的是完全成本法（制造成本法）	根据不同目的，可选择变动成本法、作业成本法等

第一，财务会计和管理会计的服务对象不同。财务会计的服务对象是政府、银行、股东等企业外部利益相关者，管理会计的服务对象是企业内部管理层。财务会计报表需要公开，并满足外部利益相关者了解企业经营状况的需要；经营会计报表不需要公开，仅仅满足企业管理层经营管理决策的需要。

第二，财务会计和管理会计的依据标准不同。财务会计的依据标准是财政部颁布的《企业会计准则》，管理会计的依据标准则是企业内部自行制定的标准。各国政府都很重视《企业会计准则》的制定和颁布，原因就在于其代表的是国家机器的利益，政府会用《企业会计准则》来规范企业的做账，防止企业偷税、漏税。

第三，财务会计和管理会计提供的信息类型不同。财务会计是以已完成或已发生的交易和事项作为加工对象，面向过去；管理会计是以预计企业要发生的和企业未来的经济行为为加工对象，所产生的信息面向未来。

第四，财务会计和管理会计的报告形式不同。财务会计有三张表：损益表、资产负债表和现金流量表。管理会计报表形式自由，依企业实际的经营和管理需求而定。

第五,财务会计和管理会计报表核算的时间范围不同。财务会计的最短期限是月报表,并有季报、半年报、年报等不同周期的报表;管理会计核算的期限不受固定期限限制,根据实际管理需求,可以把报表的核算周期缩短,比如旬报、周报、日报等。如京瓷对基层阿米巴的核算采用单位时间核算表,即把一个阿米巴单元每小时的利润核算出来,以满足企业业绩分析与改善的需要。

第六,财务会计和管理会计所遵循的会计原则不同。财务会计遵循权责发生制,管理会计遵循收付实现制。

第七,财务会计和管理会计采用的记账方法不同。财务会计的记账方法为复式记账——有借必有贷,借贷必相等;管理会计的记账方法为单式记账——数据表格。

第八,财务会计和管理会计的成本计算方法不同,财务会计严格按照公认会计准则所采用的方法来进行,即完全成本法;而管理会计根据不同目的选择,如变动成本法、作业成本法等方法。

这里,再详细介绍一下完全成本法和变动成本法的异同。

完全成本法是指在计算产品成本和存货成本时,把一定期间内在生产过程中所消耗的直接材料、直接人工、变动制造费用和固定制造费用的全部成本都归纳到产品成本和存货成本中去。

变动成本法是指在计算产品成本和存货成本时,只将变动生产成本作为产品成本的构成内容,而将固定生产成本和非生产成本作为期间成本,并按贡献确定程序,计算损益的一种成本计算模式。

如图6-1所示,完全成本法和变动成本法的区别是:

(1)变动成本法中,固定制造费用不计入产品成本,而是作为期间成本全额列入损益表，从当期的销售收入中扣减。

（2）制造费用包括辅料消耗、生产水电及能源费、维修费、管理人员工资及其他费用、厂房及设备折旧。一般来讲，属于变动制造费用的有辅料、生产水电及能源费、维修费，管理人员工资及其他费用、厂房及设备折旧属于固定制造费用。显然，在"产成品"与"在产品"存货估价方面，完全成本法计算出来的估价高于变动成本法计算出来的估价。

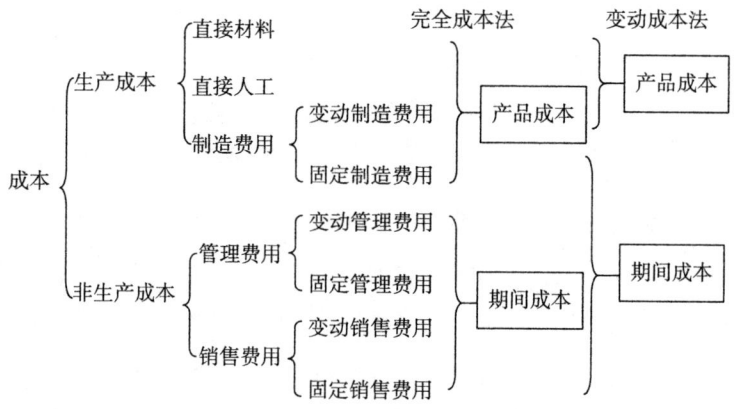

图6-1 完全成本法和变动成本法的区别

（3）此外，在盈亏计算方面：

第一，在产销平衡情况下：按完全成本法确定的净收益＝按变动成本法所确定的净收益。

第二，当期产量＞当期销量：按完全成本法确定的净收益＞按变动成本法所确定的净收益。

这是因为在完全成本法下，部分存货留在企业内部，存货价值包含了一部分固定生产成本，这样当期扣减的产品成本低于变动成本法核算的产品成本，计算的净收益自然大于变动成本法计算的净收益。

第三，当期产量＜当期销量：按完全成本法确定的净收益＜按变动成本法所确定的净收益。

这是因为把上期的部分存货销售出去，在完全成本法下，这部分存货也包含一部分固定成本，这样当期扣减的产品成本高于变动成本法核算的产品成本，计算的净收益自然小于变动成本法计算的净收益。

（4）这两种成本算法在经营决策上也有所不同。完全成本法强调生产环节对企业利润的贡献，固定制造费用在本期已销售产品和库存产品之间的分配是一致的。所以，在一定销售量条件下，生产量越大，利润越大。在产销不平衡的情况下，会诱导管理层片面追求高产量，盲目生产，从而增加成品库存，与人们的经营常识相悖。

而变动成本法强调销售环节对企业利润的贡献，固定制造费用不计入当期产品成本。所以，销售量越大，利润越大。在产销不平衡的情况下，决策层也会牢牢把握销售最大化的经营原则，盯住库存，在保持安全库存的前提下把库存最小化，这也是比较符合经营常识的经营思维。因此，变动成本法的优势就在于有利于企业做出正确的短期经营决策。

经营会计报表的构建及七大核算原则

经营会计报表的构建

以表6-2为例，经营会计报表构造了销售额、变动费、边际利润、固定费、经营利润等5个一级科目。而财务会计报表构造了销售额、销售成本、毛利、期间费用、主营业务利润、营业外收入、营业外支出、税前利润等8个一级科目，如图6-2所示。

表6-2 经营会计报表示例

分类项目			部门			合计	比例(%)
			采购	生产	销售	总公司		
销售额	对外销售	1						
	对内销售	2						
销售净额		3						
变动费	商品成本	4						
	运送费	5						
	销售手续费	6						
	促销费	7						
	业务资金利息	8						
变动费小计		9						
边际利润		10						
固定费	人工费	11						
	设备费	12						
	其他经费	13						
	固定利息	14						
固定费小计		15						
贡献利润=销售净额–变动费小计–固定费小计		16						
总部固定费用分摊		17						
经营利润=贡献利润–总部固定费用分摊		18						

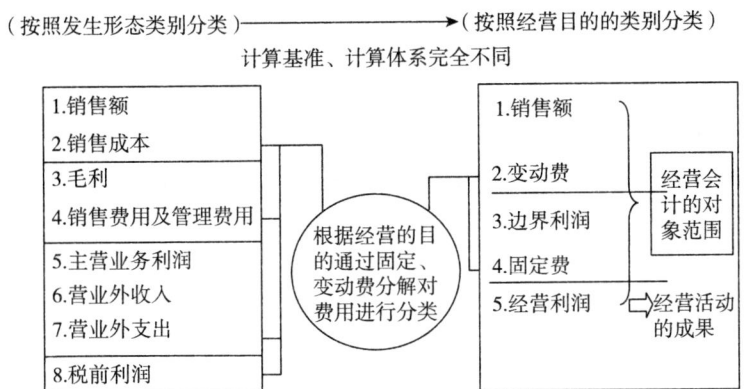

图6-2 财务会计与经营会计科目对比

销售成本包括直接材料、直接人工、制造费用三项，期间费用包括销售费用、管理费用、财务费用三项。这六项费用，经营会计报表的表达方式就是两种费用：变动费和固定费。变动费是指驱动销售额增长、与销售额成正比例变化关系的费用；固定费是指在一段时期内相对固定不变，与销售额没有直接关系的费用。经营会计把所有费用按照与销售额的变化关系区分为变动费和固定费，不仅大大简化了人们对费用的认知，而且鲜明地体现了经营思维。

边界利润＝销售额－变动费。

经营利润＝边界利润－固定费。

这里的边界利润就是边际利润，并非错别字，而是从日文直接翻译过来的。边际利润就是增加一个单位产品销售所产生的利润，反映增加产品的销售量能为企业增加的收益。

理解边际利润的概念对企业经营非常有帮助，这主要体现在下面几个方面：

（1）决定企业生产的某种产品是否应该停产。只要某种产品存在边际利润（即它的销售收入大于其变动成本），就应该继续生产。因为固定费用短期不变或变化很小，利润总额是增加的。所以，如果企业用财务会计的方法计算出的产品成本高于产品售价，并决定停产时，其实从管理会计或者经营会计的角度来看，可能是错误的决策。

（2）判断企业产品结构是否合理。如果企业生产的所有产品均有边际利润，则说明企业的产品结构基本合理。

（3）停止某种产品的生产，必须以其他产品增产所带来的边际利润大于停产产品的边际利润为前提。

表 6-2 中的横栏排代表的是公司的阿米巴单元，比如阿米巴利润中心是采购、生产、销售三个部门。总公司是公司的费用中心，包括行政部、财务部、人力资源部、信息部等部门打包分摊费用。则采购、生产、销售三个利润中心核算出各自的贡献利润，再减去总部费用分摊后，得到三个利润中心的经营利润。

纵列代表的是具体科目，销售额、变动费、固定费一般细化到三级科目就足够了。科目分级要有逻辑，只看一级科目，就能对经营状况有一个初步的判断；再看二级科目，对经营状况就有一个更加细化的判断；最后看三级科目，得到最终的精准判断，是一个由粗到细的过程。

$$销售净额 = 对外销售收入 + 对内销售收入$$

销售部有对外销售收入，没有对内销售收入；而采购部和生产部有对内销售收入,没有对外销售收入。对内销售收入和商品成本是一一对应的关系,也体现出了内部交易。比如,采购部门体现在对内销售这一栏的数据是100,则生产部门体现在商品成本的数据也是100;生产部门体现在对内销售这一栏的数据是200,则销售部门体现在商品成本这一栏的数据也是200。这样,在合并经营会计报表中,这些内部交易的数据就可以相互抵消了。

阿米巴经营会计报表的核算是从底层阿米巴单元核算的,如果生产部门划分了车间或工序,则车间或工序就是三级阿米巴单元;如果销售部门划分了区域办事处,则各区域办事处就是三级阿米巴单元。如表6-2中采购、生产、销售三个利润巴计算出各自的贡献利润之后,再分摊掉总部的费用,贡献利润 – 总部费用分摊 = 经营利润,三个利润巴的经营利润之和就是整个公司的经营利润。

合并经营会计报表,有两个数据逻辑必须打通:第一,内部交易关系必须一一对应,内部买卖的每一笔数据必须相等;第二,合并经营会计报表中,纵列之和的经营利润必须等于横栏各利润中心经营利润之和,满足这个要求才能说明经营会计报表是做平了。

如果通过检查,以上两个数据逻辑没有问题,则经营会计报表的数据逻辑就可以保证是正确的了。

单位时间核算表与经营会计报表的区别

单位时间核算表由稻盛先生创造,来源于现场的管理会计体系。它的特色在于简单易懂,即使不懂会计也能轻松自如地运用,可以让员工更直观地了解自己每小时所创造的附加价值。

如表6-3所示,一个基层阿米巴单元的销售净额 = 对外销售 + 对内销售 – 对内采购,再减去它的所有费用得到附加值为18。在所有费用中,假设这个班组级单元上面是一个生产车间,所有的车间上面是生产部,则这个班组先分摊掉车间的固定费用,这叫作部门内分摊;再分摊掉生产部的固定费用,生产部就是公司实行阿米巴之后的模拟SBU,这叫作SBU间分摊。

工时也是一样的道理,假设总工时是2200小时,这个月的单位小时附加值=180000/2200=81.8元/小时。

表6-3 单位时间核算表

项目		单位:万元
销售额	对公司外	14
	对公司内	36
	总额	50
内部采购		20
销售净额		30
费用	原材料	8
	配件	1
	电费	1
	部门内分摊	1
	SBU间分摊	1
	合计	12
(附加值)利润		18
工时(小时)	正常	1600
	加班	200
	部门内分摊	200
	SBU间分摊	200
	合计	2200
部门内月均总人数		8
月单位时间核算		81.8元/小时

综上，单位时间核算表与经营会计报表有三点区别：

第一，在单位时间核算表里，由于基层阿米巴单元的费用类别少，结构简单，没有必要区分一项费用是变动费用还是固定费用，所以费用下面分的科目直接是具体的费用名称。

第二，单位时间核算表的费用项中没有包括人工费，也就是说计算出来的附加值包括了人工费。这是因为如果把人工费放进费用中，压低人工费就成为一个降本增效的手段，有可能这个基层阿米巴巴长追求短期利益，拼命压低人工费，这样就会与阿米巴培养经营人才的初衷相违背。

第三，单位时间核算表中加入了人工工时这个变量，体现出了单位小时的附加值。经营会计报表则体现出"销售额最大化、费用最小化"两条提升利润的途径。在基层阿米巴单元，特别是生产部门，对于扩大销售额是没有办法的，它是按照计划来接单生产，费用的下降空间也有限，它能做的主要是通过提升人工效率来提升利润。所以，在单位时间核算表中专门体现了工时。

以上三点也表明，单位时间核算表是适用于基层阿米巴单元的管理会计报表，是以每个基层阿米巴为单位的精确计算，通过精细的划分工作提高数值的精确度，阿米巴成员的所有行动都会变得如玻璃般透明，整个阿米巴的经营状况也会清晰地反映在最终的核算表上。这样，基层的员工都清晰地了解到公司的经营状况，才能激发自己的干劲和责任心。

因此，单位时间核算即从产值中扣除所有的费用，然后除以总时间作为评估每个阿米巴的标准，保证阿米巴之间不受产品或者规模影响，进行公平竞争。

想要更深入理解经营会计报表与单位时间核算表的区别，大家还需要再了解一下单位时间核算表的特点。

（1）简单易懂。单位时间核算的设计可以保证使不擅长数字的人也能看懂，保证他们会计算，并能据此判断出产品能否盈利。

（2）坚持用金额表示。凡是使用单位时间核算表的活动，其目标和结果都是用金额来表示。这样员工会对成本支出有更强的感知，也更容易切实感受到自己正经营着一个阿米巴。

（3）基于准确的数字展开竞争。使用单位时间核算，可以不受工作内容的影响对所有阿米巴进行比较公正的评价，精确地用数字统计并予以公布，让阿米巴之间为实现更多盈利展开竞争。

（4）及时统计、核算出各阿米巴当天的实绩，在第二天就要统计出来反馈给现场，提高员工工作热情的同时，及早察觉危机并采取应对措施。

（5）数据是逐步汇总起来的，既保证速度又保证精确度。

（6）通过数据让每个角落都变得透明。单位时间核算是各项数据的精确汇总，从这些数字中可以清楚地看到每个经营细节，不仅员工变得更有紧迫感，还能不断让人反思，现场精益改善。

（7）把数字交给现场去管理。单位时间核算制度下，数据由员工自己记录并汇总，因此都能找到相应的说明，并让员工真正信服这些数据，对自己的工作结果承担起更加重大的责任。

（8）现场员工知道成本经营上的所有数据都是阿米巴巴长亲自计算的，单位时间核算足以让其掌握产品成本的数据。

（9）把数据渗透到员工意识中，不断重复单位时间核算的各项数据，有助于所有员工明确工作目标和努力方向。

（10）把时间渗透到日常经营中。单位时间核算以一小时为单位,如果能让员工充分认识到这一点,员工就会自发产生一种"一小时"意识,主动采取各种措施寻找最合理的时间安排,以此提高公司运作效率。

日本企业推行阿米巴经营,通常采用单位时间核算表的形式,但我认为这并不符合中国企业经营的实际,因为单位时间核算表的适用范围是基层的阿米巴单元,而我们知道,阿米巴经营是从上至下推行、逐层深入的。一般来讲,一家中型企业初次推行阿米巴单元,一般核算到三级阿米巴单元就足够了,在阿米巴经营开展起来、获得一定效果后,才会向下深入,推进到四级乃至五级阿米巴单元。而二级、三级阿米巴单元是非常有必要了解事业部或部门整体的经营利润状况的。

再者,单位时间核算表体现出工作效率是影响阿米巴经营利润的重要因素,这鲜明体现在单一品种大规模制造的企业,而如今的企业经营模式,日益转化为多品种、小批量的生产模式,这样模式的企业,提升利润的关键点在于产品的毛利率——研发水平和不断改善商品结构。而且,现在阿米巴经营不断扩展应用的行业范围,大量销售服务型企业导入阿米巴经营模式,而它们经营上的特点是固定费用压缩空间有限,提升利润的主要手段还是提升销售额,因此,只有在提升销售额的基础上提升人工效率才有意义。

综上所述,我的建议是中国企业采用全方位、全口径的经营会计报表来进行核算并分析,而不必采用单位时间核算表计算。

经营会计报表的七大核算原则

稻盛先生在京瓷的经营实践,使他认识到企业经营者必须正确把握自己企业的实际经营状况，在此基础上做出正确的经营判断，而要做到这一点，前提就是要精通会计原则和会计处理方法。稻盛先生说：

如果把企业比作天空中飞行的飞机，那么会计不仅仅告诉飞行员已经飞了多远、多久，更重要的是告诉飞机现在面临的状况：高度、速度、姿势、方向、天气、油耗等。

稻盛先生运用经营会计不拘泥于传统会计制度，而是直逼会计的本质。在长期的实践中，随着京瓷的发展壮大，稻盛先生对于会计的理念问题不断思考，逐渐归纳出经营会计的七个原则。

1. 以现金为基础经营的原则。

财务会计制度奉行权责发生制，收支钱款的实际时间与其销售收入和费用核算的时间不一致，企业经常面临账面盈利而手头没钱的现象。有些资产在账面上显示为财富，但事实上已经是垃圾；有些企业将借贷的钱用于投资，但会直接收到宏观经济形势、政府政策的影响，一旦银根紧缩，就有资金链断裂的风险。所以，稻盛先生强调，企业经营必须以手头的现金为基础，努力提升自有资本比重，保证现金流。

2. 一一对应的原则。

企业经营过程中，必然会发生钱、物的流动，稻盛先生要求必须保持钱、账、物的一一对应。表面看来这种对应是理所当然的，但是实际经营活动中却并不如此，比如某个月销售不理想，业务员有可能串通客户开出票据，把账面做得好看。稻盛先生认为，这种行为是不道德的，这样的公司是没有前途的，要坚决杜绝此类行为，不论在什么情况下，都必须保证钱、账、物的一一对应，尤其是赊购和赊销，每一笔对应都要清清楚楚，不能笼统对冲。坚持贯彻一一对应的原则，数据就能够真实反映企业经营状况，更重要的是，贯彻该原则可以提高公司的道德水准，使员工相互信任，对于保证企业健康运行意义重大。

3. 肌肉坚实的原则。

稻盛先生认为，经营者必须具备坚强的意志，克服过分美化企业的诱惑。企业可以通过如下举措保持肌肉坚实：

（1）减少固定费用，降低生产成本。比如购买二手设备，虽然一手设备的效率基本上是二手设备的两三倍，但价格可能是十几倍，因此投资效率并不高。若企业过分投资先进设备，固定费用会迅速增加，盈亏平衡点会大幅上扬，不利于企业的正常经营。

（2）及时清理库存。稻盛先生把库存比作"路边的石块"，他主张不能为了账面上数字的好看，而将已经毫无价值的东西放在仓库当财产看。经营者应该经常检查仓库，及时把"石块"清理出去。

（3）警惕固定费用的增加。稻盛先生认为，大量的设备投资和非生产人员的增加，实际上是"虚胖"，必须高度警惕。

（4）靠汗水换取利润，绝不投机。稻盛先生认为，只有自己额头流汗、辛勤工作赚来的钱，才能成为利润。稻盛先生非常厌恶风险投资，在20世纪80年代中期，他坚决抵制住银行投资房地产的建议，使京瓷在日后房地产泡沫破裂之际得以安然无恙。

（5）即买即用。在采购方面，稻盛先生坚持"买一升"原则，哪怕"买一斗"更便宜、更诱人，也只买一升，绝不积压。

4. 完美主义的原则。

"所谓完美主义，是指不允许暧昧和妥协，所有工作都要追求完美,达至每个细节。"企业的经营者,不但要宏观把握企业的发展方向,而且要了解工作的细节,"如果部下请假,自己不能完全取代他的工作,就没有资格做领导",对于生产、销售目标的实现以及研发工作的进度,都要百分之百确保实现,哪怕差一点点,也绝不通融。否则,公司经营就会怠慢,公司内部纪律就会松弛。对于会计数据,经营者要严格审核,不允许出现任何错误,经营者自身严格贯彻执行,完美主义原则就会渗透到整个公司,成为每位员工的习惯。

5. 双重确认的原则。

稻盛先生倡导"以心为本"的经营理念,他认为人心是脆弱的,所以需要制度来约束,避免员工因为一念之差而铸下大错,为此,京瓷从原材料的接受、产品的发送到应收款的回收,整个管理系统都实行"双重确认"的原则,让两个以上的部门和员工相互审核、确认。

6. 提高效益的原则。

提高效益的原则主要体现在单位时间核算表上。京瓷通过单位时间核算表,实现了全员参与的透明经营。需要指出的是,阿米巴的内部市场化绝不鼓励各阿米巴单元之间的残酷竞争,而是友好竞赛,通过阿米巴的独立核算能够明确反映出其对公司做出的贡献,推进各部门之间相互扶持。

7. 玻璃般透明经营的原则。

松下幸之助曾经为公司规模扩大后如何实现信息公开和透明而苦恼,稻盛先生的阿米巴经营则完美解决了这个问题。要保证阿米巴的良好运行,需要公司的整体信息能够全面、及时、准确地传达给员工,如果员工不知道公司的实际经营状况,就不会与领导者产生共鸣,更不会产生努力工作的动力。

权责发生制与收付实现制

很多老板或者高管多年来习惯于阅读财务会计报表，如果财务会计报表和经营会计报表核算出的利润数据差异很大，大家就会思考，到底是哪些因素导致财务会计报表和经营会计报表核算的利润数据差距这么大，如果两者所采用的核算原则都不相同，是很难去解释这种差距的。下面，就让我们了解一下这两种核算原则。

权责发生制是指，凡是当期已经实现的收入和已经发生或应当负担的费用，不论款项是否收付，都应当作为当期的收入和费用；凡是不属于当期的收入和费用，即使款项已经在当期支付，也不应当作为当期的收入和费用。

收付实现制则是与权责发生制相对应的一种收入和费用确认的基础。收付实现制是指，款项只要收到，就作为当期的收入；款项只要支付，就作为当期的支出。

权责发生制和收付实现制在核算方面有以下四点区别：

（1）会计科目有所不同，这是因为权责发生制在应计基础上存在费用的待摊和预提等问题，而在现金收付基础上不存在这些问题。

（2）计算的收入和费用总额不同，这是因为权责发生制和收付实现制确认当期的收入和费用的原则不同。

（3）盈亏计算的准确性不同，权责发生制把费用和相关收入进行配比，真实反映企业一段时间的成本，因此计算企业的盈亏比较准确。

（4）计算程序不同，权责发生制在应计基础上期末对账簿记录进行调整之后才能计算盈亏，所以程序多；而在现金收付基础上期末不需要对账簿记录进行调整，即可计算盈亏，所以程序简便。

实际操作中，经营会计报表的核算并不采取收付实现制，特别在制造型企业中，很多企业有应收账款，比如两个月周期，也就是说，当期发生的生产费用，要配比两个月之后的销售回款，这样就造成当期核算巨亏。而两个月之后，销售回款收到了，又造成当期核算巨盈。这样的核算结果很难进行分析，也很难去进行成本结构的分析。所以，在销售额的取数上，仍然和财务会计一致，也就是与客户签订合同并发货来确认销售额，而不采用销售回款。这样也是为了准确核算当月的利润，准确计算当月的成本，继而采取相应的业绩改善措施。

所以，经营会计报表采用权责发生制核算的好处是：

第一，经营会计报表核算的经营利润可以和财务会计报表核算的净利润直接进行对比。

第二，很多科目数据可以直接取用财务会计报表数据。

第三，经营会计报表可以用来分析产品和服务的成本结构。

企业更需要经营会计而不是财务会计

财务会计是以企业持续经营为假设设计出来的一套会计制度，这套制度的根本目的是规范企业记账行为，防止企业偷逃税款。所以，财务会计这门工具的出发点不是为了帮助企业，而是为政府的税收收入而服务的。

中小企业要想健全成长，必须建立一目了然、反映经营情况，而且能够彻底贯彻经营者意志的会计系统。京瓷的发展证明，及早建立系统的经营会计体系，会对企业的发展起到罗盘一样的指南作用。

稻盛先生将企业比作天空中飞行的飞机的比喻，直指经营会计数据滞后是影响企业经营的命门。所以，对经营会计一窍不通的稻盛和夫可以理直气壮地宣称："不懂经营会计，怎能经营好企业！"

无论在企业规模尚小的时候，还是发展壮大之后，京瓷都会按部门做每月结算。稻盛先生无论身在何处，公司的报表总是不离身，一看到哪个部门的报表，头脑中就会浮现出这个部门的问题。等下次去工厂的时候，稻盛先生经过有问题的车间，就会想"上个月这里是这样的吗"，并马上指出他们问题所在。如果阿米巴巴长按照稻盛先生的建议采取措施，那么下个月的结算表就会马上体现出来，这样整体的业绩也就逐渐好起来了。

中小企业的脆弱性正是源于内部会计的不稳定和烦琐性，实行内部会计无法及时反映经营实质。稻盛和夫曾说："经营会计不是一堆冷冰冰的数据，而应当是正确反映经营状况的数字，否者将会失去企业的经营生命力。"

因此，中小企业要向走在发展的前沿，就必须建立符合经营理念的经营会计，改善会计资料，结算表必须反映经营状况和问题，这才是真正意义上的经营企业。

经营会计相比于财务会计，主要有以下几个方面的优势：

（1）财务会计只能核算出一个企业整体的盈亏状况，而经营会计可以核算到每一个阿米巴单元的盈亏状况。这样经营会计就能够细化的揭示出问题，哪个部门业绩好、哪个部门业绩差一目了然，也能够为业绩考核与激励提供翔实的数据支持。

（2）财务会计的专业术语较多，没有学过财务会计的业务人员在理解上会感觉到困难,因而不容易去分析;而经营会计的会计科目根据企业经营的实态设置,科目名称简单、亲民,就好像是家庭主妇的记录,是一个家庭的会计科目。简单才能够引起业务人员的兴趣,才容易被业务人员分析和应用。因此,经营会计大大降低了会计的门槛,能够比较顺利地在企业里面普及和应用。

(3)财务会计按照一个月一个周期进行核算,经营会计可以根据企业实际情况,核算到一旬、一周、一天,甚至每个小时。这样,业绩改善的频率会大大加快。

从以上三点可知,经营会计追求简单实效,很多对财务会计有惧怕心理的业务人员,甚至总监、副总等级别的管理人员,接触到经营会计之后都非常兴奋,因为他们无法专业到通过财务会计分析出业务运行背后的东西,但通过经营会计进行分析就可以一目了然了。

经营会计与财务会计在科目设置与利润核算方面的不同

经营会计科目的设置与财务会计有何不同

一般来讲,财务会计的科目在国家财政部颁发的《企业会计准则》中有详细的规定,有很强的规范性和专业性。如果经营会计也采用和财务会计一样的科目,由于业务人员缺乏会计知识,他们会感到难于理解部分科目的含义,这时候就要对某些科目取一个直观、简单的名字。再者,经营会计是经营的思维,它把所有科目转化为变动费和固定费两类，由于费用中心没有变动费（费用中心没有销售额，当然也就没有变动费，因为变动费是与销售额有直接关系的费用），因此一些费用科目就要在利润中心和费用中心之间做区分。

比如工资这个科目，我们知道中国企业销售人员一般是拿提成的，这个提成从性质上来讲是典型的变动费，它会随着销售额的增加而成比例的增加。所以，工资这个科目在经营会计中要转化为两个科目，变动费中体现为"提成工资"或"销售提成"，在固定费中体现为二级科目——人工费中的三级科目——"固定工资"科目。

再比如接待费，业务部门的接待费和职能部门的接待费也有不一样的性质。业务部门的接待费显然是变动费的性质，在经营会计中可以体现为"业务接待费"，为便于区分，可以把职能部门的接待费在经营会计中体现为"非业务接待费"。

中国制造型企业为激励基层员工提升工作效率，在能够计量的情况下一般实行计件工资。计件工资显然是变动费的性质，那么"工资"这个财务会计科目在经营会计中也要分解为变动费的"计件工资"和固定费的"固定工资"两个科目。

再如易耗品，是指劳动资料中单位价值在10元以上、2000元以下，或者使用年限在一年以内，不能作为固定资产的劳动资料。它跟固定资产有相似的地方，在生产过程中可以多次使用且不改变其实物形态，在使用过程中也可能需要维修，报废时可能也有残值。由于它价值低，使用期限短，所以可以采用简便的方法，将其价值摊入产品成本中。

但易耗品从字面意思来看令人费解，不同的人有不同的理解，而且太过笼统。给人的导向好像是低值易耗的东西，允许浪费，这显然与阿米巴精益求精的思想背道而驰。所以，在经营会计中可以把这个科目转化为若干比如"包装袋""生产工具""劳保用品"等明细科目。其中包装袋和劳保用品放到变动费的三级科目，生产工具则根据使用年限摊销进产品成本，便于准确反映产品成本。

还有制造杂费这个科目，也很笼统。一般来讲，这个科目包括润滑油、修理备件等间接材料费用。显然，这样笼统的科目出现在经营会计中是不利于一线业务人员去节约和控制的，在经营会计中就要予以有效的转换。

科目明细化，一方面便于一线业务人员的准确理解，一看到科目名称头脑中就能立即反应出是什么东西，不至于理解不一致；另一方面在科目中予以明确，有实时数据，可以提醒员工这一笔费用也要一线人员关注，养成他们节约利用的好习惯。

经营会计报表中销售收入和费用的计入规则

如前所述，经营会计报表核算也采用权责发生制，即企业应按收入的权利和支出的义务是否属于本期来确认收入、费用的入账时间，而不是按款项的收支是否在本期发生。权责发生制下，凡是本期实现的收益和发生的费用，不论款项是否收付，都应作为本期的收益和费用入账；凡不属本期的收益和费用，即使款项已在本期收付，也不应作为本期的收益和费用入账。

用权责发生制进行核算最大的优势就是对成本的计算准确，进而准确反映当期的损益。如果在经营会计报表的核算中不采用权责发生制，而是收付实现制，则报表无法进行有效分析，成本数据没法看明白，进而也无法与财务会计报表的利润数据进行比较，造成企业老板及高管层的困惑。

企业销售收入的计入，是按照与客户签订合同并发货的金额；费用的计入是根据实际发生的原材料费用、其他实际发生费用及固定资产折旧与摊销。

从经营会计报表的核算逻辑来看，它是从底层阿米巴单元核算，从下往上逐层汇总而来。比如一个制造型企业，划分了采购、生产、销售三个利润中心，当期采购的原材料进入原料仓，即卖给了生产部门；生产部门当期生产的成品经检验进入成品仓，即卖给了销售部门。

销售部门按照发货金额计量销售收入，应收账款一般设一个应收账款利息科目，放入变动费用中。但计入销售部门内部采购的是当期进入成品仓的成品，一般进入成品仓的成品数量显然与发货数量并不相等，可能产成品数量大于发货数量，也有可能产成品数量小于发货数量。当产成品数量大于发货数量时，销售部门一般来讲会亏损，甚至会巨亏；而当产成品数量小于发货数量时，销售部门一般来讲会盈利，甚至盈利巨大。

生产部门按照当期生产完成进入成品仓的成品数量来计算内部销售收入，计入生产部门内部采购的是当期从原料仓领用原材料的数量，进入成品仓的成品数量所耗用的原材料显然与从原料仓领用原材料的数量也不相等。

采购部门按照当期采购回来进入原材料仓的原料数量来计算原材料成本，卖给生产部门是按照生产部门从原料仓领用原材料的数量，这两者一般也不相等。可见，采购部门向生产部门的原材料销售收入和生产部门向采购部门的原材料采购金额相等，也就是发生内部交易时，这一买一卖抵消掉。生产部门的成品销售收入和销售部门向生产部门的成品采购金额相等，也就是发生内部交易时，这一买一卖也抵消掉。这样，从理论上讲，合并经营会计报表和财务会计报表核算出来的净利润是相等的。

　　由上可知，企业需保证内部交易两两相等，以使合并经营会计报表经营利润与财务会计报表净利润可以进行比较。但在采购部、生产部、销售部内部，一买一卖的原材料或者成品数量并不相等，在报表出来之后，一定要详加分析。比如销售部买进了100件成品，但只销售了80件，这个结果，就会倒逼销售部门积极销售，并制订精准的销售计划，在经营策略上产生明确的结论。

　　在工程项目型企业中，财务一般以开票计销售收入，而以完工量相应时期所发生的费用计算成本，这样财务会计和经营会计在核算项目经营利润时，是完全一样的口径。

　　销售服务型企业中的情况会比较复杂，很多服务型企业是预收款，也就是签订合同后即收款，但服务是在未来的一段时期逐步发生的。那么这种情况下如何计算经营利润呢？财务会计以开票计销售收入，但一般情况下，客户打款即要求开票，所以开票时间和收款时间一般在同一个月。但费用方面，是按照当期实际发生的费用计算的，很显然，这实际上高估了利润，因为一些成本是在随后的几个月逐步发生的。因此，在经营会计中，要把收款项目对应的未来几个月要发生的成本（特别是员工的提成收入）全部计入费用，再减去其他实际发生费用以及固定资产折旧及摊销，这样才能得出当期的真实经营利润。

制造型企业经营会计与财务会计利润核算的差异

　　财务会计在核算产品成本的时候采取完全成本法，经营会计在核算产品成本的时候采取变动成本法。下面以一个具体案例来进行分析。

第六章 阿米巴经营的会计核算

有一家制造型企业，导入阿米巴之后分出了两大利润中心——生产部和销售部，还有一个费用中心——公司总部。销售部卖给客户的产品价格是500元/件，销售部和生产部之间实行内部交易，生产部卖给销售部的产品价格是500×80%=400元/件，生产部生产一件产品的原材料成本是200元/件。

第一种情况：当期生产量是80件，当期销售量也是80件，也就是当期生产量＝当期销售量，则经营会计报表核算如表6-4所示。

表6-4 某制造型企业合并经营会计报表（当期生产量＝当期销售量）

		生产部	销售部	总部	合计
销售额	对外销售收入	—	40000	—	40000
	对内销售收入	32000	—	—	—
变动费	商品成本	16000	32000		16000
	其他变动费	6400	3000		9400
变动费用小计		22400	35000	—	25400
边界利润		9600	5000		14600
固定费		4000	2000	2000	8000
贡献利润		5600	3000	—	—
总部费用分摊		1000	1000	—	—
经营利润		4600	2000		6600

显然，如果按照财务会计核算，其结果也是一样的。

第二种情况：当期生产量是100件，当期销售量是80件，也就是当期生产量＞当期销售量，则内部交易是销售部和生产部按照当期生产量来进行内部交易，也就是按照100件产品来进行内部交易。因为从生产部的角度来说，只要是按照生产计划来进行生产，则进入成品仓的产品，就相当于卖给了销售部，也就是说产品进入成品仓的那一刻，就实现了生产部和销售部之间的交易。这时的经营会计报表核算如表6-5所示。

表6-5 某制造型企业合并经营会计报表（当期生产量＞当期销售量）

科目		生产部	销售部	总部	合计
销售额	对外销售收入	—	40000	—	40000
	对内销售收入	40000	—	—	—
变动费	商品成本	20000	40000	—	20000
	其他变动费	6400	3000	—	9400
变动费用小计		26400	43000		29400
边界利润		13600	-3000	—	10600
固定费		4000	2000	2000	8000
贡献利润		9600	-5000	—	—
总部费用分摊		1000	1000	—	—
经营利润		8600	-6000	—	2600

当按照生产量交易的时候，生产部获得利润8600元，销售部亏损了6000元。原因是销售部当期从生产部购买了100件产品，但仅仅卖给客户80件，还有20件产品的库存产品成本进入到销售部的当期费用。

那么，经营会计核算出来的企业净利润和财务会计核算出来的净利润是否相等呢？

在这个例子中，财务会计的核算方式是，既然销售出去80件产品，则配比产品成本也是按照80件产品，即200×80=16000元；而经营会计把生产部门耗用100件产品的原料全部核算了，也就是200×100=20000元。所以，财务会计核算出来的净利润就比经营会计核算出的净利润高4000元，也就是6600元，差了20件产品的原料成本。

第三种情况：当期生产量是 80 件，当期销售量是 100 件，也就是当期生产量＜当期销售量，则内部交易是销售部和生产部按照当期产量来进行内部交易，也就是说按照 80 件产品来进行内部交易。这时经营会计报表核算如表 6-6 所示。

表 6-6　某制造型企业合并经营会计报表（当期生产量＜当期销售量）

科目		生产部	销售部	总部	合计
销售额	对外销售收入	—	50000	—	50000
	对内销售收入	32000	—	—	—
变动费	商品成本	16000	32000	—	16000
	其他变动费	6400	3000	—	9400
	变动费用小计	22400	35000	—	25400
边界利润		9600	15000	—	24600
固定费		4000	2000	2000	8000
贡献利润		5600	13000	—	—
总部费用分摊		1000	1000	—	—
经营利润		4600	12000	—	16600

由于销售部的商品成本只是 80 件产品的成本，另外 20 件产品的成本 20×400=8000 元没有算在当期，而生产部是生产 80 件产品，卖给销售部 80 件产品。所以核算出来的销售部的利润较高，其中有 20 件产品没有算为销售成本，因为这 20 件产品是库存，以前没卖出去，但销售成本已经被前期消化掉了。

那么，经营会计核算出来的企业净利润和财务会计核算出来的净利润是否相等呢？

在这个例子中，财务会计的核算方式是，既然销售出去 100 件产品，则配比产品成本也是按照100件产品，200×100=20000元；而经营会计只核算当期生产部门耗用80件产品的原料，也就是200×80=16000元。所以，财务会计核算出来的净利润就比经营会计核算出的净利润低4000元，也就是12600元，差了20件产品的原料成本。

所以，我们得出的结论是，在盈亏计算方面：

（1）产销平衡情况下，按财务会计核算的净收益＝按经营会计核算的净收益。

（2）当期产量＞当期销量，按财务会计核算的净收益＞按经营会计核算的净收益。

（3）当期产量＜当期销量，按财务会计核算的净收益＜按经营会计核算的净收益。

当期生产量和销售量不一致的时候，经营会计和财务会计核算出来的净利润是不一样的。经营会计反映企业经营时态，可以采用加速折旧的方式核算，固定资产折旧额就比较高，就会使净利润低一些。

经营会计核算资金成本，往往会加上一个变动费科目——变动费利息，包含应收账款利息、库存占用资金利息的科目，这两个三级科目的作用都在于加速企业资金的流转。比如应收账款利息核算就会让销售人员关注应收账款，加强催收账款的经营意识；原料仓资金利息是生产部门负责的，这个变动费的核算就会让生产部关注原料库存，在满足生产原料安全库存的基础上尽量少进料；成品仓资金利息是销售部门负责的，这个变动费的核算就会让销售部关注成品库存，要尽量消化掉成品积压，做好销售计划和销售执行。这两个利息支出项是虚拟出来的，财务会计并不核算。所以，这一部分的经营会计又会比财务会计核算的净利润低。

以上三个因素会使经营会计和财务会计核算出的净利润数据有差异，可见只要我们知道了差异源，就完全可以分析差异产生的原因在哪里了。

在实际应用中，会出现财务会计和经营会计的科目不一致的情况，导致实际核算时不仅麻烦、工作量大，而且造成财务会计和经营会计核算出的净利润无法直接对比，这个问题怎么解决呢？

有的企业在导入阿米巴用经营会计报表核算时，由于财务会计有比较完整的数据资料，生产车间也有领料单、出库单、流转单等内部原始凭证，这时候核算经营会计报表，直接从财务会计数据取数，就必须建立经营会计科目和财务会计科目的一一对应关系，以免数据出错。

另外一种核算方式是把经营会计和财务会计的底层数据源调整一致，一边汇总出经营会计报表，另一边核算出财务会计报表。也就是在根据经营实态构建出财务会计报表后，实操中可以这样操作：财务会计的底层科目，一般到三级或四级科目，调整到与经营会计的三级科目一致，所遵循的会计原则也相同。

以上方法的好处是一劳永逸，当财务会计报表的底层科目调整到与经营会计报表一致后，两套报表的底层数据源就是一致的，这样在取数的过程中不容易出错。两套报表分别从不同的路线汇总计算上来，最后核算的净利润可以直接对比，给企业的高层决策者提供更多的参考依据。

经营会计必备三张表:损益表、资产负债表和现金流量表

企业在经营者中有一个非常广泛的误解,就是认为阿米巴经营会计报表只能核算出损益表,没有资产负债表和现金流量表。

既然阿米巴是独立核算,也就是按照内部市场化的原则,把每一个阿米巴单元看作一个市场主体进行核算,这样每一个阿米巴单元当然也可以核算出资产负债表和现金流量表。本来现金流量表就是管理会计报表,不在财务会计的范畴,但因为许多企业经营的终结肇始于资金的周转问题,所以反映企业资金动向的现金流量表越来越受到企业经营者的重视。因此,在1987年,国际会计准则委员会批准把现金流量表纳入财务会计的报表体系中。

每一个阿米巴单元是不是都有必要编制资产负债表和现金流量表,这取决于企业实际的管理需要。一般来讲,中小型企业没有必要编制这两张表,因为企业规模有限,资产已经根据阿米巴独立核算的要求,折旧数据进入各阿米巴单元的经营会计损益表中,有比较清晰地显示了。而且现金流量也不大,无非是采购、成品库存、应收账款等方面占用现金较多,企业领导人和财务总监一般会完整地掌握这些情况。

但在比较大型的企业中，在事业部层面就有必要做经营会计的资产负债表和现金流量表，以便企业的管理决策层更加全面、深入地观察各事业单元的经营状况。

导入阿米巴经营模式需要用经营会计来算账，但这并不意味着需要很强大的财务体系才能做下去。这是因为经营会计鼓励业务人员自己算账，在经营会计报表中，费用分为变动费和固定费两类。固定费包括人工费、设备费等，这些费用相对固定不变，由财务部及人力资源部提供。变动费包括原材料、辅料、生产水电、计件工资等，这些费用取自业务部门——生产、仓库、物流等部门的原始凭证记录，再层层汇总上来。这样做的好处，一是数据可以及时汇总上来，便于业务部门自行分析报表，找到业绩改进措施；二是业务人员自己在收集数据、算账的过程中，会增加对数据的敏感度，自然产生增收节支的行为。

很多企业财务体系不健全，财务报表往往在每个月15日以后才能出来，并非财务人员不敬业，而是原始凭证缺乏有效管理，如外来原始凭证——发票等，业务部门总是以各种原因迟交，自制原始凭证——领料单、出库单等不按照流程和规范来操作，漏报、错报等现象屡禁不绝。出现这种现象的根本原因在于业务部门管理流程不健全，或者没有执行管理流程，这就是我之前说过的企业基础管理不到位所产生的问题。

经营会计报表算账就不会出现这种问题，它明确了各业务部门的数据责任，以终为始、按图索骥地从公司的合并经营会计报表出发，要求及时、准确填报数据，并按照这个要求梳理管理流程，反过来促进了财务体系的健全。所以财务体系不健全的企业根本不需要担心，虽然阿米巴的导入会慢一点，但提供了另一个价值——促进企业财务管理体系的建设。

企业经营会计核算的难点解析

阿米巴经营会计核算会增加财务人员吗

一般来讲,阿米巴导入经营会计之后不需要增加财务人员,因为数据收集的责任分解到了各个业务部门和职能部门,也就是说各部门有一个兼职的经营会计人员,负责自己部门的数据收集即可。

但在中型以上企业,因为数据量较大,则要增加至少一名经营会计,他的主要责任是:

(1)负责对各部门提交经营会计报表数据的检查;

(2)负责公司合并经营会计报表数据的汇总;

(3)定期修订公司经营会计报表各科目定义和核算口径、计算公式、取数和核算流程;

(4)制定和修订公司经营会计制度和相关流程;

(5)协助经营管理部部长指导各部门制定经营会计报表;

(6)协助经营管理部部长每周、月、季度及半年度召集各部门举办业绩分析会,开展经营计划检讨。

简单来讲,如果财务部门忙得过来,用一名会计来兼任经营会计即可;如果忙不过来,则需要一名专职的经营会计。所以,导入阿米巴经营会计不会大幅度增加企业的管理成本，这一点不需要担心。

另外，中国企业以前都是从西方学习管理体系，有些较大规模的企业，管理会计的职能也是放在财务部门的。而阿米巴是沿袭日本企业的管理模式，它在公司总部有一个非常重要的部门——经营管理部，经营管理部内设有经营会计岗位。所以，企业并不是因为实行阿米巴而设立经营管理部，而是沿袭了日本企业普遍的管理模式。结合中国企业的特点，我认为最好把经营会计从财务部门剥离出来，放到经营管理部，突出经营会计对业务管理、业绩提升的促进作用。

那么，阿米巴经营会计报表是由财务做还是由巴长做呢？

首先，让我们了解一下经营会计报表的数据类型，主要分为三种：销售额、变动费用、固定费用。

销售额的主要责任部门一般是财务部，或者把销售额数据的责任落实到销售部门也成。对内销售和对内采购的数据责任放在各利润中心，一笔对内销售必然发生一笔对内采购，是相互对冲的关系，当所有利润中心都填写自己的对内销售和对内采购金额时，正好可以发挥双重确认的功效。

固定费用的主要责任部门是财务部、行政部、人力资源部等，在涉及人工费、设备费等费用时，这些部门要把各个巴的费用分清楚，每月提供固定费用的相关数据。

变动费用的主要责任部门是各利润中心，如原材料领用、生产水电气、客户招待费、差旅费用等，落实到利润中心相关人员那里收集数据，层层汇总。在这个过程中，要注意培养业务人员的数据意识和经营意识。

所以，从财务到各部门都要参与到经营会计报表的数据收集和汇总过程中，不是简单的经营会计报表由谁做的问题。各巴的巴长负责做出自己巴的经营会计报表数据，也可以指定自己部门的文员来做，但巴长对报表数据的质量和交期负一对一责任。各巴的经营会计报表提交给总部经营会计之后，由经营会计进行数据的检查和汇总，形成公司合并经营会计报表。

最后，导入阿米巴会不会增加新的运营成本呢？

一般来讲，阿米巴经营收集数据的责任下放到各阿米巴，每个巴会增加一定工作量，在人人成为经营者的氛围下，这应该不是什么问题。我已经为五十多家企业导入过阿米巴经营系统了，虽然数据的收集和整理存在各种问题，但没有哪一家企业无法把经营会计报表落地的。原因很简单，业绩做得好就有相应的激励，每个巴长都想把业绩做得更好，这样就有动力把报表数据做扎实。经营会计报表不仅反映一个巴的经营成果，更是帮助巴长进行业绩分析的有效工具。所以，企业需要增加的专职人员就只是一名经营会计，付出的薪酬成本和管理成本都是可控的。

另外，每月组织的业绩分析会会不会增加运营成本呢？也不会，这是因为业绩分析会可以和公司的运营会议合并在一起开，一家公司应该都有关于业绩的质询会议或者其他会议，这种业绩分析会有专业的经营会计报表和业绩分析模板做支撑后，通过数据支持，就使会议变得更加高效、更加深入。

在经营会计报表核算中，销售额能不能先减掉固定费，对年底业绩核算会有多大影响

销售额先减掉固定费的做法不符合逻辑。因为边际利润＝销售额－变动费，当边际利润＞固定费，则经营利润＞0；当边际利润

<固定费，则经营利润<0。

变动费是驱动销售额增长、与销售额成正比例变化关系的费用，所以销售额要先减去变动费得到边际利润，再用边际利润与固定费进行比较。

前文讲到过，企业有两个层次的竞争力：较差竞争力和格差竞争力。经营会计报表边际利润以上的部分体现较差竞争力，经营会计报表边际利润以下的部分体现格差竞争力。很显然，边际利润以下的部分就是固定费，即企业的资金、人才、设备、品牌、专利、技术等等。所以，固定费代表着企业的生产力水平，是不可以随便缩减的。

那么，经营会计如何思考生产力呢？

如图6-3所示，经营利润作为企业经营的目标，经营者们首先要思考花多少固定费，第二步思考花多少变动费，第三步思考花这些变动费用需要多少销售额，第四步得出边界利润。

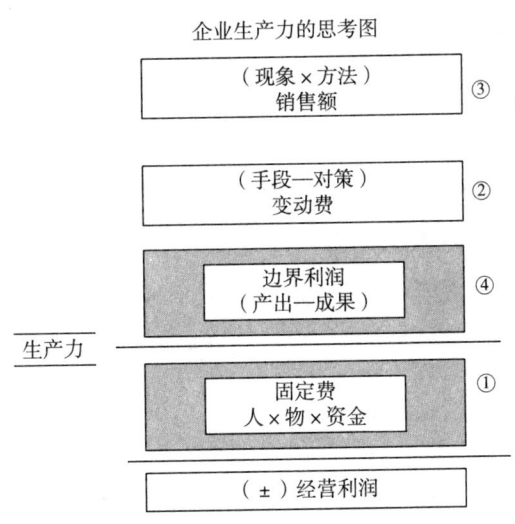

图6-3 经营会计对生产力的思考

公司已经实行独立核算，还需要做经营会计吗

很多企业为了考核激励的需要，在某种形式上做了独立核算，但这种独立核算与阿米巴经营的独立核算有明显的区别。

第一，经营会计简单易理解。如前所述，阿米巴的独立核算采用经营会计的手法，经营会计报表原理极为简单，就好像家庭收支流水账一样，经营会计的科目就是流水账里面的"柴米油盐酱醋茶"，直观、方便理解，业务人员只有理解了，才能自己去分析报表，进而得出业绩改善的措施。

第二，财务会计想算清各阿米巴单元的账务，如果不是采用内部交易、层层摊销的方法，销售额在各阿米巴单元之间的分割就会不清晰，算出来的数据也会不准确。阿米巴独立核算采用内部交易的方法，先划分阿米巴利润中心，梳理出各利润中心的交易结构，包含交易对象和交易关系，因此各阿米巴单元的费用划分得非常清晰，也可以准确核算出每一个阿米巴单元的经营利润。

第三，经营会计鼓励巴长自己算账。年销售额额在10亿元以上规模的企业，一般来讲财务核算的水平比较高，也建立了相关的管理会计模块。但这种管理会计，是财务部门的管理会计，经过财务部门的理解写成相关报告供高层管理人员做经营与管理决策用。中、基层接触不到这样的管理会计报表，即使看到，也会有看不懂的情况发生。

而经营会计鼓励巴长和员工自己算账，由于打破了财务会计的技术门槛，在财务部、人力资源部等职能部门数据的支持下，变动费用的核算就可以交给巴长自己来完成，这样才能取得时效性，并且可以充分调动巴长关注数据的积极性。以我之前为一些大企业做咨询的经验来看，即使其有管理会计的功底，但经营会计做独立核算仍然是必要的。

是否把经营会计报表设计成给中基层管理人员和高层管理人员的两套

产生这个问题的根源在于中基层管理人员和高层管理人员对分析报表的需求不一样。中基层管理人员应重点看本部门所辖范围的经营会计报表,他们要聚焦于本部门经营情况的分析;高层管理人员可以看到各自所辖范围内的经营会计报表;总经理和经营管理部部长可以看到全公司的合并经营会计报表。中基层管理人员可能要详细分析本部门三级科目数据的变动情况,高层管理人员关注范围更加宏观,可能分析一下一级科目就够了,或者最多分析到二级科目。

但以上事实不能成为把中基层管理人员和高层管理人员看的报表设计为两套的理由,这是因为:

(1)企业高层管理人员和中基层管理人员用一套报表,才能基于同一个层面进行沟通,同样的科目、同样的数据,才能使沟通无障碍。

(2)企业高层管理人员和中基层管理人员用一套报表,才能体现两类人群分析数据思维角度的不同,才能在实践中不断培养中基层管理人员的经营思维,提升其分析能力和经营能力。

经营会计报表是不是应该每天出一份

稻盛先生确实说过,企业应该每天都关注核算,但这并不意味着必须每天填写出一份经营会计报表。因为每天出一份经营会计报表,涉及数据的收集、核实、统计、汇总与制作表格,需要大量的人力、物力、财力去完成。每天制作经营会计报表带来的用于经营判断或者其他方面的效用往往与该工作投入的成本无法匹配,也就是说,当管理成本大于其取得的经营效益的时候，这种管理手段就没有意义了。

除非用阿米巴核算软件，才能够实时取得数据，每天完工都能获得当天的经营会计报表。京瓷早就进行了高度的 IT 化，不然它也不可能做到单位小时核算。

当然，在某些服务行业，在取得数据较为容易的情况下，是可以做到没有软件系统也能创作每天的经营会计报表的。比如餐饮行业，收银系统清晰地统计每天的收入，而且没有应收账款。费用支出方面，房租、装修折旧、人工工资这些固定费用基本不变，则可以把提前摊销到每一天的数据放到经营会计报表中；原材料等变动费用则每天盘点，力求得出准确的数据，而在日常管理中，原材料等的盘点和估计本来就是必要的。这样，根据权责发生制的原则，收入和费用高度匹配，能够较为清晰地通过经营会计报表核算到每一天的利润，再通过对经营会计报表的数据进行分析，做到每一天为一个周期的业绩循环改善。

所以，是不是应该每天算出经营会计报表，这个问题应该结合企业实际情况做出判断。

订单式生产和库存式生产的销售收入部门归属

订单式生产和库存式生产背后展现的企业业务主导部门是不同的。在订单式生产模式中，企业的产品是按照客户指定的标准生产的，意味着如果产生了次品或废品，产品有很大概率无法在市场上销售。这时候，生产部及设计与技术部门和客户保持紧密的沟通，根据客户的要求进行试制，销售部门在整个业务过程中起到辅助作用。所以，在设计内部交易结构时，对外销售收入一般划归生产部门，而销售部门对生产部门提供销售支持服务，提取销售佣金，这个销售佣金就是销售部门的内部销售收入。

在库存式生产模式中,销售部门通过调研市场客户需求,提出市场营销策略,做出市场预估,向生产部门下订单,生产部门基本都是被动接受销售部门指令,单纯地从事标准化产品的生产任务。这时,销售部门是主导部门,生产部门是辅助部门。所以,在设计内部交易结构时,对外销售收入一般划归销售部门,而生产部门负责把产品卖给销售部门。这时销售部门把生产部门当成一个外包部门,生产部门通过把成品卖给销售部门获得内部销售收入。

从内部交易定价来看,订单式生产模式中,销售部门拿佣金,根据不同类别产品,按照毛利率的高低来定价,比较简单。这时,销售部门和生产部门按照内部交易定价的比例分别获益。库存式生产模式,则要对各类产品的制造成本进行测算,作为定价的基础,体现出销售部门的市场营销策略——产品组合的价值,超出的收益均归销售部门。

每一笔对外销售收入有唯一的责任部门

有些企业在核算对外销售收入时,为简便处理,很多时候直接把一笔对外销售收入分解为平行的几个部门收入,这样,几个部门之间就不必发生内部交易,简化了计算流程和报表格式。

但以上做法是错误的,因为每一笔对外销售收入应该有一对一的责任,即反映了该部门的唯一责任。而且,如果对外销售收入计入经营会计报表,即进行几个部门之间的分解,一个部门的收入和费用就无法匹配,导致错误的分析结论。

所以,当一笔收入发生时,只能计入甲部门的对外销售收入,乙、丙两个部门与它发生内部交易,则分别计入内部销售收入和内部采购。

如表 6-7 所示,甲部门有一笔 100 单位的对外销售收入,乙部门和丙部门分别对它有 30 单位和 40 单位的内部销售收入。其中,对外销售收入合计数是 100,但对内销售收入没有合计数,因为在合并经营会计报表中,对内销售收入合计数没有意义。同理,对内采购合计数也没有意义,我们通常以销售净额为 100% 来进行报表的分析,即:销售净额 = 对外销售收入 + 对内销售收入 – 折扣 – 退货。

甲部门的对内采购是,从乙部门采购了 30,从丙部门采购了 40,所以加起来是 70。这样,在合并经营会计报表中,因为 70=30+40,所以内部交易被相互抵消掉了。

表 6-7　部门销售示意图

	甲	乙	丙	合计	比例
对外销售收入	100	0	0	100	100%
对内销售收入	0	30	40	—	—
销售净额	100	30	40	100	100%
对内采购	70	0	0	—	—
……	……	……	……	……	……

按照受益原则确定费用归属部门

财务会计报表以企业整体为对象进行核算,因此不会从部门角度分别记录费用;经营会计报表是对各阿米巴单元的独立核算,就需要把每个阿米巴单元承担的费用划分清晰。想要把每个阿米巴单元承担的费用划分清晰,就要遵循一条原则:受益原则,即企业所产生的各项费用应该由使用该费用而受益的部门承担。

比如一家企业的总部大楼,有行政部、人力资源部、信息部、财务部、总经办、经营管理部等六个费用中心，首先就要把它们承担的固定费用划分清楚。第一个是办公室租金，按照每个部门实际占用办公面积来分摊整体办公面积，知道了每平方米的租金单价，就能算出每个部门承担的办公室租金。第二个是水电费，水费是公共支出，最贴切的分摊标准是人头数，即按照每个部门的人头数来分摊公共水费；电费一般按照办公面积来分摊，或者再精确一些，找出各部门使用设备的功率和平均使用时间的数据进行匡算。再比如设备折旧，则要准备设备清单，列明设备原值、设备净值和可使用年限，计算出每月每个部门要承担的设备折旧费用支出。

　　除固定费用外，在实践中一些企业的变动费用也需要划分部门归属。比如一家工厂下属三个车间，都作为阿米巴利润单元独立核算，由于没有给每个车间拉电表，无法清晰核算每个车间每个月的用电量，这时只能采用分摊的办法，计算各车间的设备功率和平均每天使用时间，匡算出各车间每月用电量的比例。显然，这不是精确的计算方法，仍然会形成大锅饭的环境，理想的方法是每个车间拉电表，为了获得阿米巴经营的成果，这样的投入是必要的。再比如企业的广告费、业务招待费、展会费等科目，受益的不是单个阿米巴单元，而是一个阿米巴单元群体，也需要根据相对贴切的受益原则进行费用的分摊。

第七章

阿米巴经营业绩分析与改善

- 阿米巴经营会计的业绩分析模型
- 如何开好业绩分析会
- 业绩改善策略的制定与实施
- 阿米巴业绩改善与精益生产、PDCA 循环的联系
- 不同类型企业的业绩改善方法

阿米巴经营会计的业绩分析模型

运用经营会计报表进行业绩分析主要涉及五项内容,如表 7-1 所示。

表 7-1 阿米巴经营会计报表分析项目的目的和内容

分析的项目	分析的目的	分析的内容重点
1. 经营利润差异分析	对计划的利润在实绩中的变化及其所在根源等事项进行分析,明确金额及比重	• 经营利润销售额差异 • 经营利润边际利润率差异 • 经营利润固定费差异
2. 损益项目类别的差异分析	按照项目类别,将计划损益表与实绩损益表的各个项目进行单纯的比较,理解其差异及金额的大小	• 销售额差异 • 边际利润差异 • 经营利润差异 • 边际利润率差异 • 经营利润率差异
3. 边际利润率差异分析	边际利润率是左右企业损益的重要指标,也是显示企业市场竞争力的指标。通过该项分析可以理解边际利润率变化的根源	• 商品(产品)结构差异 • 变动费用项目类别差异 • 商品(产品)成本构成要素差异 • 异常变动费项目产生的分析
4. 生产力差异分析	因为生产力支持着收益性,因此通过分析计划的生产力和实际的生产力,可以把握差异及其诱因,从而追究利润和利润率变化的根源所在	• 劳动生产率的差异 • 人月劳动生产力的差异 • 设备生产率的差异 • 面积生产力的差异 • 资金生产率的差异

(续表)

分析的项目	分析的目的	分析的内容重点
5.平衡点差异分析	通过了解计划的盈亏平衡点在实绩中的变化来认识企业的收益结构（销售额边际利润率与固定费的相对关系），追究问题的根本所在	• 盈亏平衡点差异 • 盈亏平衡点安全度差异 • 盈亏平衡点结构差异

经营利润差异分析

经营利润＝销售额－总费用＝销售额－变动费－固定费＝边际利润－固定费＝销售额×边际利润率－固定费

显然，经营利润要提升，第一就是降低固定费，第二就是提升销售额，第三就是提升边际利润率，这就是影响经营利润提升的三个因素。这三个因素对经营利润的影响，需要进行单独分析，才能厘清每个因素对经营利润影响的金额大小。

也就是说，当分析固定费对经营利润的影响时，假定销售额和边际利润率不变；当分析销售额对经营利润的影响时，假定固定费和边际利润率不变；当分析边际利润率对经营利润的影响时，假定固定费和销售额不变。

这样就可以分析出三个因素对经营利润影响的绝对值和相对值，并找到其中对利润影响最大的因素，集中火力予以改善，必然能快速提升企业的经营利润。

边际利润率差异分析

对边际利润率差异的分析，目的是分析各项变动费率的变动对边界利润的影响，找出负面影响最大的前几项，进行改善。

比如，有一项变动费科目叫运输费，计划的运输费率（运输费/销售额）是 4.5%，实际的执行结果是 4.8%，超支 0.3 个百分点。对边际利润来说这就是一项负面因素，企业要深入挖掘原因，分析到底是什么导致运输费超支，然后采取针对性措施予以改善。

可见，它与对经营利润的分析一样，都是通过数据分析找到影响利润最大的因素，然后采取针对性举措进行改善，这对利润的改善效果最佳。

生产性差异分析

固定费的生产力 = 边际利润/固定费。

人工费的生产力 = 边际利润/人工费。

设备费的生产力 = 边际利润/设备费。

其他固定费的生产力 = 边际利润/其他固定费。

固定费利息的生产力 = 边际利润/固定费利息。

人月劳动生产力 = 边际利润/人员数。

表 7-2 清晰地表明了人工费生产力和人月劳动生产力的优、良、中、可、差的衡量标准，其他固定费生产力指标也可以按照企业实际情况制定相关标准。

表 7-2 人工费生产力和人月劳动生产力衡量指标

项目 评价等级	边际利润/固定费 人工费/固定费	人工费 生产力	人月劳动生产力（参考，单位：千元）
优（SA）	150% ÷ 0.5	超过 300%	超过 100
良（A）	130% ÷ 0.5	超过 260%	超过 75
中（B）	115% ÷ 0.5	超过 230%	超过 50

（续表）

项目 评价等级	边际利润/固定费 人工费/固定费	人工费 生产力	人月劳动生产力（参考，单位：千元）
可（C）	105% ÷ 5	超过 210%	超过 25
差（D）	105% ÷ 0.5	不足 210%	不足 25

注：其中假定一般标准为人工费集中度的 50%（即人工费/固定费）。

盈亏平衡点差异分析

盈亏平衡点的销售额 = 固定费/边际利润率。

所谓盈亏平衡点，就是经营利润为零的这个点，即销售额 – 变动费 = 固定费，也就是边际利润 = 固定费。

盈亏平衡点安全度的评价指标为：平衡点安全度 = 计划（实际）的销售额/平衡点的销售额。

表 7-3 所示，通过对盈亏平衡点安全度的评价，让企业家们可以比较准确地判断出企业的经营状况。

表 7-3 盈亏平衡点安全度的评价指标

评价等级	平衡点安全度	收益的安全性
SA	105% 以下	差
A	115% 以下	可
B	130% 以下	中
C	150% 以下	良
D	150% 以上	优

如图7-1所示,绘制盈亏平衡点的步骤是:

(1)画一个正方形,其中X轴代表销售额,Y轴代表费用。

(2)画固定费线,是一条水平线,因为其相对固定不变;画变动费线,是从原点出发的一条斜线,因为变动费与销售额成正比例关系变化。

(3)画总费用线,是固定费线和变动费线两者的叠加。

(4)画45度角线,也就是销售额线,它与总费用线有一个交点,这个交点就是盈亏平衡点,这个点的销售额和总费用是相等的,这时候,经营利润为零。

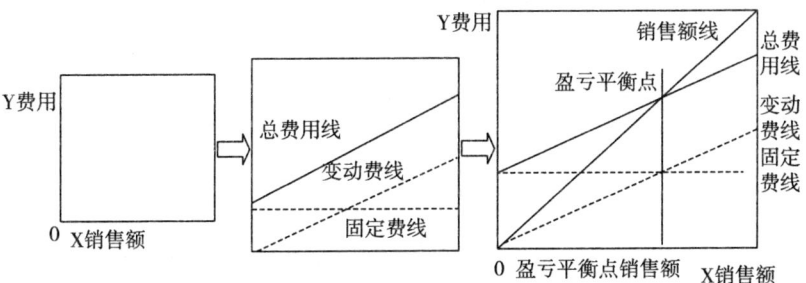

图7-1 盈亏平衡点画法

如何开好业绩分析会

业绩分析会可以说是阿米巴运营的中心环节,它是由经营管理部部长主持,企业中高层参加的业绩分析和评价会议。在会议中,各巴长汇报上个月的业绩成果和课题改善，总结不足，进入下个月月度计划和课题改善，经营管理部部长做出业绩评价并指导业绩改善。业绩分析会是重要的业绩改善场合，也是经营人才培养的重要场合。

业绩分析会议流程范本

1. 目的：通过业绩管理及评价实现循环改善，不断提升经营管理水平和能力，确保经营目标的达成，并将公司的经营思想传达到全体员工，逐步形成业绩导向文化。

2. 实施方法：公司部门级以上组织部门的业绩管理和业绩评价的操作，部门级以下各组织单位可依据此办法参照执行。

3. 定义：

3.1 业绩管理：对各部门的当期经营目标和计划进行过程追踪，以增强责任单位紧迫感和对过程计划控制，从而不断明确现状与目标的差距，及时采取应对策略予以改善，确保达成目标。

3.2 业绩分析：对各部门的当期经营目标和计划执行结果进行分析，采取计划与实绩及年度目标进行对比的分析方式，按照从宏观到微观的逻辑得出经营现状，找出问题所在，从而做出经营应对方案的过程。

3.3 业绩评价：依据年度经营合同和各部门考核标准，对当期经营结果得出定性的等级评价操作过程。

4. 操作原则：

4.1 标准的一贯性原则；

4.2 数据透明性原则；

4.3 对象的明确性原则；

4.4 数据与实际经营相结合原则；

4.5 长期和短期目标要兼顾原则；

4.6 定性（过程）比定量（结果）更重要原则；

4.7 分级管理原则。

5. 操作流程：

5.1 数据的管理权限：

5.1.1 董事长、总经理、副总经理、经营管理部部长掌握所有经营数据；

5.1.2 经营数据由经营会计提供、其他数据归口分别由各单元负责人提供；

5.1.3 数据归口在经营管理部部长处；

5.1.4 为确保公司各项数据的机密性，分析会议后，所有资料全部回收至经营管理部部长处。

5.2 会前准备：

5.2.1 每月1日前，经营会计编制完成上月经营会计损益表及费用明细清单表，统一发给经营管理部部长（具体表格统一形式由经营管理部部长提供）；

5.2.2 每月2日前，经营会计和其他相关辅助部门协助经营管理部部长完成上月全公司及各单元损益比较分析表的准备工作，具体包括计划与实际的比较分析、上年度与本年度的同期及合计数比较分析，以及每月合计的经营会计损益表各细项的分析清单，本年度到当月完成全年任务指标数的分析，并由经营管理部部长发放到各单元负责人处；

5.2.3 每月3日前，公司各单元负责人对各自经营会计损益表完成情况进行分析，由经营管理部部长主持，高层对总体经营状况做出定性的评价，并提出本月度的公司经营目标、计划和改善的重点，必要时对整体经营目标做调整；

5.2.4 每月3日前，各部门、区域提交本部门比较分析表，具体包括计划与实际的比较分析、上年度与本年度的比较分析及全年目标达成情况，以及经营会计损益表各细项的分析清单，对上月业绩完成情况做出分析结论，并制定出相应的改善课题及本月经营计划；

5.2.5 每月4日，正式召开月度分析及业绩评价会。

5.3 业绩分析报告要求：

5.3.1 重点策略进行具体分享；

5.3.2 上月经营中重点问题进行分析，并阐述具体对策；

5.3.3 提出后期资源请求（各单元负责人提出）；

5.3.4 其他参会人员对报告内容提出建议；

5.3.5 感言（感谢兄弟部门及人员的支持，对做得不好的地方表示歉意）。

5.4 会议议程：

5.4.1 总经理发言：

对上月企业整体经营状况进行总结；

对上月企业整体经营结果做出评价；

感谢所有员工的付出与支持，对经营中不好的地方表示歉意。

5.4.2 经营管理部部长报告：

陈述本年度累计经营状况、上月企业整体经营状况，并做出详细分析；

对自己上月工作进行总结评价；

其他参会人员对经营管理部部长的报告提出建议；

经营管理部部长宣布各中心经营业绩，并做出评价。

5.4.3 各单元负责人报告（根据经营分析报告要求展开检讨）。

报告发言顺序：营销中心、生产中心、采购中心。

各单元负责人报告结束后，由经营管理部部长对各单元提出改善建议，并做出总结，给予指导。

5.4.4 经营管理部部长确定两项工作：

确定下期各单元下月详细经营计划的提交时间；

确定经营管理部部长参加各部门经营业绩分析会议的行程与时间安排。

6. 会后跟进：

6.1 各单元根据业绩评价会议的结论，整理出本单元及部门后续的项目性课题，并细化成具体执行计划；

6.2 经营管理部部长牵头对项目性计划做系统分析，并落实公司层面的项目责任人及推进计划；

6.3 对各单元本月度计划进行辅导确认；

6.4 各部门级以下下属单位业绩管理及评价依据总部方式进行，努力将总部经营思想及政策传达到位。

7. 本操作流程由经营管理部负责制定和修改，自颁布之日起执行。

业绩改善策略的制定与实施

阿米巴分为导入期和运行期两大阶段，导入期是指组织培训——

对阿米巴经营理念达成认同，之后划分阿米巴组织单元、制定内部交易结构和交易定价、构造经营会计报表，把数据放入经营会计报表，对内部交易定价和总部费用分摊公式进行调整。这样经过 1~3 个月，就可以形成清晰的经营会计报表数据。

阿米巴的运行期是指组织培训——巴长学习阿米巴业绩分析的方法和制定课题改善的方法；巴长学会撰写业绩分析报告；组织业绩分析会，用经营会计报表数据分析瓶颈环节，并制定针对性的改善课题，监督执行。在业绩改善的过程中，要制定相应的激励政策。

所以，阿米巴经营模式在实操中就是一整套的企业运营模式，以业绩分析会为中心环节展开 PDCA 循环，通过定性分析和定量分析找出问题，制定针对性的改善课题，以此改善业绩，其间不仅有监督和检查，还有考核和激励。做阿米巴的企业如果没有把业绩分析会运行起来，就不算真正地让阿米巴在企业落地。

阿米巴业绩改善与精益生产、PDCA循环的联系

阿米巴业绩改善与精益生产的联系

阿米巴通过业绩分析会，群策群力找到针对性的改善课题，并在执行中不断进行业绩改善。其中，很多课题改善要借助精益生产来实现落地。

阿米巴经营系统本质上是战术系统，精益生产本质上是战斗系统。所以，不是阿米巴能不能与精益生产对接的问题，而是阿米巴必须与精益生产对接。

阿米巴经营与精益生产的联系主要有以下几点：

1. 全面质量管理。

阿米巴单元之间实行内部交易，其实就是促进在每道工序间实现质量严格把关。若输出的"商品"质量不佳，那么为其负责的阿米巴单元就会失去此次甚至之后很多次"内部交易"机会。这种内部交易制度促使阿米巴单元为了自己的"商品"能获得与其他阿米巴单元进行交易的机会，必须严格保证产品的质量。

精益生产强调质量是生产出来而非检验出来的，由生产中的质量管理来保证最终的质量成果。生产过程中对质量的检验与控制在每一道工序都要有体现，并注重培养员工的质量意识，保证及时发现质量问题。

2. 准时化生产。

阿米巴经营根据订单进行生产，认为库存就是浪费，并把库存称作"路边的石块"，要求经常清理这些"石块"。

精益生产以最终用户的需求为生产起点，追求零库存。要求上一道工序加工完的零件，可以立即进入下一道工序。

3. 全员参与。

阿米巴经营是"人人参与经营"的经营模式，这就要求员工能够一专多能，比较熟悉阿米巴单元内其他工作人员的工作，以保证生产的顺利进行。

精益生产强调每位员工在工作中不仅执行上级的命令，更重要的是积极参与、主动改善，起到辅助决策的作用。

持续改善是精益生产的基础,推行精益生产首先从连续改善入手。因为改善贯穿精益生产的整个过程,而且精益生产的实行需要有较高水平的管理基础来保证,如先进的操作方法、合理的物流系统、较高的员工素质等。

全员参与是精益生产的保证。精益生产的准时化生产、看板管理、全面质量管理等,所有这一切都离不开人的积极参与,推行精益生产,必须尊重人性,调动人的积极性,培养人的责任感和自主精神,促使员工脚踏实地地完成工作。

如果丰田离开了类似于阿米巴经营的系统经营管理体制,没能充分调动全体员工的主动性、创造性参与经营,丰田生产方式将不可能做到誉满全球。阿米巴经营的循环改善是无止境的,PDCA循环和精益生产都充分发挥了每个人的潜能,将经营做到了极致,在企业内部形成良性的循环改善系统。

阿米巴业绩改善与PDCA循环

PDCA循环具体指:P(plan)——计划,D(do)——执行,C(check)——检查,A(action)——反馈。体现出企业运营是一个闭环,是一个自我完善的螺旋形上升结构。

阿米巴经营体现了PDCA循环,它既是一套企业战略的执行系统,又是一套企业运营系统,运营系统的核心就是C——检查环节,这个环节体现在阿米巴经营模式上,就是业绩分析会。

业绩分析会的对象是一张报表——阿米巴经营会计报表,它牢牢把握了企业的目标——利润最大化,通过报表的分析找出阻碍利润最大化目标实现的瓶颈环节,并寻求真正原因,继而群策群力寻找改善措施,是最有效的业绩改善方法之一。

所以，PDCA循环就是阿米巴经营模式的本质。这个本质体现出阿米巴经营模式不仅是业绩上的螺旋形上升过程，而且是员工经营意识不断提升、经营能力不断提升的过程。

改善业绩、提升利润无非三大手段：提升销售额、提升边际利润率、降低固定费用。通过定性分析，判断拓展新客户和留住老客户是企业改善业绩的关键因素。通过报表的定量分析来验证这个判断，拓展新客户是为了提升销售额，留住老客户是为了不让销售额流失，两者都是为了提升销售额。如果通过定量分析验证提升销售额是企业提升业绩的核心要素，那么，拓展新客户和留住老客户就都是提升销售额的具体手段，接下来就是针对新客户的拓展和老客户的留住列明改善课题，群策群力想办法去解决。

阿米巴经营并不会告诉企业业绩改善的具体方法，它的功效在于通过经营会计报表核算，通过分析找准问题，然后针对问题去找课题改善，课题改善的结果再通过经营会计报表核算的结果反馈出来，验证课题改善是否有效，本质上就是PDCA循环。

不同类型企业的业绩改善方法

制造型企业的业绩改善

制造型企业的业绩改善是全方位的，但对大多数制造型企业来讲，阿米巴的主要目的是降本增效，也就是说，重点是在生产单元运行阿米巴。

车间里的大量浪费行为证明员工责任不到位，但是企业没有办法去有效提升一线员工的经营意识。对他们的薪酬和激励制度往往比较简单，做一件产品拿多少工钱，做出一件废品扣多少钱，这种计件工资的方法是一种比较有效的策略，因为计件工资对应的就是标准工时，有条件的企业一定要把标准工时测算准确，在此基础上制定科学、合理的计件工资标准。有的行业不具备单个工人计件的条件，这时候可以做团队计件，按小组来计算工资包，再根据岗位系数来分配。有的行业不具备做计件工资的条件，就只能根据工人的岗位属性做计时工资，背后是岗位的能力要求和个人的能力评定。

但这种方法依然可能造成一线员工浪费原材料、报废成品等错误行为屡犯不止，这时候，导入阿米巴是一种很有效的解决方法。因为阿米巴是划小责任单元核算，单元划得越小，责任越到位。当生产部门的阿米巴核算下沉到班组级，一个班组就是一个阿米巴，一个班组有一张阿米巴经营会计报表，可以核算清楚盈亏，班组经营上的问题，如效率低、原材料浪费、废品率高等原因，对经营利润的负面影响有多大都可以分析出来。同时，班组的考核和经营利润的实现直接相关，也就是说，班组成员的利益与阿米巴利润直接相关，班组成员的责任心一定会加强，这时班组长的任务在于观察每名员工的工作行为习惯，对于错误动作及时给予纠正。

另外，一部分制造型企业有应收账款问题，我辅导过的一家做电镀添加液的公司，就在这方面吃了大亏。近三四年的死账，吃掉了利润的一半，为什么会这样呢？第一，行业的原因，这家企业的客户是电镀厂，电镀是重污染行业，被环保局查处的比例很高，电镀厂被关停,自然没钱付给供应商;第二,提成机制的原因,销售员拿销售额 3% 的提成,而他们做出来的业务产生死账,自己承担的比例只有 3%。这就造成每个销售员都去拼销售额,而不注重考察客户的资质。

对此,我提供给这家企业四项建议:第一,把销售额提成比例从 3% 调低到 1.5%。第二,阿米巴核算到每一个销售员,即每一个销售员是一个阿米巴单元,销售员另提自己实现经营利润的 10%,综合核算下来,这个比例超过 3% 的销售比例提成。第三,制定一项重要的配套规则,即销售员做出的业务产生死账。自己承担 10%。做这项规定的原因就是不希望销售员去一味地拼销售额,忽视掉坏账,销售人员如果产生死账,不仅要承担 10%,而且这个死账会大大冲销掉其利润,经营利润的分成也会大大降低。第四,应收账款利息作为变动费的一个科目,进入经营会计报表,促使销售人员加强收款意识。

上述新的管理机制,改变了这家企业销售人员的销售行为,他们在做业务的时候,会更加关注考察客户企业的经营状况,以及环保设施的建设状况。接下来,公司对他们展开相关知识、流程的培训。所以,经营意识的提升激发了销售人员的学习热情,经营人才就是这样培养出来的。结果,该公司导入阿米巴之后业绩得到极大提升,坏账比例下降一半以上,经营利润率也从 10% 提升到了 15%。

销售服务型企业的业绩改善

与制造型企业相比,销售型企业有不一样的特点,可能在导入阿米巴三个月内,固定费用的下降就能取得不错的成果,但再降费用就会有难度。

这时,阿米巴经营的业绩改善可以从三方面着手:第一,固定费用的下降;第二,销售额的提升;第三,边际利润率的提升。虽然销售型企业提升业绩、降低固定费用不是主要途径，但可以从边际利润率和销售额的提升方面想办法。

我曾经给江苏某百亿集团下属的一家自主服装品牌导入阿米巴项目，他们是一家典型的销售型企业。服装行业近几年经历着惨烈的竞争，库存比例一直很高，这家企业也不例外。我首先帮他们梳理了策略，发现服装行业原来大批量订单的模式已经走不通了，而且他们的设计师水平不行，青黄不接。所以我的建议是直接走买手制，小批量直接拿货，或者小批量下单外包生产，一下子把动销率从35%提高到60%。另外，门店导入阿米巴之后，店长和店员的激励直接和门店利润挂钩，并且有一张即时反映门店经营情况的经营会计报表，每天赚了多少钱、亏了多少钱都清清楚楚，这样店长可以根据报表的分析及时调整主推产品策略。

如该企业某冠军店2016年1月—3月销售额是133490元，导入阿米巴之后的2017年1月—3月销售额达到536967元，同比增长302%。

冠军店长在分享她的成功经验时，主要讲到了两点：

控本方面，快递能用一个邮寄的就绝不用两个；工作人员人尽其才，旺季3人，淡季两人；门店装饰物尽其用，创新调整内部布局。

销售方面，依据行情调整主推产品，提升店员服务质量；展开会员服务，根据顾客的身材、支付能力、喜好等，一有新品上市就予以恰当的推荐，并鼓励顾客转发介绍。

这家服装销售公司在终端导入阿米巴后，销售额得到很大的提升；总部推行买手制之后，对商品的毛利率也有严格的控制，所以在边际利润率方面也有一定幅度的提升。通过降低固定费、提升销售额、提升边际利润率等几方面的共同努力，让阿米巴经营模式在这家服装销售型企业里面结出了硕果。

经营会计报表本身并不能帮助企业提升销售额，它只能让企业家们从数据中分析问题，理解提升销售额是提升企业经营利润的主要途径，首先是加强所有人员的紧迫感，其次是群策群力，寻找能进一步提升销售额的措施。

比如我所辅导的一家服装品牌代理商，麾下有20余家品牌专卖店，对于他们来讲，固定费用的降低空间有限，导入阿米巴后，经过短短两三个月的人员调整及流程优化，总部固定费用降幅达15%以上，再降低固定费就没有多少空间了。公司主要采取买手制，在服装品牌发布会上去选购产品，各产品的定价毛利空间都基本一致。刚上架时不打折，过一段时间后开始打九五折、九折，越打越高。所以，提升边际利润率的唯一办法就是卖得快。因此，提升销售额是他们主要提升经营利润的途径。那么，怎么样提升销售额呢？

主要分两步。第一步是要让更多顾客到店来选购衣服，增加到店顾客数量。这家企业有市场部，经常会举行各类营销活动，目的就是增加到店顾客数量。在这里，我给企业的建议是把市场部设为利润中心，内部交易额就是顾客数量乘以单价，这样通过核算就能体现出市场部营销活动的价值。市场部的责任是增加到店顾客数量，但存在顾客到店不一定成交的情况，即使成交了，客单价可能也有很大差距。对这个问题，我的理解是，首先，顾客是否成交不是市场部的责任，成交率是门店的责任。其次，既然进行了内部交易定价，这个价格一定是清晰简明的，不可能很复杂而增加内部交易成本。很多市场化定价取决于更多复杂的因素，比如每个城市的出租车价格都不一样，这个价格一定是根据大数据，结合当地经济发展水平算出来的，保证正常运营的出租车公司有钱赚，司机也能获得相匹配的收入。比如定的起步价是 10 元 /3 公里，3 公里以上每公里加价 2 元。一个顾客打车距离较短，只有 1 公里左右，他在下车的时候，会不会跟出租车司机扯皮，要求只收 5 元钱呢？显然一般情况下不会，他既然接受了这个价格，在上车之前已经衡量了步行、公交车、出租车的价格和时间成本，他在下车的时候就会爽快地付钱，不会考虑这个定价对他是不合理、不公平的。所以，我建议这家企业把市场部 2016 年的全年费用、到店顾客数量、成交金额进行测算，比如测算出来到店顾客的成本是 100 元 / 位，再加上一个平均的利润率，比如 10%，这样就能把到店顾客的平均内部交易定价确定下来：110 元 / 位。

第二步是提升到店顾客的成交率和成交额，我们想到的有效举措可能是高激励，这是低成本的手段，但其实激励方式对调动员工积极性的作用时效并不会太长，存在激励效应递减的问题。对此我的建议是，第一，必须不断提升导购员的专业技能，使他们学会如何迅速判断顾客的类型和喜好，并在理解产品的基础上给顾客专业化的服装搭配建议；第二，加强店长和导购员的使命感，也就是增加对自己从事事业的喜爱程度，相信自己所从事的不是一份普通的工作，不仅为了养家糊口，更是为顾客创造美好的生活。有了使命感，导购人员面对顾客的笑就会从皮笑肉不笑变成发自内心的笑。所以，销售服务类企业对企业文化打造是非常重要的。

阿米巴经营会计报表的作用在于用清晰、直观地分析出每个阿米巴单元的问题，继而调动业务人员的经营意识，群策群力去想办法解决问题。更高的层面就要用稻盛和夫的经营哲学来训练员工，培养员工的使命感。

第八章

阿米巴经营的业绩评价与激励

- 阿米巴的二元制业绩评价
- 阿米巴组织绩效考核的原则
- 阿米巴组织业绩评价与个人绩效考核
- 阿米巴业绩评价如何避免承包经营的误区
- 阿米巴费用中心的业绩评价
- 阿米巴与股权激励、合伙制的相容

阿米巴的二元制业绩评价

图 8-1 显示了阿米巴二元制考核的基本原理，从人性出发，到底人性本善还是本恶呢？东、西方哲学对这个问题有各种不同的回答，总体上讲，东方哲学认为人性本善——"人之初，性本善"，西方哲学认为人性本恶——基督教有原罪一说，并认为此罪一直传至所有后代，为此需要基督的救赎。

不管人性到底是本恶还是本善，人身上都既有善的一面，也有恶的一面。善的一面对应的是职能——职位的能力，也就是在能力素质方面长期的提升，需要不断精进，总结成功或者失败的真原因；恶的一面对应的是职务——职位的任务，也就是追求短期业绩的提升，需要不断循环改善业绩，在乎结果。不管长期的能力提升还是短期的业绩提升，其实都是努力的结果，当短期的努力持续下去就是长期的努力。所以，职能—职务、原因—结果、不断精进—循环改善、长期能力素质—短期行为业绩，这些都是对立统一的概念。

阿米巴绩效考核与传统考核相比，有两个鲜明的特点：

阿米巴考核以利润指标为核心。利润是企业想要的结果，传统考核也想要用利润来考核，但是用来考核公司总经理是可以的，考核各单元就不行了,因为财务会计只能算出公司的整体账目。而阿米巴的核算工具是经营会计报表,通过组织单元的划小和内部交易的方式算出每个利润阿米巴单元的经营利润。这样,考核的指标都可以设定为利润为核心的指标:经营利润、经营利润率、边界利润率等。

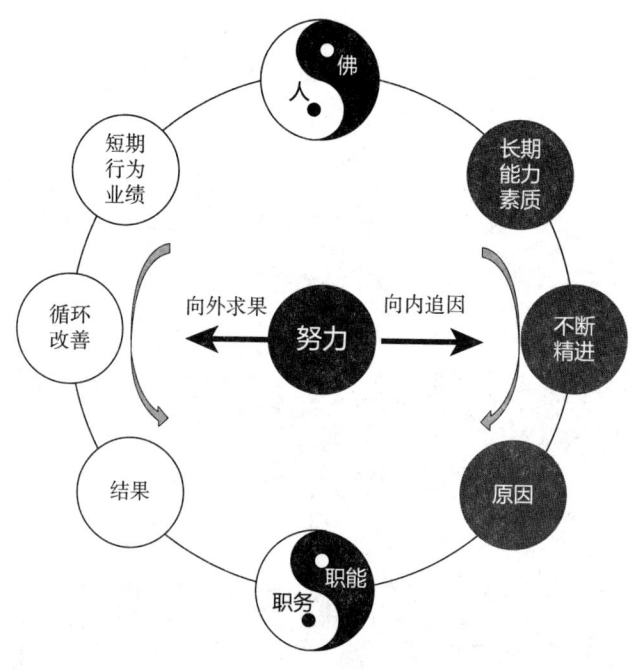

图8-1 二元制考核基本原理

而且,传统考核还有一个弊端,因为不能用结果指标——销售额、利润、利润率等考核小团队、小单元,只能用一些技术指标来进行考核,所以这些指标都不够直观、也不好理解,员工不清楚应该采取什么样的行动才可以提升这些指标。久而久之,就会改善乏力,无法体现用绩效考核促进改善、成长的功效。

阿米巴的考核把组织层面和个人层面分开,先考核组织层面,再考核个人层面，组织考核和个人考核的转换矩阵把奖金包切分下去，最大程度上保证了公平。很多企业搞绩效考核直接考核到岗位，结果效果不佳，原因就是个人的业绩不足以支撑公司的业绩。没有完美的个人，只有完美的团队。"大河有水小河满"，所以，阿米巴绩效考核的意义在于先组织，再个人，用机制让每名员工都关注团队业绩。

阿米巴导入的经营会计报表，通过清晰的数据给企业绩效考核提供了极大的便利。阿米巴绩效考核把公司经营利润的一部分切分出来作为奖金池，再根据各组织单元的进步性、贡献度、公平性的三个原则来考核，层层切分奖金包，最后落实到个人。这样科学、合理、公平、公正的考核方式，激励效果当然会好很多。

阿米巴组织绩效考核的原则

阿米巴组织绩效考核的三个原则分别是：

第一，公平性。只要做考核，就要尽可能保证公平性，否则，做了还不如不做，发了奖金反而可能带来负面的效果。很多老板不是不舍得给员工多分钱，只是一直解决不了公平考核的问题，所以不敢分钱，都是到年底才凭感觉给员工封红包。

第二，贡献度。体现出各阿米巴单元对公司业绩的贡献程度，贡献大的拿得多，贡献小的拿得少，没贡献的不拿。

第三，进步性。这是阿米巴组织考核最重要的一条原则。比如企业有两个单元，第一个去年盈利 100 万元，今年盈利 120 万元；第二个去年亏损 200 万元，今年亏损 50 万元。谁的进步大呢？显然是第二个。很多公司绩效考核的第一条是有利润员工才能分享，那扭亏是不是对公司的业绩贡献呢？扭亏 150 万元是不是相当于盈利 150 万元呢？既然公司决策保留了这个亏损的阿米巴单元，就说明这个单元对企业来说是重要的，所以扭亏了也要发奖金，这也体现出阿米巴的组织考核的进步性。

以上三个原则要同时遵循，不可偏废。而企业的绩效考核往往简单粗暴，最注重的多是贡献度，比如按照事业部的利润直接提走 10% 作为奖金，但这并不公平。有的企业长期培养不出后继人才，就是因为被这样的机制制约住了，先来的人把肥沃的土地全部占住了，后来的人只能在贫瘠的土地上耕耘。长此以往，就会形成恶性循环，老人躺在功劳簿上睡大觉，新人则频繁流失。

阿米巴组织业绩评价与个人绩效考核

阿米巴考核一定要把组织层面和个人层面分开，这样才能对各个阿米巴及个人做清晰有效的考核。从组织层面看，考核的是业绩；但从个人层面来看，只考核业绩是不行的，还要考核理念和能力。

能力的背后是固定薪酬，考核能力采用素质模型进行评价，应用在固定薪酬增加。能力不可能短期内有明显提升，所以考核周期一般是一年，也就是说，员工每年有一次固定薪酬的调整机会。

素质模型就是个体为完成某项工作、达成某一绩效目标所应具备的一系列不同素质要素的组合，EMBA、MBA等现代商管教育将其划分为内在动机、知识技能、自我形象与社会角色特征等几方面内容。这些行为和技能必须是可衡量、可观察、可指导的，并对员工的个人绩效以及企业的成功产生关键影响。

美国心理学家麦克利兰经过研究提炼并形成了21项通用素质要项，并将这些素质要项划分为6个素质族，同时依据每个素质族中对行为与绩效差异产生影响的显著程度划分为2~5项具体素质。6个素质族及其包含的具体素质如下（见图8-2）：

（1）目标行动族，包括成就导向、主动性、信息收集等；

（2）帮助服务族，包括人际理解力、客户服务等。

（3）影响力族，包括影响力、关系建立等；

（4）管理族，包括团队合作、培养人才、监控能力、领导能力等；

（5）认知族，包括演绎思维、归纳思维、专业知识与技能等；

（6）自我概念族，包括自信、抗压能力等；

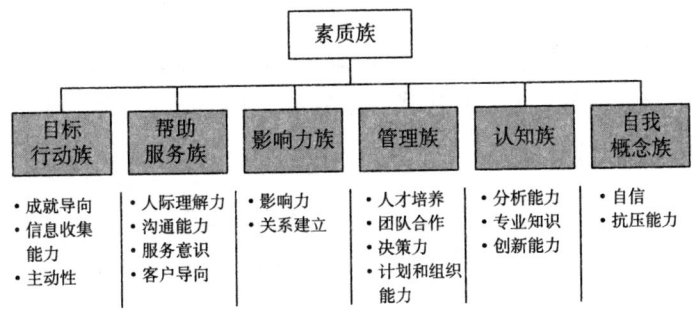

图8-2　6个素质族及其具体素质

目标行动族

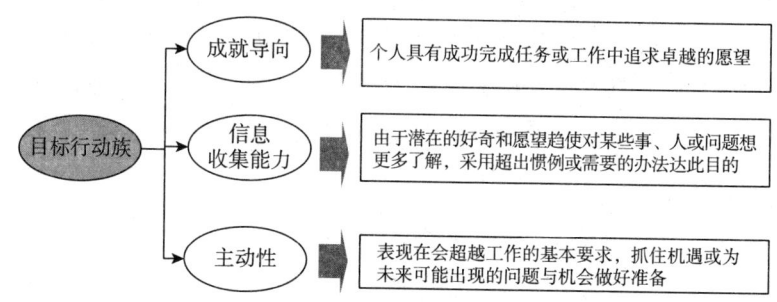

图8-3 目标行动族

1. 成就导向：个人具有成功完成任务或在工作中追求卓越的愿望。

表 8-1 成就导向的 5 个层级

级别	行为描述
一级	对工作没有特别的兴趣，只关注自己分内的事情，但绩效不显著
二级	试图把工作做好，达成他人设定的标准，但由于工作缺乏效率导致绩效改进并不明显
三级	设定具体的目标，对工作方法、工作流程采取了具体的变革或创新，以提高绩效
四级	设定并努力达成挑战性的目标，敢于承担一定的风险；面对未来的不确定性，在采取行动使风险最小化的情况下，敢于集中一定的资源或时间进行创新，改进绩效或达成挑战性目标
五级	坚忍不拔，直面挫折，采取持久的行动，付出不断的努力

2. 信息收集能力：由于潜在的好奇和愿望驱使对某些事、人或问题想更多了解，采用超出惯例或需要的办法达此目的。

表 8-2 信息收集能力的 5 个层级

级别	行为描述
一级	喜欢问问题，通过询问的方式对人或事物进行了解

（续表）

级别	行为描述
二级	运用自己的习惯做法收集信息
三级	亲自调查，更深入地挖掘信息，了解事物或问题的实质和原因
四级	通过比较独特的途径获取有用的信息或资料
五级	做出系统的努力进行研究调查，全面探究问题的实质和原因

3.主动性：表现在会超越工作的基本要求，抓住机遇或为未来可能的问题与机会做好准备。

表 8-3 主动性的 5 个层级

级别	行为描述
一级	不自动自发，以至于工作常常落后
二级	常需要上级的叮咛与提醒，才能完成工作目标；对工作有些创新，但在组织中的其他业务单元早已经做过了
三级	能自动自发完成工作任务
四级	为超越工作目标，能去寻求工作要求范围以外的机会
五级	找到工作要求范围以外的机会后，能主动掌握及善用，以超越工作目标

帮助服务族

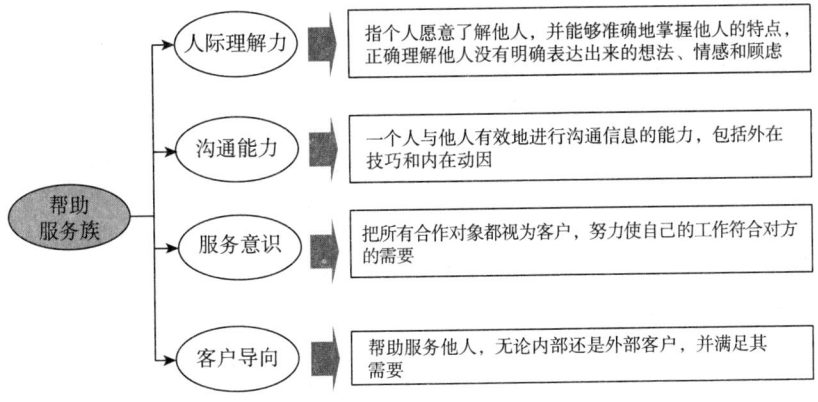

图8-4 帮助服务族

1. 人际理解力：指个人愿意了解他人，并能够准确地掌握他人的特点，正确理解他人没有明确表达出来的想法、情感和顾虑。

表8-4　人际理解力的5个层级

级别	行为描述
一级	对他人缺乏正确的全面认识，但还不至于严重误解他人
二级	理解他人的情感或一些明显的内容，但是不能将这两者联系起来
三级	对目前的情感与明显的内容都能够理解
四级	理解他人的真正意图：能够准确抓住他人尚未明确表达的思想和情感，或者能够采取他人希望但没有表达出来的行为
五级	理解深层次的问题：能够明白真正的问题所在，即导致对方流露出的情感或言谈举止的真正原因是什么，并对他人的优势与劣势做出公正的评判

2. 沟通能力：一个人与他人有效地进行沟通信息的能力，包括外在技巧和内在动因。

表8-5　沟通能力的5个层级

级别	行为描述
一级	愿意沟通，有沟通的愿望，能够回应他人发出的沟通信号
二级	能够耐心倾听他人的观点，基本把握他人谈话的主旨；能比较完整地表达自己的意见和想法，使对方能够理解
三级	在与他人交流时能够准确理解他人的观点，积极地给予反馈；表达言简意赅，具有较强的逻辑性，观点清晰明确
四级	通过一些语言技巧（如使用比喻、排比等）清晰地表达较为深奥而复杂的观点；在表达时有意识地使用一些肢体语言作为辅助，增加语言表达的感染力
五级	预见他人的需求和关注点，根据不同对象采取相应的沟通策略；对不同对象和情境所要求的沟通方式有系统和深入的认识，并能自如地运用和进行灵活调整

3. 服务意识：把所有合作对象都视为客户，努力使自己的工作符合对方的需要。

第八章 阿米巴经营的业绩评价与激励

表8-6 服务意识的5个层级

级别	行为描述
一级	按规定的职责和程序工作，在不能满足服务对象要求时常常强调外部困难而加以搁置
二级	理解自己的工作状况（服务质量）将对合作对象的工作产生什么后果或影响，总是对服务对象的要求做出及时的反应
三级	对合作中出现的问题，积极寻求解决方法并付诸行动
四级	深入理解和发现服务对象的需求，面对抱怨和指责时也能冷静反省自己可改进的行为
五级	追踪服务对象的满意度，对工作进行系统分析，改进程序以整体提高服务质量

4.客户导向：帮助服务他人，无论内部还是外部客户，并满足其需要。

表8-7 客户导向的5个层级

级别	行为描述
一级	不能首先想到客户；只能关心到公司内部的运作，对客户的问题视而不见；不能做出第一反应的行动，不能迎合和了解客户；不能自如地和新顾客接触；不愿意处理危机、抱怨和特殊的要求；很保守；不能为和客户接触留出时间
二级	承担个人责任：追随客户的需要与咨询，有责任矫正客户服务的问题；迅速解决问题
三级	解决潜在需求：了解客户业务，了解客户现实的与潜在的需要，提供与之相应的产品与服务
四级	增加附加值：做出最大的努力为客户提供附加价值，以某种的方式改善客户服务，以长远的眼光解决客户问题
五级	做客户的同伴：主动参与客户决策过程，为了客户的最佳利益，调整组织行为，为客户提供专业化的建议

影响力族

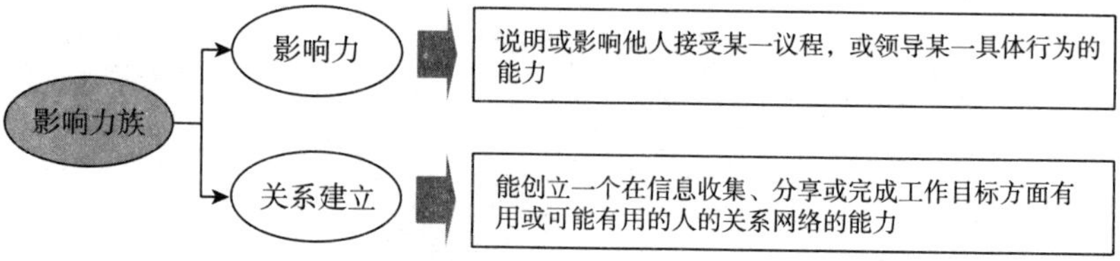

```
影响力族 ──┬── 影响力 ➡ 说明或影响他人接受某一议程，或领导某一具体行为的能力
          └── 关系建立 ➡ 能创立一个在信息收集、分享或完成工作目标方面有用或可能有用的人的关系网络的能力
```

图8-5　影响力族

1. 影响力：说服或影响他人接受某一议程，或领导某一具体行为的能力。

表 8-8　影响力的 5 个层级

级别	行为描述
一级	未表现出试图影响、说服别人的意图，或有影响意图但未采取行动
二级	运用直接说服法，以试图产生影响。呈现合理的论据、数据和具体的实例并清晰地解释相关事实；呈现合理的准备充分的案例，运用直接的证明，如关于实质特征的数据、意见一致范围与利益等进行说服，提出有说服力的认识以支持个人观点，要求对方做出承诺或保证
三级	用行动或语言引起别人的兴趣和认同，预测你的语言或行动将会造成何种影响，通过指出他们的忧虑以及强调共同利益来说服他人，预期别人怎样反应，并采取相应的表现方式，用案例或论据创出一个"双赢"的解决方案，实现双方目标
四级	采取多元化的影响战略：采用多样的行为去影响别人，每一种行为要适应其目标群体，运用新的方式吸引目标，开发有选择性的表达方式，并结合其他关键事件和策略以提高影响力
五级	运用复杂、间接的影响，通过第三者或专家来施加影响，结成联盟，建立幕后支持，构成影响别人行为的有利形势，游说关键性人物，证实并解决他们的忧虑和担心，利用这些个人去支持自己的观点，通过确保他们的参与，精心策划事件以间接影响他们

2. 关系建立：能创立一个在信息收集、分享或完成工作目标方面有用或可能有用的人的关系网络的能力。

第八章 阿米巴经营的业绩评价与激励

表8-9 关系建立的5个层级

级别	行为描述
一级	对与他人建立良好的关系没有多少兴趣：多少有些落落寡合或过于关注工作；不易接近，不论对方处于组织内部的哪一层级；与人交往时多少有唐突或生硬。解决分歧的方法或手段有限，试图用自己的观点说服别人。不能公平地对待下属或同事，常做出一些过于主观的判断性评价。不愿采取开放的心态与人交往，维持一种封闭的、充满不信任感的环境
二级	维持有效的工作关系：有效参与同事间非正式交谈，与同事建立非正式的相互往来，建立、改善与团队内其他人的关系，参与同事们每天的交谈与来往，与他人维持积极有效的关系
三级	促进关系的发展：建立直接联系之外的非正式关系，建立与直接接触团队以外人员的联系，促进本团体之外的正式或非正式的接触联系，建立并维持有用的联系资料库，与团队的外部人员维持联系
四级	建立交叉职能的关系：与其他职能范围内的重要人物建立有效联系，促进功能交叉工作的发展，用其关系网络将自己的工作与公司内其他业务单元正在进行的工作进行整合，发展并维持与其他业务单元人员的有效联系，适当的时候支持联合计划和资源共享，寻找交叉功能的合作
五级	建立外部联系：与别的组织有影响力的个人创建有效联系；开发广泛的组织内外联系网络，发展并维持有效的关系网络，与外部同事共同推动促进双方业务发展的信息与程序互动，与外部有经验和专业技术的人建立联系，与其他组织共享经验与专业技术

管理族

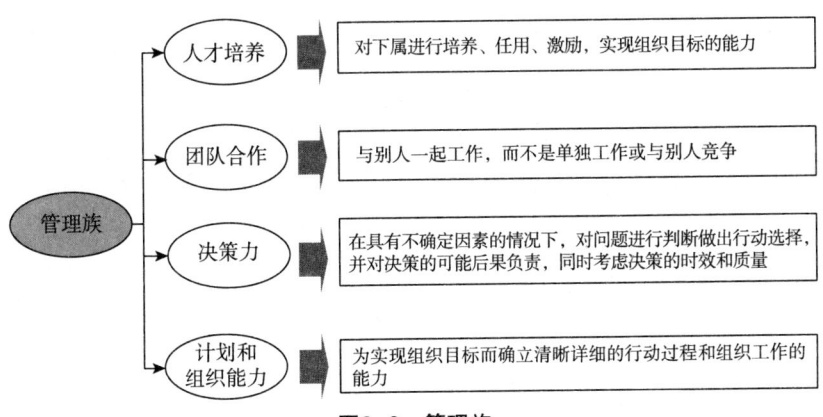

图8-6 管理族

1. 人才培养：对下属进行培养、作用、激励，实现组织目标的能力。

表 8-10　人才培养的 5 个层级

级别	行为描述
一级	没有培养行动；在培训人才时不做出努力，仅做出示范而已
二级	表达对员工肯定的期望，对他们的潜能做出肯定的评价，包括现在所具有的与将来所期待的，相信他们愿意去做而且也能做好，提供如何做的帮助，告诉员工应该如何工作，提供理论方面或其他方面的帮助；主动提供一些资信息或者专业性的意见，在实践中也给予肯定与适当的支持和帮助，使他人的工作更容易做
三级	安慰与鼓励：当员工受到挫折与打击时给予鼓励，在工作改进的行动上给予指导，对员工改进后的结果给予肯定与适当否定的反馈意见，并尽可能表达出对未来工作的肯定预期
四级	进行长期的教育方法培训：安排各种任务以及培训，或者其他方式帮助员工学习与发展，告诉他们解决问题的方法而不仅仅是答案，开发新的教育培训方法，用以改变传统的思维方式，建立理念与信心
五级	授权：适当授权，让员工按照自己的思路完成工作，允许犯错误，对能够胜任的员工或出色的成果给予奖励

2. 团队合作：与别人一起工作，而不是单独工作或与别人竞争。

表 8-11　团队合作的 5 个层级

级别	行为描述
一级	在工作中单独作业，不与他人交换信息
二级	信息共享，使员工及时了解公司的成绩，分享所有有关信息；大方地传播别人需要的信息，让同事跟上自己的行动；推动团体会议与讨论
三级	征求意见，评价他人意见和经验的价值；征求他人的意见、创意和经验，通过这些来做出决定/计划；要求公司的员工都参与到这一工作中；确保每一个成员的参与评论，确保每一个成果的参与经验深思，如果拒绝，说明理由

（续表）

级别	行为描述
四级	鼓励与授权，公开表扬工作有贡献和有出色业绩的员工；鼓励并授权给他们，促进良好的品行和合作关系；为他人提供展示其成果的机会；了解激励不同员工的方式，有针对性地选择最有效的赞誉方式；把团队的冲突公开化；只要发现有冲突，就亲自过问帮助解决问题，并弄清问题的实质
五级	解决冲突，对于团队的冲突和问题，采取有益的解决方法：亲自或通过第三人来劝告冲突当事人；必要时，重新分配工作、职责和上下级关系；当冲突因工作问题引起时，收集所有相关信息，采取适当的培训或惩罚

3.决策力：在具有不确定因素的情况下，对问题进行判断做出行动选择，并对决策的可能后果负责，同时考虑决策的时效和质量。

表8-12　决策力的5个层级

级别	行为描述
一级	在决策过程中发表自己的意见，但试图减少自己对决策失误的责任
二级	按照规定的责权范围和程序进行决策，不推卸或回避责任；有时为降低犯错误的风险，使工作效率受到影响
三级	在时间压力下及时地进行决策，较少发生因推迟决策导致的损失
四级	对决策责任不够明确的问题，也愿意从工作出发承担决策的责任，对可能的风险进行评估
五级	在具有较大风险的情境下，敢于根据风险效益评估做出决策，对可能出现的问题有补救措施

4.计划和组织能力：为实现组织目标而确立清晰详细的行动过程和组织工作的能力。

表 8-13　计划和组织能力的 5 个层级

级别	行为描述
一级	在给定的工作任务和条件下，划分工作步骤，安排时间表，但有时缺乏准备
二级	对比较复杂的个人工作目标，分解成具体任务，并设立优先等级，工作环境有秩序，工作过程有条理
三级	对于需要团队分工完成的工作目标，在比较详细地了解可调配的资源（包括人员、财、物等）的基础上，进行任务分解和时间安排，落实到业务单元或个人
四级	对界定尚不清晰的工作要求加以分析，提出可管理的目标和所需要的资源，做出执行计划，安排实施
五级	理解客户或组织的需要，自主提出具有可能性的项目，影响说服他人，争取资源，推动计划的实现

认知族

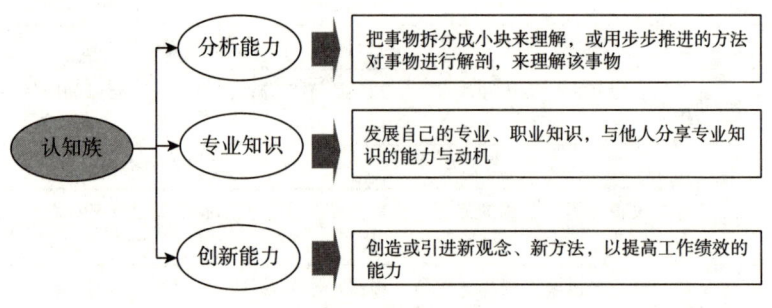

图8-7　认知族

1. 分析能力：把事物拆分成小块来理解，或用步步推进的方法对事物进行解剖，来理解该事物。

表 8-14 分析能力的 5 个层级

级别	行为描述
一级	不能准确而周密地考虑事物发生的原因，或者不能根据已有的经验或知识对当前所面临的问题做出正确的判断
二级	注意并分析事物内在的基本关系：注意分析问题中几个部分之间的关系，判断简单的因果关系，按重要性排列任务次序
三级	注意并分析事物多层面的关系：用系统的方法将一个复杂的问题分解成几个可以处理的部分；注意分析问题中若干部分之间的关系及若干可能的目标与行动结果；通常要预期可能遇到的障碍，提前对下一步进行思考与准备
四级	做出复杂的计划与分析：系统地将一个复杂的问题分解为几个部分，使用各种方法使复杂的问题简单化，并加以解决，分析各个部分之间的因果关系
五级	做出非常复杂的计划和分析：系统地将一个复杂的多层面的问题分解为若干个部分，运用多种分析方法与技巧，制定多个解决方案并权衡各种办法的优劣，并组织、安排极端复杂和相互联系的系统

2. 专业知识：发展自己的专业、职业知识，与他人分享专业知识的能力与动机。

表 8-15 专业知识的 5 个层级

级别	行为描述
一级	在专业方面缺乏基本知识
二级	知识深度：在专业方面展示基本的知识，使这些知识有效地用于实践。运用专业知识实现近期目标；与专业知识保持同步发展，运用专业知识与经验解决问题，帮助他人
三级	保持专业知识的流通：与他人分享经验，并在公司众多的建议中，使自己的提议与众不同，能够了解专业领域的最新发展情况并思考怎样运用，用技术、专业经验证实项目是否可实现；运用技术与专业促进项目与局面的拓宽
四级	知识面宽度：利用本专业范围外知识来提升业绩；充当团体外的资源或专家；利用本专业内能促进其他领域工作或项目的专业知识，提高其他业务单元的效率；寻找能利用专业知识促进别人项目发展的机会

（续表）

级别	行为描述
五级	增强外部交流意识：在公司工作范围外寻找机会以提高自己新知识的水平，并通过在专业杂志上出版自己的文章来展现自己这方面的能力；充当最新技术的倡导者与传教士的角色，抓住机会了解外部公司的技术/发展，定期公布前沿性的课题

专业知识包括：战略知识、营销知识、财务知识、人力资源管理知识、工程管理知识、专业技术知识、质量管理知识、法律知识，计算机信息系统知识。

（1）战略知识。

表8-16　战略知识的5个层级

级别	行为描述
一级	了解战略管理的一般理论知识、概念
二级	掌握公司某个职能或单元战略策划与战略管理知识
三级	掌握公司某两个职能或单元战略策划与战略知识
四级	掌握公司某几个操作战略（细分职能战略）策划与战略管理知识，包括工程、招商、营销、财务、人力资源等
五级	掌握公司整体战略策划与战略管理知识（含战略分析、战略选择、战略实施等）

（2）营销知识。

a类：营销心理学、公共关系学、客户关系管理、营销渠道管理、价格管理；

b类：预测与调研、营销信息管理、市场策划、品牌管理、广告学；

c类：推销与销售技巧；

第八章 阿米巴经营的业绩评价与激励

d 类：竞争情报知识等。

表 8-17　营销知识的 5 个层级

级别	行为描述
一级	了解以上内容中任意一类基本概念
二级	了解以上内容中两类基本概念
三级	了解以上内容中三类及更多基本概念，熟练掌握其中任意两类操作运用原理
四级	了解以上内容中四类及更多基本概念，熟练掌握其中任意三类操作运用原理
五级	了解以上全部营销管理知识概念，熟练掌握操作运用原理

（3）人力资源管理知识。

表 8-18　人力资源管理知识的 5 个层级

级别	定义
一级	了解一般的人事管理概念、内容框架和一般流程、制度，包括人事档案管理、人事考核、考勤、培训、晋升、薪酬、招聘流程、离职管理等基本人事管理方法
二级	掌握人力资源管理的基本概念、内容框架与一般原理和方法，包括激励约束原理、绩效考核、招聘流程、工作分析、岗位素质、素质模型、培训规划，了解人力资源规划、劳资管理以及相关的劳动法规
三级	熟悉人力资源体系及各系统之间的关系，包括人力资源规划、人力成本分析与绩效考核方法的设计、招聘方法与流程设计、培训规划与管理、薪酬设计与管理、工作分析方法设计、岗位价值评估方法设计、岗位胜任素质模型管理，并精通一个系统
四级	熟悉人力资源体系及各系统之间的关系，包括人力资源规划、人力成本分析与绩效考核方法的设计、招聘方法与流程设计、培训规划与管理、薪酬设计与管理，并精通几个系统
五级	精通人力资源管理系统的内在逻辑关系，并能提供设计思路，建立人力资源系统，其中包括人力资源战略规划、人力成本分析与绩效考核方法的设计、招聘方法与流程设计、培训管理、薪酬设计与管理、岗位分析与评估方法的设计、岗位胜任素质模型管理

（4）财务知识。

a 类：会计学原理、统计学原理、税收；

b 类：企业财务管理、企业会计、会计电算化；

c 类：管理会计、成本会计；

d 类：审计学；

e 类：金融证券、投融资管理。

表 8-19　财务知识的 5 个层级

级别	定义
一级	了解 a 类所包含的基本知识
二级	掌握 a、b 类包含的基本知识或掌握 a 类知识，了解 c 类知识
三级	精通 a、b、c 类知识，掌握 d 类知识
四级	精通 a、b、c 类知识，掌握 d、e 类知识
五级	精通以上 a、b、c、d、e 类知识

（5）法律知识。

包括公司法、合同法、劳动法、税法、会计法、安全生产法、产品质量法、经济法及国家相关规定。

表 8-20　法律知识的 5 个层级

级别	定义
一级	了解工作相关的法律知识
二级	掌握一个领域相关的法律知识
三级	掌握一个领域的法律知识，了解其他法律知识
四级	掌握两个领域的法律知识，了解其他相关法律知识
五级	精通公司相关的全部法律知识

(6)计算机信息系统知识。

表 8-21 计算机信息系统知识的 5 个层级

级别	定义
一级	了解计算机信息系统应用基本知识
二级	掌握工作相关的计算机信息系统应用知识
三级	掌握计算机信息系统软件、硬件维护,支持信息系统运行的计算机及网络维护
四级	掌握计算机信息系统软件、硬件维护,支持信息系统运行的计算机及网络维护,了解信息系统设计知识
五级	掌握信息系统设计知识,能够配合对信息系统进行升级、改进

3.创新能力:创造或引进新观念、新方法,以提高工作绩效的能力。

表 8-22 创新能力的 5 个层级

级别	行为描述
一级	局限在自己的工作范围内,不创立、引进新的观念或程序,墨守成规
二级	借用其他领域的方法,创立或引进新的观念或程序,运用本专业范围以外的观点与方法
三级	打破陈规,建设性地促进不断进步,而不过于受当前问题的影响
四级	培养创新性,鼓励别人的创新性,允许他人实验,尝试新事物,培养鼓励尝试新的观念、方法与程序
五级	创造有利于创新的环境,承认并奖励那些有创造性的人,确保任何无效果的方法都经过分析,并与他人开诚布公地讨论这些问题

自我概念族

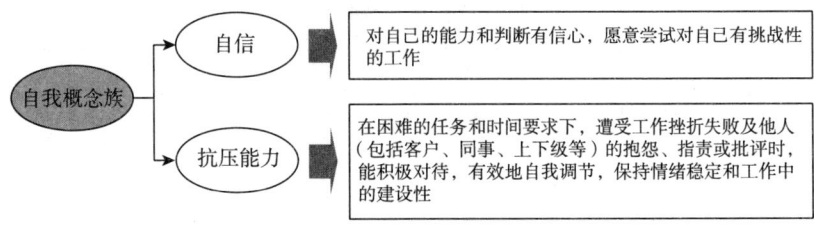

图8-8 自我概念族

1.自信：对自己的能力和判断有信心，愿意尝试对自己有挑战性的工作。

表8-23 自信的5个层级

级别	行为描述
一级	只在熟悉、有经验的领域发表意见，对接受新的工作内容有迟疑、回避倾向
二级	对和以前经验有所不同的新情况，能清楚、肯定地表达对问题的判断，提出解决建议
三级	在有反对意见的情况下，仍能坚持自己的判断和决定；愿意尝试对自己有一定挑战性的工作
四级	在面对较大压力时（如面对上级或客户）仍能冷静陈述自己的观点和依据，愿意接受具有明显挑战性的工作
五级	根据自己的判断形成较重大的工作决定，影响、发动他人和组织实施；主动寻求有高度挑战性的任务，即使会引起额外的责任

2.抗压能力：在困难的任务和时间要求下，遭受工作挫折失败及他人（包括客户、同事、上下级等）的抱怨、指责或批评时，能积极对待，有效地自我调节，保持情绪稳定和工作中的建设性。

表 8-24　抗压能力的 5 个层级

级别	行为描述
一级	能接受有压力的任务，但有消极的情绪反应，工作效率受到影响
二级	有强烈的情绪感受（如紧张不安、沮丧、愤怒等），有时有失控的表现（如对下属发脾气），但能比较快地恢复常态，专注于工作
三级	有较强烈的情绪感受，但能控制自己的表现，能较快摆脱情绪影响，基本上能客观地讨论问题的原因和解决方法
四级	能比较系统地对压力进行管理，有适当的缓解心理压力的个人方式；在压力下反应镇静，能积极理解压力的意义，就完成和改进工作提出有建设性的对策
五级	在团队受到高度压力的情况下，不仅保持自己的冷静，而且能有效地使其他人保持冷静积极的心态

如果从更加完善的角度来考虑，则可以对每一级的具体表现进行举例，这样评价者能够更加精准地把握规则，并给予合适的评分。

理念考核看似很难，但实际操作起来还是比较简单的，比如京瓷公司是这样做的：员工每个工作日写一篇工作日志，这样一个月就有 22 篇工作日志。要求是不要空话、套话，要有具体的人和事。每个月从这 22 篇工作日志中择取 5 篇，然后请当事人进行评价，这就叫作关键事件法。

有的人说，我们公司早就做过 360 度评估呀，不是类似的方法吗？结果效果不佳。下面，让我先介绍一下 360 度评估。

360 度评估（360° Feedback），又称"360 度考核法"或"全方位考核法"，是指由员工自己、上司、直接部属、同事甚至顾客等，从全方位、各个角度来评估人员的方法，评估内容包括沟通技巧、人际关系、领导能力、行政能力等。通过这种理想的评估，被评估者不仅可以从自己、上司、部属、同事，甚至顾客处获得多种角度的反馈，也可从这些不同的反馈中清楚地知道自己的不足、长处与发展需求。

360度评估的优势主要有三点，分别是：

第一，准确性。根据心理测量理论，对个体从多个角度获得观察并将得出更有效和更可靠的结论。企业常规的考评方法是员工的领导、管理者评价下属的能力，360度评估更准确的原因是，首先，人员选择正确，多角度的结果比单一的视角更准确；其次，多角度提供了对评价人员胜任力素质更为全面的了解；最后，匿名性的评估确保评估结果更为可靠和可信。

第二，接受性。研究发现，多角度的评估比单一上级评估更容易让评价者接受结果，因此也更容易进行行动改善。这在个人发展上尤为关键，因为无论你的结果有多准，没有力图改变的动机，想要得到效果也是很有限的。

第三，参与性。360度评估涉及整个组织，实施一次360度评估的反馈几乎能让所有的员工都参与进来，提供了上级和下属间沟通的公开平台。

但是，360度评估不太符合中国国情，因为中国人都爱面子。当甲乙互评的时候，甲给了乙90分，那下个月乙就会投桃报李，给甲95分。再下个月，甲会给乙97分，如此类推，分数越打越高，失去其原本的意义。

所以，即使在中国的外资企业，360度评估流行了几年时间后，也都逐渐销声匿迹了，就是因为外资企业里面也主要是中国人，大家的行为特征当然符合中国文化，要给同事留面子。

而关键事件法不同，它是根据具体事件涉及的人来进行评价的。

也就是说，评价人并不固定，当事人也不知道谁在对他进行评价，这样很大程度上避免了人情。

个人层面的理念、能力、业绩的评价必须分开，而不能扭在一起做成不同的权重，因为三者的权重多少，根本无法拿出科学依据。理念好的人，是公司重点培养的对象，在晋升方面有优势；能力强的人，就给他加工资；业绩好的人，根据考核激励制度发奖金。

那么，在组织业绩评价和个人业绩评价成绩出来后，企业应该如何发奖金呢？首先，让我们来看一个组织业绩评价和个人业绩评价的转换矩阵（见图8-9）。

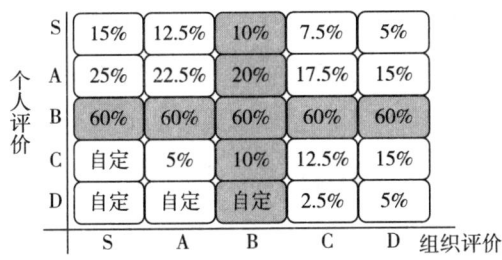

图8-9 基于组织评价的个人评价

首先做组织（阿米巴单元）评价，分为S（优）、A（良）、B（中）、C（可）、D（差）五档，再对各组织的个人做评价，也分为S（优）、A（良）、B（中）、C（可）、D（差）五档。比如，一家企业制定了这样的年终奖金规则：年终奖分为三档——4个月工资、3个月工资、两个月工资。

在一个组织业绩评价最优秀的阿米巴单元，个人业绩评价在前15%的人，获得最高的年终奖4个月工资；个人业绩评价在15%到

40%，也就是占总体 25% 的中间群体，获得 3 个月工资的年终奖；个人业绩评价在 40% 以后的，也就是占总体 60% 的落后群体，获得两个月工资的年终奖。

反之，在一个组织业绩评价最差的阿米巴单元，个人业绩评价在前面 5% 的人，获得最高的年终奖 4 个月工资；个人业绩评价在 5% 到 20%，也就是占总体 15% 的群体，获得 3 个月工资的年终奖；个人业绩评价在 20% 到 80%，也就是占总体 60% 的群体，获得两个月工资的年终奖；个人业绩评价在 80% 到 95%，也就是占总体 15% 的群体，没有年终奖；排名最后 5% 的群体，不仅没有年终奖，可能还会面临被淘汰的命运。

以上分配体现的是绝对的公平。试想有一个人，个人业绩非常突出，而他的顶头上司不行，把一个阿米巴单元带得很糟糕，组织业绩评价排名最后，但是因为这个人排在这个巴的第一名，他仍然可以获得 4 个月工资的年终奖，这样分配的奖金数额就会比较公平了。

阿米巴业绩评价如何避免承包经营的误区

众所周知，1978 年十一届三中全会后，家庭联产承包责任制开始普遍推行，大大刺激了农民的生产积极性。联产承包责任制实现了土地集体所有权与经营权的分离，确立了土地集体所有制基础上以户为单位的家庭承包经营的新型农业耕作模式，取得了伟大的成功。

在此基础上，1984年开始，中国经济改革的重点转移到城市，改革的重点是国有大中型企业，政府部门吸取家庭联产承包责任制的优势，在积极探索所有权和经营权分离、刺激经营者的积极性基础上，创造了承包经营责任制、租赁制、资产经营责任制、税利分流，以及股份制试点，探索搞活企业的多种经营方式。

1988年，在国有企业承包经营责任制取得一定成功基础上，国务院发布了《全民所有制工业企业承包经营责任制暂行条例》，最为直接的效果是在当年制止了利润滑坡。但在经历了近两年的企业活力激发和财政收入回升后，企业效益再次出现严重下滑，不少地区出现50%的企业亏损，全国平均30%以上的企业亏损。1992年以后，国有企业改革的取向转向以产权改革为主导的路线上，这标志着国有企业承包经营责任制改革的失败。

造成这个结果的原因是企业承包经营责任制所设计的制度，体现的是企业经营者和职工负盈不负亏的经营机制，无论对企业的出资人还是对企业的经营者、职工，均起不到约束和激励的作用，相反却可能成为滋生腐败、造成国有资产流失的温床。

但是，企业承包经营责任制由于有操作简单明了、对经营者刺激直接的优点，这二十多年来，不断有民营企业试行承包。2011年之后，阿米巴经营从日本传过来，很多老板分不清楚阿米巴经营和承包经营的区别，简单地认为阿米巴就是承包经营，从认识的根源上就出现错误。或者在推行的过程中，仅仅用各部门独立核算的利润直接考核和分成，导致阿米巴经营演变为承包经营。这两种情形，都不可避免地导致阿米巴经营推行的失败，可以说，把阿米巴经营等同于承包经营，是中国企业推行阿米巴经营最大的误区。

阿米巴经营和承包经营的区别如表8-25所示。

表 8-25　阿米巴经营和承包经营的区别

	承包经营	阿米巴经营
责任	利润最大化	以培养人才为核心目的的同时，实现利润最大化
权力	权力很大，一般拥有较大的财产权、人事权	通过事前计划、事中管理、事后评价，系统控制分权风险
利益	承包者利益最大化	利益全员共享
长短期利益平衡	关注短期利益，急功近利	既关注短期利益，也关注长期利益
大局观	局部利益最大化，形成"诸侯"	关注局部利益的同时，服从全局利益
资源利用	最大限度甚至透支利用资源，资源的集约度低	合理利用资源，资源的集约度高

第一，从责任的角度，承包经营只追求利润最大化，而阿米巴经营在以培养人才为核心目的的同时，实现利润最大化。稻盛先生为什么创建阿米巴经营模式，原因就在于企业扩张过程中，他感觉到身心疲惫，他深刻认识到，必须培养人才，企业发展的根本取决于人才。所以，京瓷的阿米巴经营模式一直围绕着培养人才为核心目的来追求最大化利润，而不是其他内容。

第二，从权力的角度，承包经营往往握有较大权力，当然，这种权力是他们与企业所有权的代理人博弈出来的，但较大的权力往往导致权力滥用，在企业里形成自私自利的文化氛围。而阿米巴经营强调系统授权，根据阿米巴的不同级别，分别采取机能量化分权、事业量化分权、联邦量化分权等模式，确保授权根据责任大小有效区分，并且根据经营会计报表的量化数据来分权，真正让权力和责任牢牢捆绑。同时，阿米巴经营还通过事前计划、事中监督、事后评价的一整套流程系统控制风险，并对经营者的品行和能力进行监控和评价。

第三，从利益的角度，承包经营为了刺激承包人的积极性，往往对承包人利益最大化予以承诺，期望通过承包人经营积极性的调动来调动员工的积极性，但实践表明，承包人在短期利益的驱使下，往往对员工的利益置若罔闻。而阿米巴经营的理念是全体员工的物质和精神幸福，在利益分配方面，一定是全体员工的共享机制。

第四，从长短期利益平衡的角度，承包经营往往关注短期利益，急功近利，如短至一年、多至三年的承包期限机制给了承包人追求短期利益的动力。而阿米巴经营在关注短期利益的同时，更加关注长期利益。推动阿米巴经营的企业中枢部门是经营管理部，经营管理部所代表的利益是企业，所站的高度和老板的一致，它在企业的战略发展规划下制订企业的年度经营计划，并指导各部门按照企业年度经营计划分解各部门计划，据此开展经营，当发生短期利益影响和破坏长期利益的现象出现时，则坚决叫停。

第五，从大局观的角度，部门承包者关注部门利益而不关注企业利益，在局部利益最大化的氛围下，企业难免出现"诸侯"，关键时刻和企业叫板。而阿米巴经营时刻关注企业全局利益，在经营管理部企业年度经营计划的指引下展开部门经营，在局部利益和全局利益发生冲突和矛盾的时候，局部利益必须让路。

第六，从资源利用的角度，承包者由于优先保证局部利益和短期利益的实现，往往不顾一切地透支资源，而且各部门之间无法达成协同，造成企业资源的浪费。而阿米巴经营关注全局利益和长期利益，最大化地协同各单元的行动，为企业整体的利润最大化而努力，并最大化地合理利用资源。

但是，知道以上六点区别还不够。虽然很多老板从意识上明白了阿米巴经营不是承包经营，但为什么还是在实际推行阿米巴经营的过程中演变为承包经营呢？原因在于这些老板应用了错误的考核和激励方式。阿米巴经营的基础是独立核算，也就是计算出各部门的经营利润，于是很多企业采取的考核激励方式就是把各部门的利润与各部门奖金分配直线挂钩，殊不知这会造成各部门局部利益凌驾于企业整体利益之上，各部门之间为了内部交易定价、总部费用分摊而无休止地争吵，出现问题马上推卸责任等后果，企业的经营和管理问题没有得到解决，内部矛盾反而在激化。

所以，阿米巴经营的绩效考核方式非常重要，应该牢牢把握整体利益大于局部利益的原则，奖金分配从企业整体经营利润中切分一定比例，再按照进步性、公平性、贡献度的三个原则，逐层把奖金切分到大巴、中巴、小巴，直到个人。这样，才能从机制上保证整体利益大于局部利益。企业要记住，"分"不是为了分，分是为了"合"。

阿米巴费用中心的业绩评价

阿米巴单元分为利润中心和费用中心，利润中心的 KPI 指标设置为以利润为核心的几个指标。费用中心则没有利润指标，对他们的考核，一是用费用方面的指标，要求在完成计划的前提下尽量控制费用；二是用公司的利润指标，因为行政、人力资源、财务等部门就是总经理的助手，他们承担总经理的利润指标，为整个公司的高利润而努力。所以，行政、人力资源等部门在很多企业里给人的感觉是不重要的，原因就在于错误的定位。

阿米巴经营会计报表要清晰的核算公司的经营利润，它从底层阿米巴单元进行核算，逐层汇总、逐层分摊费用而来，所以，导入阿米巴首先要把账算清楚。

费用中心的固定费用必须由利润中心来分摊，所以，当后勤等职能部门的服务达不到利润中心的要求时，也不能减免费用，而是通过绩效考核对后勤职能部门构成压力。这在阿米巴经营中叫作"内部市场化"，就是把市场压力传导到企业内部，让原来感受不到市场压力的部门也能感受到市场压力，加强紧迫感。

比如企业最能感受到市场压力的部门是销售部门，通过内部交易，把市场压力传递到生产部门、研发部门、采购部门等，再通过总部费用分摊，市场压力又传导到行政部、人力资源部、财务部等职能部门。

无论是利润中心还是费用中心，奖金的来源都是公司设置的奖金包。比如公司年初制定考核制度，规定把公司经营利润的 10% 作为全体员工的奖金包，这个奖金包里面，就包含了利润中心和费用中心全体员工的奖金。此外，考核制度还要规定如何考核各个利润中心和费用中心，业绩达到多少时如何切分奖金包。

所以，企业要破除承包经营的思维，利润中心的奖金不是从自己部门创造的利润中拿一部分，而是从公司设置的奖金包里切分。因为利润中心创造的经营利润，直接与内部交易定价和分摊公式相关，但内部交易定价和分摊公式，至少在短时间内，很难形成完全科学、合理的结果而为各方所认同。因为企业内部的产品和服务，如果在市场上有统一的价格，就可以参照制定，但很多企业内部的产品和服务在市场上没有价格，这时就要根据内部成本或者利润的测算来制定，并且需要时间来检验，所以很难在短期内达成各方认同。这样，如果奖金和各部门创造的经营利润直接挂钩，就一定会造成各部门之间的争吵，大家都关注如何把内部交易定价定得对自己部门更公平，而削弱了对业绩的关注和努力。

阿米巴与股权激励、合伙制的相容

阿米巴与股权激励

股权激励是一种通过经营者获得公司股权形式，给予企业经营者一定的经济权利，使他们能够以股东的身份参与企业决策、分享利润、承担风险，从而勤勉尽责地为公司的长期发展服务的一种激励方法，是一种中长期激励方式。

而阿米巴的考核激励是根据公司的经营利润，从中切分一部分作为奖金池，用来对经理人进行月、季、年度的激励，属于短期激励方式。

短期激励和中长期激励结合起来效果会更好，这是因为很多企业都有股权激励，用分红股、期股、实股等方式来激励员工。但这样的激励方式还是会造成大锅饭的情况，激励效果不够好，无法形成人人奋勇争先的局面。另外，老板做股权激励的目的，是想让员工更有责任感，但容易造成有使命感的员工有责任感，没有使命感的员工仍然没有责任感，很难从利益驱动方面改变员工的思想和行为。而且有很多小股东并不担责，只想分钱，企业的责任还是大股东在承担。而阿米巴的数据考核非常清晰地衡量每个员工的价值贡献，短期激励的效果十分明显。

阿米巴与合伙制

合伙制、股权激励等概念近些年风起云涌，原因就在于这个时代正在从雇佣时代转变为合伙时代。从这个层面来讲，阿米巴体制同样是把员工转化为公司的合伙人，也就是说，在激励层面上，阿米巴与合伙制、股权激励可以完全相容。

但我们不可以错误地认为阿米巴就是合伙制。合伙制是激励机制，而激励机制仅仅是阿米巴经营模式的一个组成部分。阿米巴经营模式不仅可以进行更加精准的考核激励，还可以进行业绩分析和改善。

激励是让员工感受到物质刺激，尽力去提升业绩，但物质刺激往往无法长久，当员工想干好，也有动力干好，却没有方法、一筹莫展的时候，激励也会没有作用。阿米巴的业绩分析帮助员工提升经营意识、改善数据分析能力，从数据分析中精准发现问题，找到问题出现的原因，进而提出针对性的改善策略和措施。这就体现了阿米巴经营的核心目的：培养经营人才。此外，阿米巴经营通过经营哲学为员工的进步找到了长远的动力。稻盛先生的实践告诉我们，工作现场就是修炼的道场，员工有了这样的认识，就会从物质刺激中跳出来，懂得物质刺激仅仅是保健因素，真正让一个人长期奋斗的是精神力量。

当然，从短期来看，物质激励是非常重要的，尤其是目前中国所处的时代是一个从小康到富裕的过渡阶段，追求金钱、获得更加优裕的生活水准，成为绝大多数人的追求。中国经济高速增长的四十年，催生了一大批优秀的企业，如华为、万科、美的、海尔等，这些企业的成功自然有不同的原因，但有一点却是相同的，就是优秀的人才激励机制。可见，一家企业想导入成功阿米巴经营模式，就一定要建立起良好的激励体制，让员工获得价值和好处。

最近几年，合伙制在中国非常流行。合伙人是指成为风险共担和利益共享的合作伙伴，获得股份或分红权，通过贡献价值来发展事业。

合伙制主要有两种典型类型，分别是：

（1）股东合伙人：股东合伙人是指在工商局登记注册的股东，是企业的最终拥有者，这是合伙人的最高阶段，也是最紧密的合伙形式。

（2）事业合伙人：事业合伙人是指在本企业内，掌握自己的命运、事业共创、利润共享和责任共担的人。

事业合伙人又分为两类：一类是企业拿出一项业务、产品、项目、区域、店面等可以独立核算的经营体，同参与该经营体运营的员工共同投资、共享利润、共担投资风险，如万科、碧桂园的项目跟投；另一类是企业不区分不同业务、项目、区域，以虚拟股份对应整体经营盈利，全体合伙人出资认购公司整体的虚拟股份，并根据整体盈利状况进行分红、承担风险，如华为的内部员工持股计划。

乔致庸的银股和身股激励

电视剧《乔家大院》中用大量的篇幅讲述了"身股"激励操作手法。1889年，乔致庸在晋商中开了伙计顶"身股"的先例。

乔致庸设计的身股制度，从1厘到10厘，共分为19个等级。大掌柜一般可以顶1股（10厘），也就是说享受1%的分红权；二掌柜、三掌柜顶7～8厘；伙计1～4厘。等级的晋升，完全由业绩或贡献的大小决定。如果业绩不佳，身股的数量会相应减少。其中掌柜的身股数量由东家决定，伙计的身股数量则由东家或掌柜共同决定。

随着乔致庸生意越做越大，身股也越来越多。1889年刚改革时，银股为20股，身股9.7股；1908年时银股仍为20股，但身股增加至23.95股。分红时，身股和银股同股同权，当然，身股无投票权。

例如，1890年乔家票号盈利2.5万两白银，银股20股，身股7.9股，每股分红约896两白银（=25000/27.9）；银股约为1.79万两白银（=25000×20/27.9），身股约为0.71万两白银（=25000×7.9/27.9）。

1908年乔家票号盈利74万两白银，此时银股20股和身股23.95股，分得红利分别为33.67万两白银和40.33万两白银，显然，员工分红比例超过一半，但乔家的收益是10年前的18.81倍（=33.67/1.79）。

电视剧中还有这样一个情节——乔家修改号规后，新任大掌柜马荀说："我今年28岁了，出徒10年了，按新号规能顶两厘的身份，到了账期就是几百两银子的红利呀，那谁还愿意走呢？我保证以后好好给您跑街，给复盛公多赚银子，争取早日把我的身股提上去，一厘身股就是一百多两银子哟。我现在不仅是为您干，也是为我自己干。"

在上面这个案例中，所谓的"银股"就是实股（注册股），"身股"就是虚股（虚拟股）。

对于大多数企业来说，内部员工通过出钱成为合伙人，这里的合伙人可以是虚拟股东，也可以是公司的实股股东，享受超额利润分享或税后利润的分红。

企业在实际操作中,对于优秀人才可以先投钱使其成为合伙人,即银股。再经过一段时间的考察,其业绩达标以及价值观与公司高度一致,就转成实股(注册股)股东。因此,只有把公司制作成持股平台,企业才会有实股、虚股和身股之说。

合伙制对于阿米巴经营的重要性不言而喻,这其中,起到决定性作用的是合伙人制度。下面,就来聊聊如何在阿米巴经营的条件下设计合伙人制度。

1. 如何选择合伙人。

冯仑说过:"要像女人对待终身大事一样选择合伙人。"也就是说,选择合伙人的时候,一定要找与企业价值观一致的人,这样才能一起走得长远。

阿里巴巴的合伙人制度

一、合伙人的资格要求

1. 合伙人必须在阿里巴巴服务满两年;

2. 合伙人必须持有公司股份,且有限售要求;

3. 由在任合伙人向合伙人委员会提名推荐,并由合伙人委员会审核同意其参加选举;

4. 在一人一票的基础上,超过75%的合伙人投票同意其加入,合伙人的选举和罢免无须经过股东大会审议或通过。

此外,成为合伙人还要符合两个弹性标准:对公司发展有积极贡献;高度认同公司文化,愿意为公司使命、愿景和价值观竭尽全力。

二、合伙人的提名权和任命权

1. 合伙人拥有提名董事的权力；

2. 合伙人提名的董事占董事会人数一半以上，因任何原因董事会成员中由合伙人提名或任命的董事不足半数时，合伙人有权任命额外的董事以确保其半数以上董事控制权；

3. 如果股东不同意选举合伙人提名的董事的，合伙人可以任命新的临时董事，直至下一年度股东大会；

4. 如果董事因任何原因离职，合伙人有权任命临时董事以填补空缺，直至下一年度股东大会。

复星的合伙人机制

郭广昌至复星全球合伙人的一封信（节选）：

2016年1月4日，在新年的第一次晨会上，我与大家分享了关于复星要实施合伙人计划的消息。这几天我仍然在想，对复星来说合伙人计划的重要意义是什么？在特拉维夫与许多极富企业家精神的以色列伙伴见面后，我想用一封信的形式再向大家分享一下我对复星合伙人计划的思考。

首先，合伙人的基因一直在复星存在。24年前，我和信军、群斌等5人共同踏上创业道路，成立了复星。那时候大家觉得资金很少，生意也难做，虽然每个人都有股份，但也没多少，大家就只有一个合伙人的概念。直到1998年复星医药上市，我们才明确了各自的股权比例。但同时我们也都清楚，这个比例不是静态的，是动态的。我们一直希望有更多的人加入进来共同创业，把复星不断做大、做强。

在这个过程中，我们非常清楚复星能走到今天，公司不是一个人或某几个人的公司，功劳不属于个别人，而是每一位具有企业家精神的同事们共同努力的结果。所以,与复兴核心战略高度相关的就是人才。而且,我们希望复星的人才战略更多地学习高盛的合伙人文化,我们强调团队、精英组织和企业家精神,我们期待每一位复星人都能成为复兴合伙人。

今天,我们宣布了一批复星集团层面的合伙人。复星合伙人,是一种荣誉,更是一种责任。世界上效率最高的组织里面,一种叫作军队,是自上而下、命令式的绝对服从、效率优先;另一种效率同样非常高的组织就是宗教,虽然没有铁的命令,但大家都在自觉自愿朝着一个目标去努力。复星不可能也不会成为以上任何一种组织,但复星合伙人自身特质是可以向两者借鉴、学习的。我们的合伙人要有军人的素质,要有高效的执行力;同时,对复星的愿景、事业高度地认同、信任,并充满热情。

所以,复星合伙人产生的前提——"对复星文化和价值观高度认同,深刻理解复星发展战略,善于学习,处于持续创业状态,有能力、有激情为公司发展贡献力量,不断创造价值。"复星合伙人将是我们在竞争中生存、壮大的保证,也是实现我们这个组织向高效、扁平、融通的智慧生命体继续进化的保证。

这方面我想强调几点:第一,复星会有不同层面的合伙人,我们的合伙人将是各自专业领域的脊梁,又拥有着复星全局发展的视野;第二,复星集团层面的合伙人,是完善我们整个合伙人计划最重要的一步;第三,复星合伙人一定是全球化的;第四,也是最重要的,复星合伙人不是终身制的,也不论资排辈,我们希望更多年富力强、符合我们标准的新鲜血液补充进来,不符合的一定要逐渐退出。

特别要说明的是,我感觉,是否能成为合伙人最重要的一个标志就是你是不是处于一种企业家状态,就是说做企业的人或者说企业家,其实是一种"状态"。这种状态就是不断创新、创造,不断去学习,不断思考新的商业模式,而且有这个精力、能力和想法去实现。

以上可见,阿里巴巴和复星对合伙人资格的要求都是,对企业文化和价值观高度认同,深刻理解求业发展战略,善于学习,处于持续创业状态,有能力、有激情为公司发展贡献力量,不断创造价值。

2. 合伙人如何出资。

我认为,员工只有出资才能成为合伙人,因为不出资就不会对失败产生心痛的感觉,也不会去珍惜成功。合伙人出资形式主要有四类:现金、实物、无形资产、换股。其中前三类比较常见,换股多出现在企业的收购或兼并中。

某企业的合伙人现金出资方案

1. 合伙人向公司缴纳一定金额的合伙金,本轮合伙金为现金出资,每份人民币5000元,以后新入伙的合伙人,将依据公司净利润完成情况重新确定合伙金缴纳标准。

2. 合伙人应在2016年5月1日前完成合伙金的缴纳。

3. 合伙人的合伙金只作为合伙人身份保证之用,与投资股本无关。合伙人无须对公司的亏损负责。

4. 由公司统一对合伙人缴纳的合伙金进行管理,并对合伙金的使用、安全负责。

5. 合伙人申请退出本计划的,公司在一个月内向合伙人退回合伙金,并以发生年度为基础,计算该年度已过实际时间按月息0.5%给合伙人支付合伙金利息补偿。年中退出的合伙人当年不再享有各种分红。

6. 合伙金不可视作股份转让。合伙人资格也不可转让。

7.随着公司管理制度的规范、财务制度的健全,公司将逐步推行股改,未来将核心管理层缴纳的合伙金逐步转变为认购股。公司也将为合伙人提供优先的共同投资、合作发展的职业与事业机会。

表8-26 合伙人现金出资方案示例

部门	姓名	职务	人数	份数	应缴合伙金	年度基础资格分
财务部	×××	财务经理	1	15	75000	30
	×××	财务主管	4	24	120000	48
	×××	主办会计	1	15	75000	30
生产部	×××	车间主任	1	12	60000	24
	×××	车间副主任	1	4	20000	8
	×××	生产主任	1	12	60000	24
技术部	×××	技术主管	1	15	75000	30
	×××	技术员	10	50	250000	100
采购部	×××	采购主管	1	8	40000	16
	×××	仓库主管	5	20	100000	40
人事部	×××	人事主管	1	12	60000	24
	×××	人事专员	2	12	50000	20
QC部门	×××	QC主管	1	12	60000	24
QC部门	QC部门	QC专员	2	8	40000	16
业务部	业务部门	业务经理	8	48	240000	96
合计				267	1325000	
预留				33	175000	
合计				300	1500000	

现金出资是合伙人最常见、最直观的出资方式。一方面员工对企业高度认同,愿意共享企业的经营成果,共担企业的经营风险;另一

方面企业可以增加现金流。在实际操作中，不少企业面临员工没钱出资的情况，这时，企业可以提供担保贷款、员工本人提供抵押物、员工年终奖转入等方式进行合伙。

3.合伙人如何分钱。

分钱是合伙制中最难的环节，重点要考虑公平性，主要有三大影响因素：

首先，企业要平衡未来发展与每年分钱之间的矛盾。一般来说，大股东希望把未分配利润更多用于企业的发展，但小股东更倾向于每年能分到钱回本。因此，在大股东和小股东之间要做平衡。

其次，股东要平衡资本价值与人本价值之间的关系。如清朝山西票号的"身股"是按照贡献分钱，"银股"是按照股份分钱，这两者之间的比例关系需要平衡。

最后，企业要平衡增量分钱与存量分钱之间的关系。增量分钱是按照超额利润来分钱，是做加法；存量分钱是按照净利润来分钱，是做减法，考验着老板的格局与胸怀。

合伙制中分钱的实务操作模式有：

第一种，兜底分钱：指企业或股东承诺按照一定的比例或固定的投资回报兑现分红，而不论企业业绩是否达标。

按表8-26，假如公司2015年目标利润为2500万元，年底实际完成净利润2800万元，增量部分为300万元。公司股东会决定提取增量部分的25%作为第一轮分红分配，即75万元。按照规定，第一轮共计300份，每份5000元。每份预计分红750000/300=2500元。财务经理合伙金15份，可分红2500×15=37500元。

在企业有增量利润的情况下，这样分自然会皆大欢喜。但在企业只有存量利润的情况下，该如何分红呢？另外，企业推行合伙人制度,第一轮合伙金筹集是最困难的,极有可能出现一部分甚至一大部分人观望的情况。这时,大股东的兜底分钱承诺就非常关键了,例如承诺业绩差额部分的 5% 作为兜底分红的标准。

例如公司 2015 年实际完成净利润 2300 万元,业绩没有完成,相差 200 万元,不能分红。但按照大股东兜底分红的承诺,由大股东自掏腰包 10 万元(2000000×5%)分红。每份分红为 333 元(100000/300)。财务经理拥有合伙金 15 份,可分红 333×15=4995 元。

第二种,增量分钱。

例:某企业是专业生产电动切割工具的高新技术企业,主营 10 种不同的产品。2015 年 5 月公司导入了合伙人制度,业务员作为合伙人参与销售增量的分钱。公司为激励业务员多做业绩,在增量提成上采取累进提成法(见表 8-27)。

表 8-27 增量分钱示例

销售额(元)	提成
0～20 万	8%
20 万～50 万	10%
50 万～70 万	12%
70 万以上	15%

当某业务员年销售额达到 100 万元,他的提成收入 =(200000-0)×8%+(500000-200000)×10%+(700000-500000)×12%+(1000000-700000)×15%=16000+30000+24000+45000=115000 元。

第三种,考核分钱:即根据 KPI 考核得分划定某职位的分红系数(见表 8-28)。

表 8-28 考核分钱示例

考核得分	70 分以下	71~80 分	81~90 分	91~100 分	101~120 分	120 分以上
分红系数	0.5	0.8	0.9	1.0	1.2	1.5

假设 2017 年公司超额利润为 1000 万元，合伙人分红比例为 30%，则总分红额为 1000×30%=300（万元）。某事业部总监出资 15 万元，占合伙金总额的 5%，当年绩效考核得分为 85 分，则按照规定，该总监分红系数为 0.9，则该事业部总监分红为 300×5%×0.9=13.5（万元）；当该名总监绩效考核得分为 118 分时，则他当年分红为 300×5%×1.2=18（万元）；当该名总监绩效考核得分为 65 分，则他当年分红为 300×5%×0.5=7.5（万元）。

4. 合伙人如何退出。

（1）荣誉合伙人退出。

2016 年 8 月 22 日，阿里巴巴集团发布公告，陆兆禧将卸任 CEO，正式退休。按照阿里巴巴合伙人退休制度，陆兆禧将担任阿里巴巴荣誉合伙人。

根据阿里巴巴的章程，合伙人的自身年龄以及在阿里巴巴集团工作的年限相加总和等于或超过 60 岁，可申请退休并担任阿里巴巴荣誉合伙人。荣誉合伙人无法行使合伙人权利，但能够得到奖金池的一部分分配。

（2）回购退出，即合伙人退股。有三种方式：

第一种，溢价或折价。溢价是指高出原来的投资款，折价则是指低于原来的投资款。这种方式比较简单，可以在合伙人协议中约定，双方同意即可操作。

第二种，按照估值的一定折扣。一般而言，公司引进投资者后，公司估值会远高于原值，合伙人的股权或合伙金相对溢价较多。例如某公司投后10倍PE的估值,这时合伙人可以按照7倍或8倍的投资款退出。再比如公司出让10%的股份,本轮获得投资100万元,则本轮投资后该公司的估值为1000000元/10%=10000000元。

第三种,每股净资产或每股净利润。例如某合伙人拥有公司10万股的注册股,当时公司每股净资产假设是1元/股,退出时是3元/股,则公司回购他的股份需要30万元,溢价200%。

相应的回购类型分别是:

第一种,股权退出。是指股东合伙人的退出,其已持有的股权由公司回购。这个涉及回购的价格问题,谈妥后才能办理相应的工商变更手续。

第二种,合伙金退出。是指非合伙人的退出,即以当初缴纳的合伙金按照溢价或折价方式回购,按照公司合伙人制度相关条款处理。

某公司关于回购的规定

一、因过错导致的回购

在退出事件发生之前,任何一方出现下述任何过错之一的,经公司董事会决议通过,公司有权以1元/股的价格回购该合伙人的全部出资款。该过错行为包括:

1. 严重违反公司规章制度;
2. 严重失职,营私舞弊,给公司造成重大损失;
3. 泄露公司商业机密;
4. 被依法追究刑事责任,并对公司造成严重损失;
5. 违反竞业禁止业务;
6. 捏造事实,严重损害公司声誉。

二、终止劳动关系导致的回购

1. 在退出事件发生之前，合伙人与公司终止劳动关系的，包括但不限于合伙人主动离职，或与公司协商终止劳动关系，或因自身原因不能履行职务，则至劳动关系终止之日，除非公司董事会另行决定。

2. 回购价格为其出资额的 3 ~ 5 倍，具体由公司董事会根据其过往贡献、绩效等确定，并且按银行同期定期存款利息核算原合伙金的利息。

三、自愿退出的回购

1. 自愿退出是指合伙人劳动合同未满而退出的情形。

2. 回购价格为其出资额的 0.8 ~ 2.5 倍，具体由公司董事会根据其过往贡献、绩效等确定，并且按银行同期定期存款利息核算原合伙金的利息。

以上三种类型的回购，公司承诺在收到合伙人的股份回购。书面通知当日起，3 个月内付清全部金额。其中前 1 个月付清 50%，后 2 个月分别付清 30% 和 20%。

（3）IPO 上市退出。

IPO 上市退出是指股东合伙人的退出，对于股东合伙人来说，这是最理想的方式，投资回报率是最大的。

目前我国已经建立多层次的资本市场：交易所市场——主板、中小板、创业板；场外市场——全国中小企业股份转让系统，即新三板；区域股权交易市场——四板市场；产权交易所市场——五板市场。

交易所市场，即场内市场，具有 100% 的融资功能；新三板市场不能公开发行股票，只能定向增发。场内市场退出比较容易，在禁售期结束后就可以出售或者转让其持有的股份，我国法律规定如下：

第一，主板上市公司的控股股东及实际控制人所持股票在公司上市之日起至少锁定 36 个月；新三板市场则规定控股股东及实际控制人所持有股票在挂牌之日、挂牌满一年及挂牌满两年等三个时点，可分别转让所持股票的 1/3。

第二，对于公司其他股东而言，主板上市公司股票在公司上市之日起至少锁定 12 个月，而新三板公司的董事、监事、高级管理人员所持新增股份在任职期间每年转让不得超过其所持股份的 25%，所持本公司股份子公司股票上市交易之日起一年内不得转让。上述人员离职半年内，不得转让其所持本公司股份。

（4）绩效考核退出。

在合伙人出资协议中，可以约定绩效考核不达标立刻退出合伙人，合伙金全额退还，10 个工作日办妥。

合伙人出资协议书

甲方：××有限公司（以下简称甲方）

乙方：_____   身份证号：_____（以下简称乙方）

乙双方经友好协商，以诚信、合作、共赢、自愿的原则，共同签订此合伙人出资协议书，并共同遵守协议书内所有条款。

一、合作权利和义务：

甲乙双方自签订本协议书、乙方支付全部合伙金给甲方之日起，乙方即成甲方合伙人，并达成以下协议：

1. 经甲方董事会审核通过，且乙方完全同意《××有限公司合伙人计划实施方案》（以下简称"方案"）相关条款和规定，乙方自愿加入甲方合伙人平台，并在签订协议时当即一次性向甲方交纳合伙金

_____元（大写：_____整），份数共_____份，根据《××有限公司合伙人计划实施方案》的规定，可以获得甲方以净利润40%为基数的分红资格。

2.乙方成为甲方合伙人后，必须严格遵守方案的规定。

3.甲方应确保乙方的合法权益得到保障。

4.合作期间，甲乙双方都须严格遵守《××有限公司合伙人计划实施方案》，维护共同利益。

5.乙方的合伙人分红所得属于甲方特别激励计划，与其任职的工资、奖金无关。

二、本协议一式三份，甲方、乙方、公司人力资源部各执一份，具有同等法律效力。

三、如发生任何纠纷由双方协商解决，若协商不成，可到甲方所在地人民法院起诉。

四、本协议必须认真填写，要求字迹清楚、文字简练、准确，不得擅自涂改。

五、本协议自双方签字之日起生效。

甲方：××有限公司

公司签章：_____

乙方签章（指纹）：_____ 乙方身份证复印件留底处

签约日期：_____年_____月_____日

自愿参加合伙人计划的申请书

本人_____自愿参加××有限公司合伙人计划，向××有限公司申请____份、共计人民币____元的合伙金，申请期限为___年，即自____年____月____日起,至____年_____月_____日止。

  本人承诺遵守公司的各项规章制度,认同公司的经营理念和企业文化,服从公司整体的经营方针策略。同时本人已充分阅读、理解、认可并同意按《××有限公司合伙人计划》执行。

申请人:

身份证号码:

申请时间: 年 月 日

合伙人计划终止的协议书

  甲乙双方于___年___月___日签订了《××有限公司合伙人出资协议书》(以下简称"协议书"),现双方在自愿、平等、友好协商的基础上,就《协议书》的终止达成以下协议:

  一、协议书自_____年_____月_____日起解除,解除当日起,乙方不再享有协议书中约定的增值分红分配权利。

  二、甲方在本协议书解除之日起一个月内,向乙方退还合伙金人民币_____元,并按《××有限公司合伙人计划实施方案》规定,向乙方支付利息补偿或增值分红人民币_____元。乙方收款后,双方就协议书而产生的债权债务终结。

  三、本协议书一式两份,双方各执一份,自双方签字或盖章之日起生效,均具有同等的法律效力。

甲方(盖章):××有限公司 乙方(签字):

代表签字:

日期: 年 月 日   身份证号码:

              日期: 年 月 日

关于终止××有限公司合伙人计划的申请书

本人_____由于个人原因,特向××有限公司(以下简称"公司")申请解除本人与公司签订的《××有限公司合伙人出资协议书》,解除生效时间为____年____月____日,本人清楚并确认解除生效之日起,不再享有公司的增值分红分配,相关的利息补偿按照《××有限公司合伙人计划实施方案》的规定执行。

申请人:

身份证号码:

申请时间:　年　月　日

第九章

阿米巴经营计划与量化分权

- 阿米巴年度经营计划的原则及全面预算管理
- 阿米巴年度经营计划的逻辑、步骤和流程
- 流程分权与量化分权
- 量化分权的种类
- 量化分权与年度经营计划、经营会计报表的联系

第九章 阿米巴经营计划与量化分权

阿米巴年度经营计划的原则及全面预算管理

预算是指企业未来一定时期内经营、资本、财务等各方面的收入、支出、现金流的总体计划。稻盛和夫先生很不喜欢预算这个词,他说:"'预算'这个词不好,经费的预算一般都会按照预定花得干干净净,而销售额和利润目标却很难达成。"

预算有强烈的财务背景,而财务的思维是管控思维,有别于阿米巴的经营思维。财务的中心是对费用、成本的管控,忽视销售额和利润目标的达成;而阿米巴的经营思维是围绕利润最大化目标而花费用,注重研究变动费对销售额的驱动关系,是一种投入产出思维,也就是经营思维。

年度经营计划的目的有三点:

(1)通过具体的数值体现企业或部门的年度方针,因此,年度经营计划要保证战略的落地。

(2)将企业或部门成员对一年的经营方针和政策的意见统一起来,作为提高组织战斗力的手段。

(3)将年度经营活动的实践分配给事业部或部门,作为给部门授权的基础。

所以,既然制订年度经营计划,年度经营目标就是一定要达到的，在经营会计里体现通过变动费的产出驱动销售额和利润目标达成。如果销售额和利润目标达不成，那么变动费用也要降低，不能花完。

年度经营目标，是从企业的长期战略目标出发，在分析企业外部环境和内部条件的基础上所制定的，公司下一年度各种经营活动所要达到的境界或所要取得的结果。

1. 阿米巴经营目标的制定要遵循 SMART 原则。

（1）S 指 specific，明确性，就是要用具体的语言清楚地说明要达成的标准；

（2）M 指 measurable，可以度量，意思是目标是数量化的，验证这个目标的数据或者信息是可以获得的；

（3）A 指 attainable，可以实现，指目标在付出努力的情况下可以实现，避免设立过高或过低的目标；

（4）R 指 relevant，相关性，指实现此目标与其他目标的关联情况，如果实现了这个目标，但对其他的目标完全不相关，或者相关度很低，那这个目标即使被达到了，意义也不是很大；

（5）T 指 time-bound，有时限，指目标有明确的时间期限。

2. 目标要体现公司经营方针。

阿米巴年度经营计划是要实现公司的战略，因此经营目标必须与公司战略目标相一致。各阿米巴单元的经营目标必须与公司经营目标一致，也就是体现公司的经营方针，贯彻公司的战略指导思想。

3. 目标设定依据经营会计报表的数据。

既然是导入阿米巴经营模式，则一定围绕阿米巴经营会计报表来展开公司的运营。经营会计报表的核算单元、科目设置、核算方法等都有别于财务会计报表。企业开始用经营会计报表来算账之后，财务会计和经营会计两套报表的功能一定要清晰地划开：财务会计报表是对外会计，它的核心功能是为企业合法避税；经营会计报表是对内会计，它的核心功能是为企业作经营管理决策提供数据支持。

所以，无论是目标的设定还是年度经营计划的编制，以及绩效考核激励，都要围绕经营会计报表展开。

阿米巴年度经营计划的逻辑、步骤和流程

阿米巴年度经营计划的思考逻辑

年度经营计划的制订分为三个层面（见图9-1）：

第一个层面：把企业看作一个整体来制订；

第二个层面：把企业分成业务部门和职能部门，通过两者综合制订整个企业的利润计划；

第三个层面：引进独立核算制度，将企业分成利润中心和费用中心，无论是利润中心还是费用中心，每个阿米巴单元制订自己的利润计划或费用计划。

显然，阿米巴年度经营计划的制订属于第三个层面。

部门\项目	←利润中心→				←费用中心→			企业整体合计
	事业部				总公司			
	业务部门				职能部门			
	一工厂	二工厂	销售北方区	销售南方区	技术	管理	行政人事	财务	
销售额									
变动费									
边际利润									
固定费									
经营利润									
	←利润计划对象→				←费用计划对象→				利润计划对象

图9-1 企业年度经营计划的制订

阿米巴年度经营计划的项目对象具体如图 9-2：

1）销售额	××××
2）△变动费	××××
3）边际利润	××××
4）△固定费	××××
5）经营利润	××××

图9-2 企业年度经营计划的项目对象

那么，年度经营计划的思考逻辑是按照销售额、变动费、边际利润、固定费、经营利润等顺序来思考的吗？这种想法是错误的。

企业首先要制定经营利润目标。其次是制定固定费目标，因为固定费代表企业的体制力，或者是绝对竞争能力，又是相对固定不变的，所以要先设定固定费目标。其三，倒推出边际利润目标，因为边际利润－固定费＝经营利润。其四，先制定变动费目标，因为变动费和销售额是投入产出的关系，变动费是驱动销售额增长的费用。其五，根据变动费和销售额之间的比例，定出销售额目标（见图9-3）。

这体现出经营的概念：以固定费——体制力为基础，活用变动费获取收益的平衡，以获得超过固定费的边际利润为目的的活动。

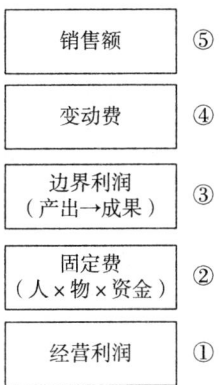

图9-3　企业年度经营计划的思考逻辑

阿米巴年度经营计划的制订步骤

下面举一个实例，来探讨阿米巴年度经营计划的制订步骤（见表9-1）。

（1）假设某公司有A、B、C三个事业部，公司年度经营计划制订会议，决定整个公司下年度要实现2000万元的经营利润。

（2）接着，该公司进行了战略方向的研讨，决策在新事业的开发方面投入1500万元，在市场营销策划方面投入500万元，这样三个事业部必须贡献2000+1500+500=4000（万元）的经营利润。

表9-1 某公司年度经营计划制订步骤2

		事业单元			合计	总公司管理部	战略部门		全公司合计
		A事业部	B事业部	C事业部			企划	营销	
销售额	1						6000	—	
变动费	2						4500	—	
边际利润	3						1500	—	
边际利润率	4						25%	—	
固定费	人工费	5						1000	1000	
	设备费	6						60	0	
	其他固定费	7						900	500	
	固定资金利率	8						40	0	
小计	9						2000	1500	
贡献利润	10						−500	−1500	
总公司费用分摊	11								
经营利润	12						−500	−1500	−2000

（3）确定各事业部经营利润目标。

测算出A事业部固定费用7000万元，B事业部6000万元，C事业部5250万元，则三个事业部总的固定费用需要18250万元。另外，总公司管理部门固定费用需要1500万元（见表9-2）。

A、B、C三个事业部各自按照固定费用占总的固定费用的比例，来计算各自分担的经营利润：

A事业部分担的经营利润目标为7000/18250×4000≈1534(万元)；

B事业部分担的经营利润目标为6000/18250×4000≈1315(万元)；

C事业部分担的经营利润目标为5250/18250×4000≈1151(万元)。

表 9-2　某公司年度经营计划制订步骤 3

			事业单元		合计	总公司管理部	战略部门		全公司合计
			A事业部	B事业部	C事业部			企划	营销	
销售额		1					6000	—		
变动费		2					4500	—		
边际利润		3					1500	—		
边际利润率		4					25%	—		
固定费	人工费	5	3500	3000	2630	9130	1000	1000	1000	12130
	设备费	6	210	180	160	550	0	60	0	610
	其他固定费	7	3150	2700	2360	8210	500	900	500	10110
	固定资金利率	8	140	120	100	360	0	40	0	400
小计		9	7000	6000	5250	18250	1500	2000	1500	23250
贡献利润		10					−1500	−500	−1500	2000
总公司费用分摊		11								
经营利润		12	1534	1315	1151	4000		−500	−1500	2000

（4）确定各事业部对总公司固定费用分摊额。

按照各事业部总的人工费用比例为基础把总公司固定费用分摊到各事业部，即：

A事业部分摊的总公司固定费用为 3500/9130 × 1500 ≈ 575（万元）；

B事业部分摊的总公司固定费用为 3000/9130 × 1500 ≈ 493（万元）；

C事业部分摊的总公司固定费用为 2630/9130 × 1500 ≈ 432（万元）。

（5）确定各事业部的贡献利润目标。

各事业部经营利润目标加上各自所分摊的总公司固定费用，就得到各事业部的贡献利润目标金额（见表 9-3）。

表 9-3　某公司年度经营计划制订步骤 5

		事业单元			合计	总公司管理部	战略部门		全公司合计
		A事业部	B事业部	C事业部			企划	营销	
销售额	1					6000	—		
变动费	2					4500	—		
边际利润	3					1500			
边际利润率	4					25%	—		
固定费 人工费	5	3500	3000	2630	9130	1000	1000	1000	12130
固定费 设备费	6	210	180	160	550	0	60	0	610
固定费 其他固定费	7	3150	2700	2360	8210	500	900	500	10110
固定费 固定资金利率	8	140	120	100	360	0	40	0	400
小计	9	7000	6000	5250	18250	1500	2000	1500	23250
贡献利润	10	2109	1808	1583	5500	-1500	-500	-1500	2000
总公司费用分摊	11	575	493	432	1500				
经营利润	12	1534	1315	1151	4000		-500	-1500	2000

（6）确定各事业部边界利润目标。

边际利润 = 固定费 + 贡献利润，由此推算出各事业部的边际利润目标（见表 9-4）。

表 9-4　某公司年度经营计划制订步骤 6

		事业单元			合计	总公司管理部	战略部门		全公司合计
		A事业部	B事业部	C事业部			企划	营销	
销售额	1					6000	—		
变动费	2					4500	—		

（续表）

		事业单元			合计	总公司管理部	战略部门		全公司合计
		A事业部	B事业部	C事业部			企划	营销	
边际利润	3	9109	7808	6833	23750		1500	—	
边际利润率	4						25%		
固定费 人工费	5	3500	3000	2630	9130	1000	1000	1000	12130
固定费 设备费	6	210	180	160	550	0	60	0	610
固定费 其他固定费	7	3150	2700	2360	8210	500	900	500	10110
固定费 固定资金利率	8	140	120	100	360	0	40	0	400
小计	9	7000	6000	5250	18250	1500	2000	1500	23250
贡献利润	10	2109	1808	1583	5500	−1500	−500	−1500	2000
总公司费用分摊	11	575	493	432	1500				
经营利润	12	1534	1315	1151	4000		−500	−1500	2000

（7）根据各事业部边际利润率，可推算出各事业部变动费和销售额目标。

设定A、B、C三个事业部的边际利润率分别为55%、50%、45%，这样分别推算出三个事业部的变动费和销售额（见表9-5）。

表9-5　某公司年度经营计划制订步骤7

		事业单元			合计	总公司管理部	战略部门		全公司合计
		A事业部	B事业部	C事业部			企划	营销	
销售额	1	16562	15616	15184	47362	—	6000	—	—
变动费	2	7453	7808	8351	23612	—	4500	—	—
边际利润	3	9109	7808	6833	23750		1500		
边际利润率	4	55%	50%	45%	50%		25%		

（续表）

			事业单元			合计	总公司管理部	战略部门		全公司合计
			A事业部	B事业部	C事业部			企划	营销	
固定费	人工费	5	3500	3000	2630	9130	1000	1000	1000	12130
	设备费	6	210	180	160	550	0	60	0	610
	其他固定费	7	3150	2700	2360	8210	500	900	500	10110
	固定资金利率	8	140	120	100	360	0	40	0	400
小计		9	7000	6000	5250	18250	1500	2000	1500	23250
贡献利润		10	2109	1808	1583	5500	−1500	−500	−1500	2000
总公司费用分摊		11	575	493	432	1500	—	—	—	
经营利润		12	1534	1315	1151	4000	—	−500	−1500	2000

阿米巴年度经营计划的执行流程

阿米巴年度经营计划要执行，中心内容是月度的预测实绩分析。在计划阶段，一旦制订了各部门的月度经营计划，整个企业或各部门的责任者都会被责成必须实现这个月度经营计划。所以，月度损益计划必须从年度损益计划出发，仔细考虑各种变动因素（如与季节、节日等有关的变动因素）之后再制订。

很多企业年初制订年度经营计划，再把年度经营计划分解为月度经营计划来遵照执行，这是错误的。因为计划是动态的，不是静态的。国家政策、外部市场、内部团队都在变化，要根据这些变化不断调整月度计划，通过累计值不断趋近于年度经营计划的达成。

阿米巴年度经营计划的执行流程

1. 设定计划管理基准

1.1 明确损益单位部门，并任命部门组织的责任者。

1.2 按照科目类别区分各部门的变动费和固定费。

1.3 设定变动费各项目对于销售额比例的标准值。

1.4 将固定费各项目区分为变动的固定费和纯固定费。纯固定费，也称为不可管理的固定费，是指房租、厂房设备折旧等不变的固定费，这类费用无法下降，用绝对额来管理。变动的固定费，也称为可管理的固定费，是指人工费、办公费、电话费、水电费等变动的固定费，这类费用通过有效管理是可以下降的。

1.5 设定可管理费各项目的标准值。

2. 对计划进行过程管理

2.1 设定可管理费各项目的标准值。

2.2 进行月度决算（销售额、变动费、边界利润、固定费、经营利润），把握变动费、固定费各项目的实际经营业绩的明细。

2.3 按照变动费、固定费的项目类别，编制预测实绩一览表，明确各二级、三级科目的差异。

3. 判断评价

3.1 对于变动费项目类别的实绩，检查其对销售额比例的异常值。

3.2 对于固定费项目类别的实绩，检查其绝对值相对于计划值的异常。

3.3 研究变动费实绩、固定费实绩产生异常的原因，明确管理的对策。

3.4 对于变动费实绩、固定费实绩的异常值以外的差异，通过经营利润（率）的状况分析来进行判断。

4. 对策

各部门的责任者在理解异常值的对策与利润、费用计划总额的基础上，明确反省及课题改善对策。

所以，年度经营计划的执行过程是通过月度利润预测实绩分析来进行的。所谓的月度利润预测实绩分析，是指通过比较分析年度各月份的利润计划，与由月度决算得出的各月度的利润实绩的差距，通过定量分析，整理出经营课题和管理课题的方法。可以说，利润预测实绩分析起到了连接年度利润计划与月度利润计划的作用。

流程分权与量化分权

责、权、利是最基础的管理关系，几乎所有管理的问题都跟责、权、利三者关系不平衡有关，责、权、利三者应该是一个等边三角形的关系。

很多企业里存在的问题是，中高层管理者们头上都被锁定高目标，也就是责任，但是当他们准备大干一场时，却时时感到掣肘，原因是他们对其经营权力范围内的事务没有直接决定权，还要老板批准，效率低下、沟通不畅；做出业绩之后，却迟迟没有加薪，久而久之，必然责任转嫁、绑架老板（见图9-4）。

第九章 阿米巴经营计划与量化分权

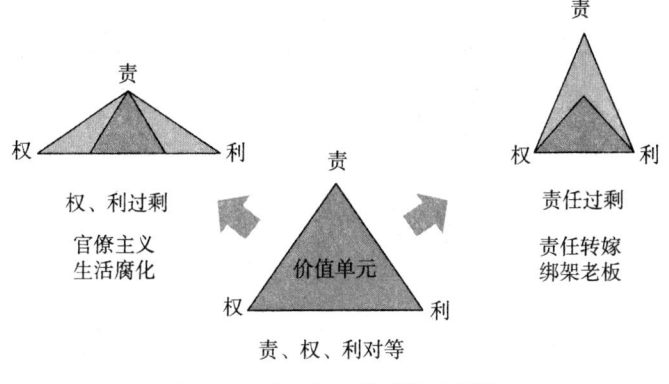

图9-4 责、权、利对等示意图

流程分权，指的是企业内不同层级的员工根据流程，拥有不同的审批或管理权限。比如业务招待费有报销流程，一个业务员的业务招待费必须经区域经理审核，再由销售总监审核，最后由总经理签批，单据转到财务部，一个流程才算结束。

对于流程分权的弊端，海尔总裁张瑞敏先生曾这样评价："流程不细致，造成很多管理风险；流程太细致，又把人管死了。"这就是人们经常说的"一收就死，一放就乱"。

流程分权出现弊端的原因主要有两个。首先，在于流程分权体现的是权力结构，在后面签字的人一定比前面签字的人职位高、权力大，按照这种权力结构设置的流程节点，就会出现下级迎合上级、溜须拍马的现象。其次，流程分权进一步强化了组织体系的权力结构，造成官僚主义滋生，抑制了个人的主观能动性和创新意识。

流程分权的第二个弊端是容易造成责任的转嫁。比如，一家企业的签字报销流程需要有区域经理、销售总监、总经理三个人的签字。等区域经理签完后，销售总监、总经理再签字是顺理成章的事情。事后一旦发现这份报销材料有错误,给公司造成了损失,就是区域经理的责任,但是他完全可以把责任向上转嫁,实际上一定是最后签字的这个人——总经理来负责。如果公司认定他们三人都有责任,并都进行了处罚,实际上又会造成责任不清。

量化分权是在明确的经营理念、原则的指导下,以计划为基础,实现权力、责任的同时下放,要求员工"对经营的结果真正负责任"。量化分权给予员工更大的过程决策空间,把权力真正授权给了员工,实现培养人才的经营模式。

但是,有了量化分权绝不是说不要流程分权了,流程分权仍然会有,只不过要尽量简化流程。美的集团的分权体系被业界认为是中国企业发展史上最成功的分权。在完成事业部制改革后的1997年12月,美的集团总裁办组织制定了第一版的《美的集团主要业务分权规范手册》(以下简称《分权规范手册》),经过半年多的运行,在收集各方面的意见与建议基础上,组织对《分权规范手册》进行仔细的修订,并于1998年9月下发执行。

美的集团《分权规范手册》分为集团战略与目标管理,规章制度、公文、会议及新闻宣传,人力资源管理,工资、奖金、员工福利,财务管理,资金管理,资本管理,投资管理,生产制造与技术,市场营销,总务,研究开发及科技与知识产权管理,审计监察,其他等14大类,共217次分类。对涉及经营、管理的各项工作决策权限,如提议、提案、审核、裁决、备案等进行了详细的规定。

所以,无论美的集团的规模如何扩大,其分权体系总的指导思想均可以归纳为1998年所提出的"16字方针",即"集权有道,分权有序,授权有章,用权有度"。《分权规范手册》的内容,又可归纳为"一个结合,十个放开,四个强化,七个管住",即:

一个结合：与责、权、利相统一的集权与分权相结合。

十个放开：机构设置权、基层干部的考核任免权、劳动用工权、专业技术人员聘用权、员工分配权、预算内和标准内费用开支权、计划内生产性投资项目实施权、生产组织权、采购供应权、销售权等十项基础权力的下放。

四个强化：强化预算管理、强化考核、强化审计监督、强化服务。

七个管住：管住目标、管住资金、管住资产、管住投资、管住发展战略、管住政策、管住事业部正副总经理和财务负责人。

在这样的分权体系下，美的集团的职业经理人拥有高度自主的经营管理权。例如，一个事业部的总经理可以拥有几千万元乃至上亿元资金的审批权。而美的集团董事局主席何享健先生让出了美的电器股份有限公司董事局主席的位置后，以方洪波为首的职业经理人团队拥有了更大、更广泛的决策权力，这在中国民营企业的发展史上可谓绝无仅有。

美的集团分权体系建设一方面简化了流程节点，使原来一条流程有七个审核、审批节点的，缩短到了最多三个节点；另一方面，对各层面经营层赋予了充分的经营权。

美的分权体系改革既包括了流程分权，也包括了量化分权，简单来讲可以总结为"简化流程分权，强化量化分权"，极大地释放了美的的生产力。

量化分权的种类

量化分权分的主要是经营权，也就是要实现经营利润的目标。一个经营者要的经营权就是费用的使用权，这个费用包括变动费和固定费。

前述阿米巴量化分权的组织结构中，假设有公司总部、事业部、阿米巴单元三层组织结构，那么，一个基层的阿米巴单元，假设是一个门店，店长要有什么样的量化分权呢？显然，他需要自主决策礼品赠送、业务宣传、业务招待、业务差旅、店铺修理、售后维护等费用，这些都是变动费用，而不能让他拥有固定费的量化分权，比如人工费、设备费、店铺租金等。比如一个店长认为自己所在的店租金过高，想调换店址，这个权力显然不能给他。店长可以提出自己的意见和建议，但审批必须在事业部层面。再比如店长认为店面人手太多，要裁掉两个人，这个权力也不可以授予他。虽然裁掉员工可以节省固定费，提升经营利润，但是，店长有可能把工资高的老员工砍掉，或者把还在试用期、处于培养阶段的人员砍掉。这样短期可能不会影响销售额，但从长期来看，会动摇公司的人力资源根本，所以裁员必须由事业部来审批。

对事业部来说，总经理既有变动费的量化分权，又有固定费的量化分权。但也有一些关键的重大权力不能被授予，比如公司的战略制

第九章 阿米巴经营计划与量化分权

定权、资金权、人事权等,都必须抓在公司手里。

具体来讲,企业有如表 9-6 的五个种类的量化分权:

表 9-6 对五种量化分权的解读

分权种类	责任	解读	组织单元层级
机能量化分权	数值责任(A/C)	(1)以销售额、各项费用预算来对部门进行管理的体系; (2)没有独立的经营会计报表	个人或小型团队
	损益责任(P/L)	(1)以销售额、费用、经营利润来对各部门进行管理的体系; (2)按照企业的经营方针,各部门责任制自主制订本部门年度经营计划,向上级提出并取得认可后实施	制造部门、销售部门、店铺
事业量化分权	借贷责任(P/L×B/S)	(1)把各部门责任者的权限扩大到资产运用的范围; (2)年度经营计划由损益计划和借贷计划构成,部门的责任者有对资产保值增值的要求,但对资金收支没有决策权	工厂、区域销售办事处、区域督导
	资金运用责任(P/L×B/S×C/F)	(1)大幅度扩大各部门长的权限,总公司贷与一定资金并进行资金的偿还和回收; (2)总公司的财务部门相当于企业内部银行,以资本收益率对各部门进行管理; (3)部门的责任者具有为了实施年度经营计划所必需的事业战略和营业战术的决策权,并具有相应的人事权和资金运用权	事业部、分公司
联邦量化分权	综合经营责任(P/L×B/S×C/F)	(1)具有法人资格; (2)提出企业中长期经营计划、资金计划,经董事会认可后予以实施; (3)独自实施与银行的交易,对现金流量负责任; (4)拥有完全的人事权	总公司
备注	A/C:account—账户,收入或支出; P/L:profit or loss—损益表,利润表; B/S:balance sheet—资产负债表; C/F:statement of cash flow—现金流量表		

量化分权与年度经营计划、经营会计报表的联系

量化分权与年度经营计划

量化分权是以年度经营计划为基础来实施授权的,事前会以计划作为基础来审批费用;事中费用使用时,重点关注费用的使用"是否符合目的,是否合理";事后要根据费用支出所获得的收益,评价费用的使用效果。

年度经营计划是量化分权的前提,也就是说,先有计划,才有授权。因为计划里面包含目标,目标就体现了责任,所以量化分权体现的是责任,根据这个责任再给各巴长授权。因为量化分权有事前、事中、事后的流程控制,并不会导致权力一放就乱的失控现象。比如费用使用不符合目的、不合理,则事业部有权进行警告和干预;事后如果费用的使用效果不佳,利润没有达到目标,则事业部有权调整量化分权费用额度,并且要评价巴长的业绩和能力等。

如何运用经营会计报表进行量化分权

量化分权以年度经营计划为基础,而阿米巴年度经营计划的呈现以经营会计报表为载体,因此,量化分权是依靠经营会计报表来运

行的。

表 9-7 是一家餐饮企业运营中心的量化分权表，可见，店长几乎对所有的变动费都有决定权，目的是提升运营的效率。区域经理仅在经销商奖励这个变动费科目上拥有决定权。在固定费方面的决定权则提升到运营总监层面，这家企业的运营中心就是比较典型的事业部了。

表 9-7 某餐饮企业量化分权表

科目		金额	运营中心		
			店长	区域经理	运营总监
销售收入		5000000			
变动费	销售成本	2000000	知悉权	知悉权	知悉权
	进场费	100000	决定权	报备权	知悉权
	灯箱	100000	决定权	报备权	知悉权
	冰箱	90000	决定权	报备权	知悉权
	礼品	60000	决定权	报备权	知悉权
	返利	120000	决定权	报备权	知悉权
	促销员劳务	30000	决定权	报备权	知悉权
	促销员服装	20000	决定权	报备权	知悉权
	开瓶有奖	100000	决定权	报备权	知悉权
	消费者买赠	80000	决定权	报备权	知悉权
	经销商奖励	300000	知悉权	决定权	知悉权
变动费合计		3000000	—	—	—
边际利润		2000000	—	—	—
固定费	人工费	800000	知悉权	报备权	决定权
	租金	300000	知悉权	报备权	决定权
	折旧	400000	知悉权	报备权	决定权
固定费合计		1500000	—	—	—
经营利润		500000	—	—	—

第十章

阿米巴经营中企业领导者的领导力问题

- 阿米巴经营对企业干部人员的素质要求
- 阿米巴巴长的任职资格
- 经营管理委员会与经营管理部部长
- 开创赋能领导力的新篇章
- 领导者应该用什么方法提高领导力

第十章 阿米巴经营中企业领导者的领导力问题

阿米巴经营对企业干部人员的素质要求

中国目前的经济发展水平落后日本二十年以上,导致中国受过高等教育的人的数量占人口总数的比例较日本低很多。尤其是"60后""70后"人群,他们恰好是中国民营制造型企业中高层的主力军,而制造业仍然是中国企业导入阿米巴经营模式的主力企业。所以,提高他们的领导素质和水平,也是中国企业推行阿米巴模式能否成功的关键前提。

阿米巴既然是一种经营模式,就免不了对企业人员能力有所要求。比如,阿米巴经营以数据为基础,如果企业财务人员能力比较弱,这一关对企业来说就是难关。我辅导过的不少企业就有这种问题,一些中小型企业的财务基础较为薄弱,出具准确的财务会计报表已经勉为其难。在导入独立核算后,对数据要求更高,比如,要把各个巴的固定资产数据核算清楚,特别是各巴的领料环节需要领料单,半成品的交接需要流转单,仓库原材料、成品出库环节需要出库单等,这些环节的数据是否清楚,都考验着企业的基础管理水平如何。很多中小型企业在数据的准确性、及时性方面缺失很大,被迫花很长的时间来提升数据质量。

数据有了,对干部能力更高的要求是如何运用好阿米巴,不断进行业绩改善。业绩改善的前提是学会进行业绩分析，业绩分析的工具是经营会计报表。首先，管理人员要明白各个科目的定义；其次，要明白每项数据的来源。这样才能搞清楚数据之间的逻辑关系，进而判断各项数据是否正常，有什么问题，原因在哪里，怎么去解决这个问题。很多中小企业的管理者，不是知识面较窄，就是对数据不敏感，看到报表就头疼。还有一类人，虽然看得懂数据，也大体明白问题在哪里，但对怎么改正问题头脑一片空白，平时也缺乏学习和深入思考。

一般来讲，日本企业导入阿米巴经营模式半年到一年时间后，都会有明显的业绩变化，主要原因就是人才素质较高。而中国企业导入阿米巴经营模式后，多半受制于人才能力素质的瓶颈，见效需要更长的时间。比较有效的办法是高层重视阿米巴的实施过程，亲自参加业绩分析会，指导中层进行业绩改善，并且有针对性地培养和强化中层的能力，对阿米巴导入效果有一个较为合理的心理预期。

阿米巴巴长的任职资格

不论一个巴多小，都需要一个巴长，如果没有合适的巴长，那么设立一个巴是没有任何意义的，因为它无法进行"独立经营"。巴长要具备什么样的任职资格呢？

（1）良好的个人品德和职业道德。

（2）认同"经营者"管理模式。

（3）理解、掌握"经营者"管理模式的基础理论。

（4）了解基本的经营管理知识，尤其是基本的财务、核算及成本控制方面的相关知识，具备较为熟练的计算机操作能力。

（5）熟悉该阿米巴的工作内容、业务流程等方面的各项规定及工作要求，并具备开展工作的相应管理及操作技能。

（6）生产型阿米巴负责人需具备两年以上班组长经历或熟悉该阿米巴生产工艺流程，具有一定管理能力；非生产型阿米巴负责人需具备三年以上相关岗位工作经验。

巴长还要具备一系列意识：

（1）经营意识：阿米巴负责人必须具备优秀的经营意识，带领团队成员开源节流，创造创新，不断取得丰硕的经营成果。

（2）民主意识：阿米巴负责人必须具备民主管理意识，在阿米巴经营过程中做到公开、公平、公正。

（3）客户意识：阿米巴负责人要具有强烈的客户意识，本着"客户满意"的原则带领团队成员，为客户提供优质的产品与服务。

（4）协作意识：每个阿米巴都是企业整体经营链上的关键一环，必须相互协作才能完成企业整体目标。阿米巴内部也是一个团队，同样需要各阿米巴成员相互团结协作，才能完成本巴的目标。

经营管理委员会与经营管理部部长

如前所述,经营管理委员会有四项核心职责,分别是经营会计报表核算、经营会计报表分析、组织绩效考核、制度和流程修订。

为保证这四项核心职责的履行,经营管理委员会需要有一系列权限。

(1)主导确认各部门销售收入和费用的计入,及相关单据或电子凭证的设计和补充,这一项权限是为了保证经营会计报表能够正确、及时核算。

(2)判断组织变更方案是否合理。在经营过程中,当相关部门要进行组织的调整和变更时,经营管理委员会要予以确认,因为这关系到组织变更方案是否有利于企业战略目标的达成,以及相关核算关系是否明确。

(3)判断内部交易关系和内部交易定价方案是否合理。内部交易关系和交易定价也是动态运行的,在经营过程中,不断有相关部门提出变更原有内部交易关系和交易定价的请求,经营管理委员会有权责成相关部门拿出具体方案,在经营管理委员会会议上讨论,制定明确的规则,以保证核算方案的执行。

(4)对各组织层面根据经营会计核算的结果进行评价。由于经营会计报表对各层级阿米巴单元进行了详细的核算，给绩效考核提供了充足的数据基础。所以在阿米巴组织层面的考核中，应采用全量化的指标。经营管理委员会制定详细的考核方案和规则，每期（月、季、年）对各层级阿米巴单元进行考核评价，强制性地分出优、良、中、可、差等五个级别，促进各阿米巴单元不断改善业绩。

（5）对经营相关的制度和流程进行修订。在业绩分析的过程中，各部门会提出相关业绩改善的举措和课题改善，也会对相关不尽合理的制度和流程提出自己的建议，经营管理委员会在充分考虑的基础上，修订相关经营与管理的制度和流程，以保证经营的正常运转。

经营管理部部长是整个公司最高的经营参谋，他的使命是，站在总经理的立场，通过经营会计体系，在实现总公司的年度经营计划和年度利益计划的同时，和总经理一样，给各直线部门的事业部长、分公司总经理及其各部门的责任者以辅佐、建议，帮助他们解决问题。

不论从经营管理部部长的使命还是职责来看，对经营管理部部长的任职资格要求都是很高的。其要满足的核心条件是：

第一，德高望重，在裁决各部门纠纷和争端的时候有威望和能力摆平。

第二，业务精通，可以指导各事业部、分公司的业务运行。

第三，有很强的数据意识和数据分析能力，不仅懂经营会计，还懂财务会计，能通过报表数据的分析迅速发现问题。

所以，公司要从以上三个核心条件出发，挑选出适合公司的经营管理部部长。

因为阿米巴经营对经营管理部部长的要求非常高，所以一般情况下选择内部培养。公司要选择出专业水平和业务水平都很高、品德也很好的人才。培养主要是靠本职岗位上的历练，一般来讲，实务能力是最好培养的，一两年的时间就可以；其二是培养行动能力，需要两三年培养出来；最难培养的是意识，即站在和总经理同样的战略高度看问题，做好总经理的参谋助手，这种意识需要五年到十年才能培养出来。

在日本企业里，经营管理部部长的位置很高，相当于常务副总的角色，而且是专职。京瓷集团的经营管理部部长是森田直行，他是京瓷阿米巴经营的操盘手。稻盛和夫拯救日航的时候，只带了两个人，一个是总裁班主任，另一个就是森田直行。森田直行仍担任日航新设的经营管理部的部长，可见稻盛先生对他的倚重。

从我在国内企业推行阿米巴的实践来看，中小型民营企业很难找到一个类似的合格人才。即使是利润在20亿元以上的大企业，这样的人才也可能在业务上履行重要职责，无法抽身，只好兼职来做，再给他配上一个助手班子。当中小型企业缺乏相应人才的时候，老板就要出来兼任这个职位，否则，很难保证阿米巴可以顺利推动成功。

胜任经营管理部部长的第一个条件是德高望重。这其实是对一个人的领导力提出了很高的要求。领导力是让人们自愿跟随，并达成团队目标的能力，是一种能够激发团队成员热情与想象力的能力，也是一种能够统率团队成员全力以赴完成目标的能力。

领导力不是靠在组织中的权力，而是一种影响力，经营管理委员会并不是一个靠权力运行的部门，它只是对各部门进行虚线的领导，听取各部门的意见、建议，进而修订经营和核算相关的制度、流程、规则。组织绩效考核也是完全量化的指标，并不需要掺杂主观评价和判断。经营管理部部长并不是靠权威来领导阿米巴经营，而是靠以个人综合能力凝练出来的领导力来经营的。

第十章 阿米巴经营中企业领导者的领导力问题

有没有一群合格的巴长人才，是阿米巴经营在一家企业能否成功的关键因素，本书前述巴长的人才条件这里不再赘述。但其中最核心的一条，是巴长有没有领导力。

而领导力从牺牲个人利益赢得团队利益而来。在《亮剑》中，当日本人把李云龙的老婆当作人质，威胁他把军队撤退的时候，他没有丝毫犹豫，"不能为了自己的老婆，而让团队蒙受巨大牺牲"，毅然决然地下命令开炮。

一旦一个巴长为了团队利益不惜牺牲个人利益的时候，他就赢得了团队成员巨大的信任，有了这个信任基础，才能形成上下同心同德的工作氛围。

开创赋能领导力的新篇章

2015年，《重新定义公司》一书在中国出版上市，阿里巴巴集团学术委员会主席曾鸣教授在推荐序中有这样一段话："未来组织最重要的功能已经越来越清楚，那就是赋能，而不是管理或激励。"由此，"赋能"这个概念在中国开始火热起来。

既然组织的功能被重新定义，领导者的身份自然也需要重新定义，随之而来的是对领导者核心价值观和关键能力的重新定义。关于赋能领导力的关键词主要是：

1. 成长。

传统领导者把大部分精力放在组织的绩效增长上，而赋能领导者把更多的精力放在员工的成长上。因为个人的绩效是短期的，而要维持组织的绩效增长是长期的工作，取决于员工是否得到持续的成长。员工持续的成长要求领导者也要持续地成长，并且比员工更快地成长。

2. 授权。

领导者如果不给精英员工授权，就会剥夺精英员工在工作中修炼成长的机会，长此以往，必然导致精英员工的离职。充分授权意味着给员工充分的决策权，让员工在工作中找到创业的感觉，这与阿米巴的理念是一致的。在阿米巴经营模式下，雇主与员工之间从商业交易转变为互惠关系，最大限度地激发精英员工的才智和潜能，使其收获更多的工作乐趣和成就感。

3. 成就。

传统领导者最大的成就感源自组织绩效，而赋能领导者最大的成就感源自员工的成就感。也就是说，赋能领导者的成就感不仅源自组织绩效，也源自支持、辅导下属取得成功。帮助每个员工寻找隐藏在工作中的成就感，是赋能领导者的重大责任，包括给员工足够的施展空间、必要的支持指导和一定的资源保障等。

4. 套路。

领导者给精英员工充分的授权，让他们在工作中找到足够的成就感，接下来要做的是让员工在工作中掌握做事的方法和套路，也就是"授之以鱼，不如授之以渔"。

在组织中，培养和普及方法套路的最佳策略不是培训，而是各级领导者亲自带领团队，用方法和套路解决实际业务问题，在工作中持续强化和固化方法套路，让下属主动成为有套路的人，才是充分授权的前提和保障。

5. 迭代。

多变的互联网时代已经不能容忍企业先做需求分析，再做设计，而后开发和测试的工程化思想，取而代之的是生物成长代谢式的迭代思想：在开发产品时先做一个简单的原型——称之为最小化可行性产品（minimum viable product，MVP），然后把MVP当作与用户沟通和寻求反馈的工具，快速迭代，不断修正产品，最终适应市场的需求。

这种敏捷迭代的思想还可以泛化，作为赋能领导者的重要理念和做事方法。当开始有想法的时候就要快速行动，行动见效后就马上复盘和反思，采取必要的纠正措施，同时融入新的想法，不断迭代，直到把业务模式打造成熟。在这个过程中，每一名参与的员工都在成长，领导者自己也在成长，最终促成企业的成长。

赋能型领导者的八项关键工作

1. 聚焦：抓住最重要的事情并形成计划。

领导者要能识别当前最重要的工作，继而投入充足的资源，达成阶段性结果，这样团队成员才有成就感，并保持高涨的士气。

2. 带头：以身作则。

以身作则的主要作用在于形成规矩，领导者做到严格要求自己，遵守规定，下属也就不会违反了。

3. 用人：把正确的人放在正确的位置上。

想当优秀的领导者，首先要有人才识别的能力，知道下属擅长什么、不擅长什么。利用下属擅长的方面创造价值，并有意识地创造机会，帮助他弥补自己的短板。

4. 授权：放权让下属去尝试。

给下属充分的信任，有效授权。在工作过程中让下属有掌控感，下属才会产生强烈的责任感，才能在变革成果中找到较强的成就感。

5. 辅导：培养下属能力与技巧，并给予反馈。

优秀的领导者能够把事业的成功与下属的成长有机结合起来，在工作中主动培养下属，有效辅导下属，及时给予反馈，使其能力不断提升。

这一点非常关键，下属成长的快慢，很大程度上取决于领导者是否不断给他正向和负向的反馈，让他明白什么是对的，需要保持下去；什么是错的，需要立刻改正。

6. 支持：协调资源，扫清障碍。

领导者已经拥有一定的人脉和资源，就要借助这些为下属协调资源，清除障碍。

7. 奖励：及时庆祝，树立典型。

越是基层的员工，其榜样示范作用的效果越大。因为人们都会有这样的想法：大领导能做到的，我未必能做到，或需要做到；但同是基层的同事能做到的，我当然也能做到。通用电气集团前 CEO 杰克·韦尔奇（Jack Welch）认为，领导者必须学会庆祝，而且要形成庆祝小进展的文化。"你的任务是让你的小组成员跟欢乐相伴，当然，他们必须努力创造效益。"

8. 监督：重视外力的作用。

必要的监督也不能少，团队中的相互承诺和监督，对完成需要毅力和韧性的高难度任务有很大的帮助。

第十章 阿米巴经营中企业领导者的领导力问题

赋能型领导的团队思维

在我看来，带领团队解决问题是互联网时代的领导者最应该具备的基本能力。无论是阿基米德（Archimedes）在浴池中悟到浮力定律、艾萨克·牛顿（Isaac Newton）在苹果树下悟到万有引力定律、德国化学家凯库勒（Friedrich Kekule）因梦见蛇衔着自己的尾巴而悟到苯环的分子结构，还是稻盛和夫先生在梦中悟到镁橄榄石陶瓷的分子结构，都可以看出，高质量的顿悟大多是在人们大脑放松状态下闪现出来的。这就是解决问题的酝酿效应，酝酿效应发生的条件是：

1. 紧张程度降低。
2. 意识放松，进入潜意识。
3. 突发事件触发灵感。

领导者需要意识到，越复杂的问题越需要整合多种资源，需要酝酿时间。所以企业应该采取慢中求快的策略，开发和整合多人的顿悟，这样才能够找到高质量的答案。有些领导者喜欢结果导向，开马拉松式的会议，集体在会议室里憋着，长时间思考。结果只能使大家都疲惫至极，昏昏欲睡，但还是想不出解决问题的办法。

领导者的正确做法是，先把问题和素材植入到每个人的头脑中，然后让团队轻松一下，进入酝酿状态，等过一段时间后再回过头来探索答案，往往能收集到奇思妙想，问题通常也会迎刃而解了。

在带领团队解决问题的过程中，领导者的一项重要职能是发现和培养人才。真正有效的学习是在挑战性工作中学习、在解决问题中学习。企业的业绩在很大程度上由员工的能力决定，领导者如果把全部精力投入到当下的业绩中去,全力以赴地解决当下问题,就会忽视员工的成长这一实现业绩持续增长的长效因素。

通用电气曾经对 300 位高层经理人进行过一次调查,结果显示,90% 的人认为对其在工作中成长贡献最大的是"曾在某处跟随某人一起工作"。换言之,这些经理人认为,从直接主管那里接受的指导和训练,才是他们成功的最重要因素。

所以,越注重培养员工能力的团队,未来的业绩就会越依赖团队能力来支撑,而不是靠抓机会。企业的能力归根结底是员工的能力,能力必须在工作过程中逐步培养出来,领导者只有意识到把能力建设工作渗透到每一项具体的工作任务中去,始终兼顾工作绩效和员工成长,这个团队才能够健康发展。

赋能型领导解决问题的方法:公式比答案重要

美国著名心理学家托马斯·戈登提出的解决问题六步法,对于领导者如何解决问题有很大的帮助,这里和大家进行一下分享。

第一步:识别和界定问题。

有时人们只能简单描述问题的表象,却意识不到问题背后的本质,被表象迷惑,从而搞不清真正要解决的问题是什么。这时候就要重新定义问题。

比如,有客户抱怨酒店的电梯速度不够快,于是领导马上决定斥资更换高速电梯,但谁想又有客户抱怨电梯反应迟钝。这时领导很郁闷,感觉左右为难。其实,当初如果把这个问题定义为"如何改进乘坐电梯的客户体验",也许解决问题的方案会更简单,可能只需要在电梯里装一面镜子,或者装一台电视,供无聊的客户打发时间,这样客户在乘坐电梯时就不太会感觉到慢了。

第二步：分析问题的根源。

丰田公司的"5个为什么"，在实践中被证明是非常有效的探寻问题深层次原因的工具。

问：你为什么运动？
答：因为运动会让我更健康。
问：为什么运动能让你更健康？
答：因为运动能消耗我更多的卡路里、燃烧更多的脂肪。
问：你为什么要消耗更多的卡路里、燃烧更多的脂肪？
答：因为那样能减肥，保持身材苗条。
问：你为什么要减肥？
答：因为我老是管不住嘴。
问：你为什么管不住嘴呢？
答：因为我见到好吃的总是控制不住自己。

这样用"5个为什么"，就能探索出你产生问题的真正原因是"太贪吃、控制不住自己的饮食"，这个问题就可以被重新定义为"如何控制好自己的饮食"。通过这种方式可以触及问题的本质，原因越接近根本，解决问题就越彻底。

第三步：探索可能的解决方案。

探索问题的解决方案策略是，遵循"不求最好，只求更好"的原则，寻找次优解的方法。理论上讲，只要人们有足够的资源和时间，最后总能找到问题的最优解。但现实是，找到完美的最优解要付出的代价实在太大，人们往往只能寻找一个"差不多"能接受的次优解。所以，次优解是在既定资源和时间限制下性价比最好的解决方法。

寻找次优解的方法是不完全归纳法，解决方案的质量和团队成员的数量、能力水平等密切相关，最终得到的解决方案是参与者倾尽群体智慧得到的，也是群体公认的最优解决方案。尽管这个方案可能不够系统和全面，甚至有很多缺陷，但却已经是在现有条件下最佳的群体智慧整合的结果了。

第四步：确定解决方案，形成计划。

如图10-1，团队要从结果的预期回报和实施的难易程度这两个维度交叉衡量解决方案。容易实施且预期回报高的方案肯定优先采纳，这是高投资回报象限；容易实施且预期回报一般的方案也可以接受，这是低垂的果实象限；实施难度大且预期回报高的方案需要慎重考虑，有可能在当前的能力范围之外，这是投资机会象限；实施难度大且预期回报一般的方案，要坚决放弃，这是置之不理象限。

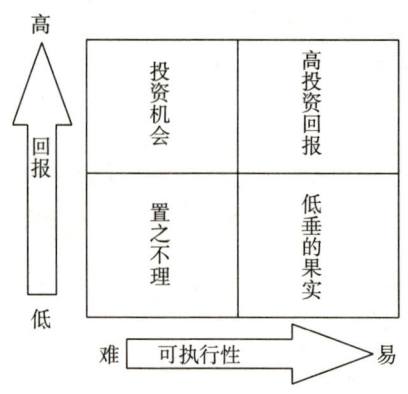

图10-1 解决方案筛选模型

方案一旦选定，就要制订详细的实施计划，配套必要的资源、预算、责任人、完成时间等。

第五步：实施解决方案。

这一步考验的是团队解决方案的执行力水平，主要涉及以下四个要素：

（1）集中精力于最重要的工作。

分散精力会造成效率低下，由于人们只能在一段时间里集中精力于一项工作，所以要精简目标，并不断调整优先次序，使个人工作与组织的战略目标保持同步。

（2）竖立一块有督促作用的记分牌。

微信运动程序因为能记录每个人每天运动的步数，还能显示每个人的运动步数在朋友圈中的排名，所以在客观上成为一个能有效激励、督促人们运动的工具。工作也应如此，有明确阶段性目标和衡量标准的工作，会对人们产生巨大的驱动力。

（3）将抽象的目标转换为具体的行动。

写在纸上的战略和付诸实际行动的战略有很大的不同，后者是团队每天要做的事情。领导者要善于把战略分解成每个员工具体要做的工作，让每个成员都清楚自己应该做什么，而且清楚他们的工作与企业战略之间的关系。把员工的具体工作与战略目标相结合之后，就可以大胆授权给员工，使他们有更灵活创新的空间，并对自己产生的结果负责。

（4）让员工们相互负责。

团队为一个共同目标而努力，每一个成员的工作进展都事关整个集体目标的实现，所以营造出团队成员相互负责的氛围很有必要。典型的做法是召开工作例会，在会上需要做四件事情。

a. 通报工作进展：通报各项工作的进展情况，集体庆祝团队取得的阶段性成绩。

b. 表扬先进：对上周表现好的团队和个人提出表扬。

c.部署工作：根据上周的执行情况，做出必要的调整，以免偏离目标轨道。

d.协调资源：给需要支持的团队和个人必要的资源，清楚前进道路上的障碍。

第六步：评估效果并形成标准。

一方面，评估解决问题的措施手段是否有效，明确以下问题的答案：是否取得了最初预期的目标？如果取得了，获得的经验是什么？如果没取得，得到的教训是什么？

另一方面，要评估解决问题框架的有效性。任何组织都可以在解决问题的基本方法和步骤的基础上，逐渐发展出自己独特的解决问题的方法论。

最后，经过总结整理的解决问题的方法和成果，都可以形成标准并固化下来，成为组织共享的方法技能或制度流程。

赋能领导者的双赢思维

1.梳理各自诉求。

一般来讲，当双方陷入眼前利益的冲突无法自拔时，一旦产生争辩，双方便会竭力证明自己是正确的，既不会接受他人的反馈，也不会进行自我反思，更不会试图了解他人的想法，甚至会忘记自己最初的目标。陷入争辩中的人会被争辩本身催眠，被自己的信念和情绪所绑架。所以，带有激烈情绪的争辩，不会解决任何问题，只能给彼此带来更大的伤害。

化解冲突的首要目标是，把人们从过度合理化自己的行为和为自己的立场辩护中拉出来，引导双方进入自我觉察状态，并开始梳理各自的需求。

2. 发出邀请。

当冲突双方不对等，一方很强势，试图用压倒性的胁迫让对方完全接受自己的方式时，弱势的一方所发出的和谈请求是无济于事的。这时可以问对方这样一个问题："你是否愿意寻求一种比现在双方提议的方法更好的解决方案呢？"发出邀请不是妥协，也不是示弱，而是更积极地解决问题的表现，是主动掌握话语权的努力尝试。

3. 尝试理解对方。

人们对他人意图的揣测往往是错误的，因此，化解冲突最重要的一步是让冲突双方放下彼此的猜测，真正了解对方。

这个步骤能让人们了解到对方的真正意图，有助于双方掌握更全面、更真实的信息，可以部分消除各自的主观臆断，并且可以帮助对方从自我防御的状态中抽离出来，更容易站在第三方的立场上思考要解决的问题。

4. 共同探寻第三途径。

当冲突双方放下自我防御，真正了解对方的全部信息和目标的时候，他们的能量才从捍卫自己的边界、单方面合理化自己立场的状态中释放出来，转而探索对双方有利的、可行的第三条途径。

多维度的思考问题本身就需要创造力，双赢思维在本质上是突破限制性思维的创造性思维，可以创造出解决问题的第三条途径。

5. 分工协作。

创造性的解决方案把彼此竞争的问题转化为相互承诺、协同合作地解决共同面对的问题。冲突双方从竞争对手演变为合作伙伴，对对方做出行动承诺，制订切实可行的计划，并分工协作，把真正保证双赢的创造性解决方案变成现实。

一个创造性的化解冲突、创造真正双赢的过程，会在冲突双方的心中形成解决争端的新体验。而这份体验会促成冲突双方对冲突产生全新认识，并驱动人们尝试用新的方式面对冲突。这套化解冲突流程的最大价值，在于它能帮助人们克服人性的弱点，从自我防御的低能量状态中走出来，摒弃批评、指责、命令等野蛮粗暴的应对方式，转而走向深入了解对方的感受和想法，在彼此尊重的基础上充分发挥各自的创造力，找到兼顾各方利益的最佳方案。

赋能领导者必须坚持的五大原则

1. 有志向。

志向可分为身份和愿景。所谓身份，是我要成为谁；所谓愿景，是我最成功的时候的状态。志向就像人身体内的能量磁铁，以其强大的引力把内在能量整合到一个方向上去。

2. 有勇气。

勇气可分为激情和动力，志存高远的人激情高、动力足。清晰的愿景、坚定的志向会激励他们不断地大胆实践、积极创新。

3. 有智慧。

无论人们的愿景有多么宏伟，目标有多么远大，但实现目标的心态一定要平和。这就需要用智慧来权衡利弊，保持身心平和的状态。

4. 有原则。

每个人都有自己的一套信念系统，这套系统是由过往经验、愿景和价值观长时间相互作用发展而来的。人总是能从过去的经验中，总结出一些符合实现自己愿景、满足自己价值观要求的原则和方法。

5. 有胸怀。

人类适应环境的能力极强，不能改变的就去适应，习惯了就持续地重复。所以，领导者需要有一定的胸怀，可以适应环境的变化，也可以包容不同的观点。

赋能型领导带领团队学习的方式——结构化记录最佳实践

在实践中，人们经常把业务精英聚集在一起，邀请每个人分享自己的最佳实践。为了能够有效萃取故事背后的元素，可以用一套结构化的方法来对每位分享者的故事进行二次加工，简明扼要地把故事的要点记录下来，这被称为 SCORE 法则。

S：背景（situation）；
C：冲突（confliction）；
O：选项（option）；
R：结果（result）；
E：评价（evaluation）。

背景：每个故事都有一个基本的背景，任何管理理念、方法或工具都有其适应的范围，背景就是要准确描述出这些范围。因为讲师在介绍背景的时候，受众大多会用右脑接收这些信息，并在自己的大脑中建构类似的情境，所以描述过程力求全面而简洁。

冲突：好的情境一定要把受众带到某种冲突之中，没有冲突的平铺直叙很难让人产生代入感。所以，在冲突的描述上可以细致且感性。细致就是要启动受众的右脑接受，感性就是逼真地刻画出当事人当时的态度。

选项：凡事一般都有三个以上的解决方案，在特定的背景和冲突下，案例的主人公可以有多种选择，讲故事的时候可以多对比分析这几种选择。

结果：故事总会有一个结局，这个结局既是选择的结果，也是努力的结果。

评价：对整个故事进行评价，总结出故事隐含的道理。

小刘是一名销售经理，最近他跟进了一个项目，是一家县级卫生院的结算系统。小刘与这家卫生院的有关人员交流很好，客户也认可小刘的方案，但是客户不能购买这款产品。因为卫生院购买结算系统的预算需要省卫生厅划拨，而省卫生厅明文要求，所有下属单位的结算软件都要统一购买一家叫作凡龙公司的系统。

小刘多次尝试与省卫生厅的有关人员沟通，但都不顺畅。于是他开始思考问题是不是出在了资金上，如果能够解决资金问题，是不是就可以做成这个单了呢？这时小刘想到了银行，他找到当地银行，并说服该银行出资给卫生院购买结算系统，条件是把卫生院的医药费结算账户设在这家银行，这样，卫生院就不需要向省卫生厅申报资金了。结果，卫生院和银行都对这个方案很满意，小刘也顺利地做成了这个项目。

这个案例用 SCORE 法则进行梳理后，可以得到以下结论：

背景：客户认同方案，但须经上级单位审批资金。

冲突：上级单位不划拨预算，没钱购买。

选择：游说某家银行出资，卫生院在该银行开设账户。

结果：三方满意。

评论：创新的营销方式创造多赢。

显然，这种通过结构化实战案例的方式进行的复盘，对员工理解学习来说非常有利，能够把大家的宝贵经验萃取出来，并在团队中进行有效的分享。

领导者应该用什么方法提高领导力

领导者人脉关系的构建

在人际交往中,有一个很微妙的对等原则,即部门经理有部门经理的圈子,总监有总监的圈子,总经理有总经理的圈子,董事长有董事长的圈子。职位的高度带来了交往的高度和广度,所以,领导者需要在不断提升能力的同时,重视构建自己的人脉关系。

人脉关系的拓展并不一定要花很多的时间和精力,而是需要思考和规划。能够在职场中快速获得提拔的人,基本都会有意识地结识自己想结识的人,然后有策略性地接近他们,由此开展自己的人际关系。

职场上还有一个很普遍的现象是,位高权重的人很愿意帮助那些他认为有前途的后辈。一方面在于他的事业需要帮手,另一方面是因为他需要为自己的将来找后路。如果他退休后,自己提携的人能当权,对他自然是有很大的好处。那么,如何能从人群中脱颖而出,成为领导眼中有前途的后辈呢?杰克·韦尔奇给我们树立了这方面的榜样,他在自传里这样写道:

我去见行政官员科普兰,并向他提出辞呈。当我准备驱车再次穿过乡村时，科普兰的上司——加托夫叫住了我。我认识他，我们曾在几次业务总结会上见过面。我们保持着联系，因为每次我都能提出一些超出他预期的看法。作为一名初级开发工程师，我给了他一份详细的成本报告，其中包括对我们新塑料产品的物理性质的详细分析。此外，我还给出了对现在世界上主要竞争对手产品的分析，如杜邦、道斯、塞拉尼斯。这份报告还列举了长期的产品成本，如尼龙、多丙烯、丙烯酸与我们产品成本的比较。这根本不是意义重大的分析，但它来自于一个穿着白色实验服的家伙，这就非同寻常了。我想要做的就是"脱颖而出"，如果我仅仅是回答他的问题，那么就很难引人注意。其实每当老板们提出问题时，他们在脑海中早已有了自己的答案，他们只是想得到再次确认而已。为了显示与众不同，我想我的回答应该比问题本身的范围更广泛一些，我想给出的不仅仅是答案，还有意料之外的新鲜观点。

做一个有故事、高感性的领导者

讲故事比讲道理更有效果的主要原因是，故事给人们描绘出了场景，用叙述的方式让人产生代入感，会比枯燥的大道理更容易让人接受。领导者想要讲好一个故事，必须满足大脑的五大系统对信息的诉求。

1. 逻辑思维。

逻辑思维有两个基本诉求，首先是好奇心，凡事总想探个究竟，热衷于搞清楚事物背后的道理，问题和悬念最容易调动逻辑思维系统的活跃；其次，是要有条理清晰、有理有据的逻辑化表达。

2. 想象力。

人们在阅读和听讲的时候，脑海里都在想象故事中描述的情境。

在演讲时如果缺乏必要的细节描述，大脑便很难进入想象状态，比如用"沉鱼落雁、闭月羞花"这样的词来描述美女，就可以打开受众的想象空间。

3. 感官。

感染力强的表达能够用语言驱动大脑的感觉中枢和运动中枢工作。比如，借助功能性核磁共振技术，可以发现，阅读到"踢"这个词时，被观测者的感觉中枢和运动中枢被有效驱动了。

4. 情绪。

情绪是人们在进化过程中逐渐形成的对外界刺激的应激反应，人们说话时都是带着情绪的。语音、语调和肢体语言都可以表达情绪：轻松的时候语调明快而上扬，悲伤的时候语调缓慢而低沉；声音的长短、快慢、轻重的组合变换都能够表达出人们丰富的情感。沟通高手的声音常常带着很强的情绪能量，总能巧妙地运用各种情绪来提高其讲话的感染力。

5. 觉察。

听众在听故事的时候，其内在的一个声音会发出疑问：我能从中学到什么？这个故事告诉我什么道理？这些声音就是觉察的声音。讲故事者要有意识地设计，并时不时地强调故事的主题思想，驱动受众的觉察系统工作。

领导者要善于三位一体提升表达张力

1. 思想：重点突出、条理清晰地表达观点。

最基本的表达思想的要求是思路清晰、重点突出，这需要演讲者有结构化的思维能力。即把一小时的演讲内容压缩到三分钟时，演讲者依然可以清楚地突出重点，表达自己的核心思想。

2. 情绪：浓淡适宜地运用情绪能量。

一般来讲，善于演讲的人都善于运用声音、语音、语调的轻重缓急来表达他想表达的重点和立场，引起听众的共鸣和重视。

3. 风范：用肢体动作传递感觉。

风范是一个人带给其他人的感觉。当演讲者感觉到自己手足无措时，根本原因是演讲者没有做到全情投入，激情不够，所以表达的感染力也打了折扣。当演讲者真正情绪激动时，甚至会忘记自己手脚的存在，肢体动作自然而然就做出来了。

赋能型领导者的四项基本技能

未来组织最重要的职能是赋能，而不再是管理或激励。这就意味着领导者不能再用工业化时代的管控思维来开展业务、带领团队了，而是必须发展出与组织的赋能职能相匹配，与互联网时代精神相适应的全新领导方式。

较之传统的领导方式，赋能型领导者必备的四项基本技能——抓业务的能力、带队伍的能力、自我发展的能力、体系化能力等都要重新定义，用全新的方式工作。

1. 抓业务的能力。

传统的组织经营秉承的是系统工程思想，最高领导者对整体业务进行完整的顶层设计，然后将其分解为若干独立可完成的任务，每个任务再交给不同的团队去完成，最后所有团队的工作成果集成一个整体，崇尚的是设计好了再干。

在互联网时代，外部环境在快速变化，处处充满了不确定性，业务越来越复杂。最高领导者客观上不具备顶层设计的能力，组织不再是一个贯彻高层设计思想的机器，更像一个在高层意志与基层实践共同作用下持续进化的有机体。

所以组织的商业模式，是由高层的指导性概要设计和基层的创新性实践合力演变而成的，业务设计崇尚的是边做边设计的敏捷迭代方式。这要求赋能型领导者懂得用群策群力的方式，激发和整合整个团队的智慧来设计未来业务、推动组织变革，并解决业务开展过程中的各种问题。

2. 带队伍的能力。

互联网时代的组织是以创业精英为主体的创新组织，组织的定位悄然发生了改变，成为为创意精英赋能并帮助他们成功的平台。员工借助组织平台发挥他们的核心优势和创造力，不再是完成任务的工具，而是事业的合作伙伴。

在赋能型组织中，领导者要把每个员工假设为小 CEO，给他们营造创业的机制和在业务中成长的机会，员工才能从工作中得到足够的成长空间和成就感。

赋能型领导要把团队建设、人员培养这类工作提高到空前的高度，充分激发员工深层次的内在动力，并在工作中培养下属业务推进和带领团队的能力。

3. 自我发展能力。

赋能型领导自身的成长速度要大于团队的平均成长速度，这样的领导者才有资格继续领导团队。

赋能型领导者持续发展自身是带动整个团队成员在工作中成长的关键，在互联网时代，自身发展的关键在于提高个人的影响力、不断拓展人脉和在实践中持续反思觉察的能力。

首先，领导者的一个重要角色是业务代言人，互联网时代的领导者更需要借助故事传播自己的思想、营销自己的业务；其次，互联网让所有人都深切体会到人脉的价值；第三，领导者要自己能够持续进步，具备自我觉察和反思能力。如果领导者能够把反思复盘当成工作中的习惯，组织、下属以及领导者自身都将不断地重新定义、持续成长。

4. 体系化能力。

麦肯锡公司里的年轻顾问能为世界 500 强公司做咨询服务，是因为他们有一套自己的方法技能。据相关数据统计，在世界 500 强企业中，超过 1/3 的人有在通用电气从业的经历，原因就在于通用电气沉淀了诸如群策群力、六西格玛等实用有效的体系化方法技能，这些技能使通用电气培养出来的经理人能够很好地适应各种复杂的经营环境。

第十一章

阿米巴经营相关软件介绍

- 企业需要阿米巴核算软件
- 阿米巴核算软件的功能——核算、分析与考核
- 阿米巴软件与 ERP 系统的对接
- 和道和阿米巴软件的优势

第十一章 阿米巴经营相关软件介绍

企业需要阿米巴核算软件

传统的阿米巴经营会计报表用手工进行核算，很容易出现一些问题，造成公司的损失，其主要有以下几个缺点：

第一个缺点是易出错。由于阿米巴涉及各个部门的数据，在数据的汇总过程中就比较容易出错，而且阿米巴的报表不像财务会计那样是复式记账，所以对出错的数据要查找原因也比较困难。

第二个缺点是不及时。因为涉及多层阿米巴数据的汇总工作，手工计算量大、流程长，中间的每个环节还需要检查，因此很难满足经营会计报表及时性的要求。

第三个缺点是表格多、资料多，难以及时整理。临时找数据时还有可能出现查找困难、数据混乱的现象。

基于以上缺点，和道和咨询在国内率先开发出阿米巴经营会计核算软件，这个软件主要解决的就是手工核算工作量大、易出错等问题，让阿米巴经营模式得以真正在企业落地。

阿米巴核算软件的功能——核算、分析与考核

如图 11-1 所示,为了满足"高效地为阿米巴经营系统在企业落地提供服务"的需求,阿米巴软件通过数据库收集的信息和资料,提供企业三大功能。

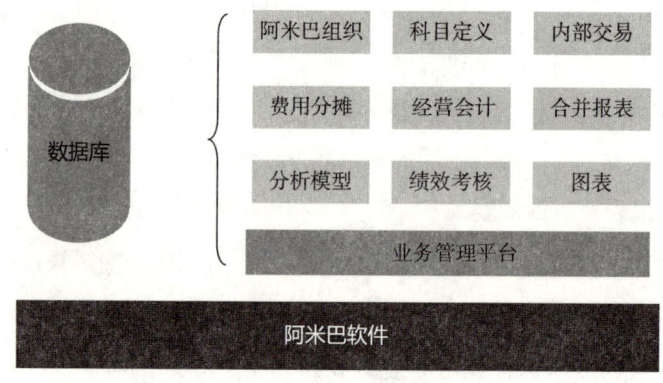

图11-1　阿米巴软件数据库包含内容

第一,核算功能。阿米巴软件通过阿米巴组织、内部交易、费用分摊、科目定义、合并报表等模块实现经营会计的自动抓取数据、汇

总合并计算。

图11-2　阿米巴软件组织管理功能

■ 阿米巴科目配置

所属部门

找到4,199 条记录，显示 1 到 15

门店编码	门店名称	一级科目	二级科目	三级科目
00000100	企划部	变动费用	维修费	维修费用
00000100	企划部	销售额	对外销售收入	废品收入
00000210	研发部	固定费用	其他固定费	研发费用
00000210	研发部	固定费用	其他固定费	招待费
00000210	研发部	固定费用	其他固定费	杂费
00000210	研发部	变动费用	维修费	维修费用
00000210	研发部	固定费用	其他固定费	办公费
00000210	研发部	固定费用	其他固定费	房租
00000210	研发部	固定费用	人工费	工资
00000210	研发部	固定费用	其他固定费	通讯费
00000210	研发部	固定费用	人工费	福利
00000210	研发部	固定费用	固定资产折旧	办公家具
00000210	研发部	销售额	对外销售收入	废品收入
00000210	研发部	固定费用	人工费	社保

图11-3　阿米巴软件科目配置功能

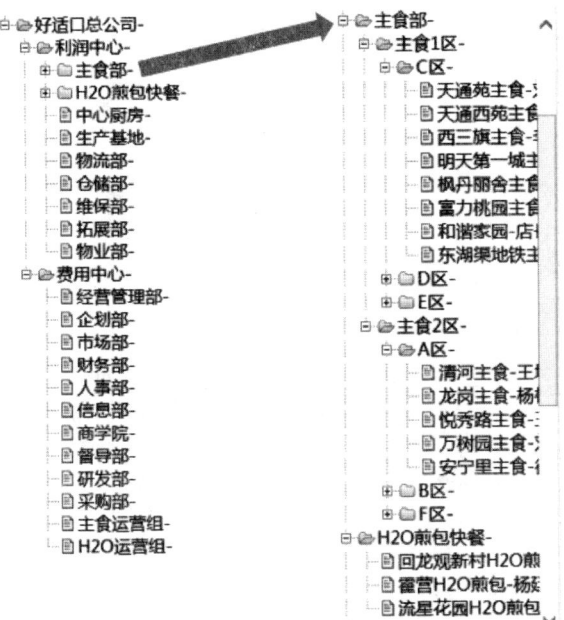

图11-4　阿米巴软件内部交易功能

图11-5　阿米巴软件合并经营会计报表功能

图11-6　阿米巴软件手机报表功能

第二，分析功能。把经营会计报表的分析模块导入进来，只要有经营会计报表数据,就可以自动实现各项衡量经营业绩好坏的指标计算,各巴长可以直接把数据图表导出来,贴在 PPT 上作为报告支持文件,实时性强,操作方便。

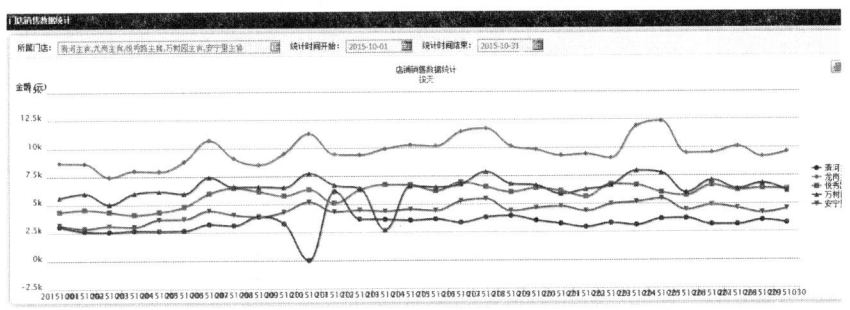

图11-7　阿米巴软件分析图表功能

表11-1　阿米巴软件边际利润率差异分析功能举例

项目	计划		实际		差异		评价
	金额(元)	比例	金额(元)	比例	金额(元)	比例	
销售额	681495.00	100.00%	691892.05	100%	-10397.05	0.00%	○
标准食品成本	215944.00	31.69%	217982.12	31.51%	-2038.12	0.1%	○
材料用量差异	681.50	0.10%	496.00	0.07%	185.50	0.03%	○
丢弃成本	2170.45	0.32%	2568.28	0.37%	-397.83	-0.05%	×
包装材料成本	10425.60	1.53%	9927.34	1.43%	498.26	0.10%	○
赠送食品	318.54	0.05%	634.59	0.09%	-316.05	-0.04%	○
调料品成本	1084.86	0.16%	1176.00	0.17%	-91.14	-0.01%	○
电费	33325.11	4.89%	35494.00	5.13%	-2168.89	-0.24%	×
燃气费	8169.65	1.20%	7134.35	1.03%	1035.30	0.17%	○
水费	2845.14	0.42%	2235.12	0.32%	610.02	0.10%	○
维修费	8373.40	1.23%	6707.00	0.97%	1666.40	0.26%	○

（续表）

项目	计划		实际		差异		评价
	金额（元）	比例	金额（元）	比例	金额（元）	比例	
清洁费	3407.48	0.50%	2956.700	0.43%	450.78	0.07%	○
促销费（宣传费）	2112.63	0.31%	2100.00	0.30%	12.63	0.01%	○
广告费（餐厅自行申请广告位）	—	0.00%	—	0.00%	—	0.00%	
功夫送费用	—	0.00%	—	0.00%	—	0.00%	
车辆配送费	10222.43	1.50%	10655.14	1.54%	-432.71	0.00%	
营业税金及附加	36840.15	5.41%	38745.95	5.60%	-1905.81	-0.19%	
变动费用小计	335920.92	49.29%	338812.59	48.97%	-2891.67	0.32%	
边界利润	345574.08	50.51%	353079.46	51.03%	-7505.38	-0.52%	

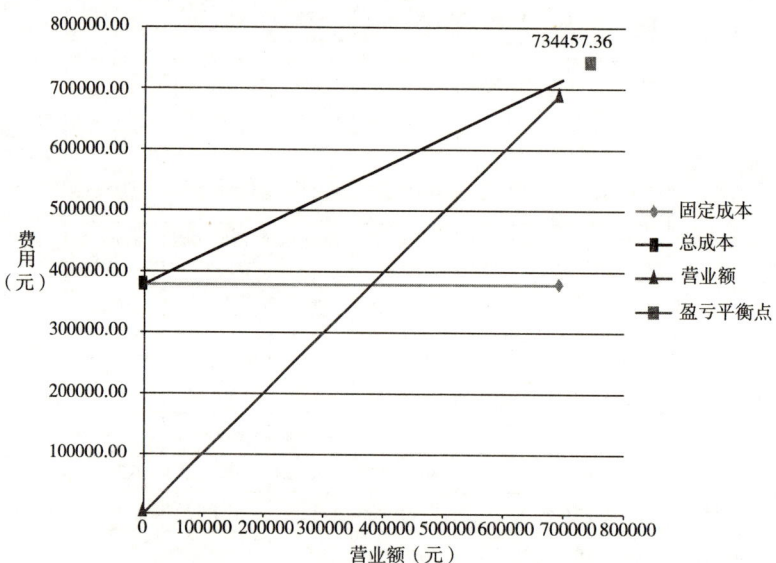

图11-8　阿米巴软件盈亏平衡点分析功能

第三，业绩评价和考核功能。阿米巴核算软件把绩效考核与激励的模块也一并设计进去，考核指标的计算、奖金发多少都可以自动计算出来。

阿米巴软件与ERP系统的对接

很多企业都装有 ERP 软件（即企业资源计划，Enterprise Resource Planning），只要把企业 ERP 的数据库开放，软件顾问就可以设计出和数据库的接口，阿米巴核算软件就可以实现在数据库里自动抓取数据、合并汇总核算。

如果企业没有 ERP 系统，或者企业的 ERP 系统是集团主导，禁止开放数据库，也可以直接开发阿米巴核算软件进行运算。也就是说，原始数据是根据经营会计报表取数和汇总的要求手工录入进来的，这种方式有个优点，那就是无须开发数据库接口，业务数据直接纳入管理系统，实现与阿米巴经营系统的一体化运行。

国际顶级的 ERP 产品，比如 SAP（System Applications and Products，企业管理解决方案）、Oracle（甲骨文）等本身功能强大，已经把基于多组织管理思想的阿米巴精细核算功能加入到产品平台里去了。但这类产品动辄上千万元，后续增加模块的价格也十分高昂，对国内中小企业来说无法承担。比如我的一位客户，前几年上了 Oracle 系统，但那时候并没有想做阿米巴，就没有订购相关的功能模块，现在上了阿米巴项目之后，再去订购相关功能模块，并且要打通各模块的数据，工作量极大，必须请 Oracle 的实施顾问，这又是上百万元的费用。

  国内顶级的 ERP 产品，以用友和金蝶为代表，用友 U9 和金蝶 K/3Cloud 能够实现阿米巴多组织的核算，但这款软件也是以面向高端、集团型的企业为主，基本也要上百万元的费用支出，中小型企业同样会比较难以承受这个价格。而其他的 ERP 产品，大都无法实现按目标多组织的核算功能，主要原因是它们无法实现内部交易。由于 ERP 系统自动输出财务会计报表功能是靠建立核算单元账套来完成的，而账套是指一组相互关联的数据，每一个核算单元的数据在系统内都体现为一个账套。所以每一个核算单元，都必须建立属于自己的账套，以存放相应的数据资料。两个核算单元间，每发生一笔内部交易，在 ERP 系统里就认定产生了一个单独的核算单元，必须新建一个账套，这样账套数量会呈几何级数增加。而且，随着内部交易关系和交易定价的修正，产生修补的工作量会极大。

  所以，外挂在 ERP 系统之外的阿米巴核算软件就是企业的最佳选择。不仅上线时间短，一般两个月之内可以搞定，而且价格实惠，一般中小型企业都可以负担得起。

第十一章　阿米巴经营相关软件介绍

和道和阿米巴软件的优势

和道和作为国内首屈一指的阿米巴经营系统落地机构，两年前就着手开发阿米巴软件系统。和道和阿米巴软件系统是一套符合中国企业特点企业级数据分析系统，使企业的大数据系统得以初步建立，能够结合企业的实际经营数据，实时反映出企业各个阿米巴单元的经营状况，帮助企业迅速做出正确的经营判断。它能有效支持到最小颗粒度的阿米巴单位的数据获取和分析，真正实现企业的全面数字化经营。

这套软件系统的优势主要有：

1. 国内首次将阿米巴经营理念与软件系统结合。

和道和咨询集团国内首家独创，将"心学 × 实学"的阿米巴经营理念落地，独立研发出阿米巴软件，真正解决企业经营的瓶颈。

2. 与企业 ERP 实现无缝对接。

企业无须针对 ERP 系统及业务进行重组及实施，即可快速实现企业的阿米巴落地。

3. 实现企业阿米巴组织架构的灵活定义。

实现原始数据跟随企业组织变更而变更，真正实现企业的柔性组织需求，并且不会改变 ERP 本身的业务流程。

4. 支持企业各层级阿米巴内部交易。

可以自由定义阿米巴组织，实现满足企业自身需求的结算。

5. 实现企业整体及各层级阿米巴的经营会计报表的实时呈现。

多维度、多层级，以地区、产品、组织等多层级权限，灵活展现阿米巴经营会计报表。

6. 实时分析企业经营数据并清晰呈现。

设计出阿米巴经营会计报表的分析功能，完整实现软件化自动运算和图表呈现功能，可以实时发现企业及各阿米巴单元经营过程中出现的问题。

7. 实时反馈绩效考核与激励结果。

设计出阿米巴经营系统绩效考核与激励的功能，完整实现软件化自动运算，实现企业内部的及时激励。

8. 根据企业实际需求完全定制化开发。

对于企业在运行阿米巴过程中产生的需求，阿米巴软件都能进行定制化开发，实现与 ERP 系统及其他软件系统的无缝对接。

第三篇

对阿米巴经营本土化的思考

第十二章

实践阿米巴经营过程中企业容易出现的误区

企业在阿米巴实践过程中出现的误区举例
阿米巴经营与"人单合一"的区别

企业在阿米巴实践过程中出现的误区举例

空谈哲学、口头禅式的阿米巴

近几年,阿米巴思想在中国非常流行,很多企业家都知道了稻盛和夫,并非常崇拜他,买来稻盛先生的书籍进行研究。更有甚者,要求中层以上的管理人员必须人手一本,学习稻盛和夫的哲学思想。刚开始大家还很有兴趣,茶余饭后都在谈论稻盛先生的思想,公司还搞几次研讨会,结合自己的工作谈一下自己的认知,可是一个月、两个月过去了,公司层面缺乏实质性的举措,阿米巴仅仅停留在口头上。慢慢地,大家就不再愿意谈阿米巴了,阿米巴也就在企业里彻底消失了。

老板不参与、员工瞎忙活

有的企业导入阿米巴后,老板从始至终不参与进来,而是让下面的一个副总经理牵头导入。可是阿米巴经营系统是一个从心学到实学的经营系统,运营起来相当复杂。当下属碰到问题请老板决策的时候,老板也是一头雾水,不知道怎么给出正确的答案。从高层到中层的争吵越来越多,久而久之,很多问题都悬而未决,到了瓶颈期就会发现无法推进下去。

北京的一家餐饮公司决定引入阿米巴,以此强化员工经营意识,增加公司利润。随后这家公司请了一家管理咨询公司入驻,帮助导入阿米巴经营模式。

顾问组入驻后开展了调研访谈,见了公司的总经理李老板一面,给了两个小时时间谈了公司存在的一些问题,以及对导入阿米巴经营模式的期望。其后,他没有参与内训,也没有参与任何的研讨会,而把主要精力放在开拓市场、找合作伙伴上,把阿米巴经营导入的事项交到主管运营的王副总经理身上。

王总的主要精力也放在市场运营方面。阿米巴项目导入过程中,虽然也基本按照顾问老师的要求进行着,但下面的员工很聪明,看到老板基本不过问,便知道公司并没有口头上讲的那么重视,对顾问老师的要求也是敷衍了事,完成情况总是打了折扣。

三个月过去了,虽然其间开了若干次的研讨会,但内部交易的定价还是没有最终确定。原因是厨师长借口太忙,成本卡只完成了一半,经营会计报表填写的数据也是错误百出,顾问老师没有办法,只能请求李老板出面协调。

李老板知道这些情况后,回到公司便大发雷霆,把王总骂了一顿,又责怪顾问老师,觉得他的能力有问题,决定终止项目合作。此后,这家公司的阿米巴经营也就不了了之了。

中国传统的企业文化决定了老板的关注点在哪里,公司战略重点就在哪里。老板不带头学习阿米巴,对阿米巴经营模式的内涵理解有偏误,进行决策的时候就容易出现误判,导致无法回头的严重后果。

全部照搬日本的模式推行阿米巴

很多企业家看了稻盛先生出的书,特别是《阿米巴经营》和《经营与会计》这两本实学图书后,兴奋得不得了,马上开始在企业划分阿米巴、导入独立核算,结果职能型组织没有转化为事业型组织,而只在基层划分了若干阿米巴单元,做单位时间核算。但企业的上层组织都没有划分清楚,基层组织怎么能划分清楚呢?组织划分都出了问题,就更谈不上内部交易构建清晰和经营核算的准确了。

还有的企业家,只看到稻盛先生写的"阿米巴是不谈物质激励的,做得好的阿米巴给予表扬,做得不好的按目标给予批评",结果过不了多久,企业里的"雷锋"不愿意吃亏了,也开始懈怠工作后,阿米巴便会从企业中逐渐消失了。

广东某机械制造企业的张老板,在几年前就参加了当地的盛和塾,集中研讨的时候也很积极。他觉得稻盛和夫的哲学思想很伟大,自己从中汲取到丰富的营养。并且,他也通过看书、听课学习到了阿米巴组织划分、内部交易定价、经营会计报表构建等基础知识。

2016年10月,张老板决定在企业自行导入阿米巴经营模式。张老板是个聪明人,阿米巴经营模式在他的引领下导入得很顺利,12月就把各车间、班组的账目算清楚了。同时,企业内各层级干部也很争气,纷纷开始做业绩改善工作,取得了不错的成果。企业应收账款下降了一半,原材料和成品库存占压的资金降低了30%,制造成本也降低了3%。

张老板对企业的规划是在2017年上市,目前已进入上市辅导阶段,财务顾问的建议是利润尽量做得高一些。2017年春节,本来员工都盼着阿米巴提升业绩后,老板应该表示一下,给大家发奖金。结果令人大失所望,张老板不仅没有多发一分钱的奖金,还把原来平均两个月工资的年终奖砍掉了一半。

等到正月初八吃开年饭时,张老板早早来到工厂,准备给报到的员工发红利时,却震惊地收到了十几位骨干员工的辞职申请。张老板找自己的心腹问了一下,才恍然大悟,原来是阿米巴激励没做到位,伤了骨干员工的心。

在日本,人们普遍对收入的稳定及可持续性发展比较重视,有能力的人和能力不够的人可能需要十年才能把收入拉开;而中国自20世纪80年代以来,一直处于经济和收入水平快速提升阶段,大多数人都急功近利,只关注自己的短期收入,企业也相应的推行绩效考核制度。再者,日本人从小就被灌输了很强的团队文化,每个人都生怕自己掉队,给别人添麻烦,因此协作意识非常强;而中国人从小接受的都是具有竞争意识的教育,协作意识比较差,个人主义比较严重,需要管理层在贯彻经营理念及协调资源方面花费更大的精力。

财务部主导阿米巴推行

财务部在企业里主要负责核算工作,所以很多企业想当然地把推行阿米巴的主导部门定为财务部门。一方面,财务部门在阿米巴推行中非常吃力,总抱怨各部门填报数据不及时、不准确、不积极配合;另一方面,各部门也怨声载道,说财务部闲得没事干,搞这么多表格出来给各部门填,填了也不知道有什么用。每次财务部门组织业绩分析会,各部门经理的问题不断,有的搞不清楚科目的定义和数据来源,有的完全不相信数据的准确性。搞得业绩分析会每次都开不下去,几个小时下来都没有结论,只能草草收场。

宁波某家纺公司是生产粒子靠垫、粒子坐垫、记忆枕头、按摩枕头等产品的生产制造型企业,老板本人很友善,长期在企业推行家文化,希望员工在公司上班时能感受到家一般的温暖。

这家公司的主营产品形式是外销,但近几年外贸形势不太好,利润率不断压缩,企业便开始转向内销,与名创优品合作,虽然销量有了保障,但利润率更低了。企业的经营压力越来越大,便决心通过阿米巴经营模式压缩成本,提升利润率。

老板的主要精力在业务上,经常在国内外出差,见客户、谈订单,就把阿米巴的相关工作扔给了财务经理。财务经理已经50多岁了,脑子里面都是财务会计工作的条条框框,不懂经营,也不懂业务。她认为阿米巴就是独立核算,然后用成本指标来考核车间,构造的报表还是财务的那一套科目,但车间的人员都看不懂这些科目,填写的数据自然也是错误百出。

虽然财务经理兢兢业业,要求严格,无奈车间人员对财务会计内容都是一窍不通,培训过好多次仍然不能理解相关科目,老是犯错。久而久之,车间人员更觉得阿米巴索然无味,反而给自己工作增加了很大的负担,便应付交差,躲着财务经理。

财务经理对此很痛苦,其间与车间人员吵了一架,一气之下提出了辞职。阿米巴在这家企业里也就不了了之了。

一般来讲,企业都要成立经营管理部或者经营管理委员会来领导阿米巴的推行,经营管理部部长必须是业务副总,核心是懂经营。阿米巴经营核算的工具是经营会计报表,属于管理会计的分支,报表一定要符合它本身的特点,即可以通过内部交易进行部门独立核算,而且其中的会计科目要简单、易理解,便于业务人员自行分析。由于财务人员的专业性,使其很难与业务人员进行顺畅的沟通和交流,而且容易在账务处理上过于遵循财务会计准则,与实际经营不能很好地相融。因此,不建议企业直接用财务人员来做阿米巴的推行工作。

急功近利式地推行阿米巴

有的老板是心血来潮地突然在企业推行阿米巴,而且一定要全面、彻底,每一个人、每一台机器都是一个阿米巴。按照这个思想,阿米巴组织单元被划分得无比细致,数据要求非常高,搞了大半年,需要的数据不是收集不上来,就是有各种问题,各个巴的利润算出来怎么都对不上。各个部门被阿米巴搞得精疲力竭,老板无奈,只好先把阿米巴停了下来。

广东某大型铝型材企业主要生产建筑铝型材和工业铝型材两大类产品,年销售额20多亿元。由于铝型材行业产能严重过剩,该企业面临越来越激烈的市场竞争,急需降低产品成本。老板三年前就接触了阿米巴经营模式,感觉到时机较为成熟了,便决定于2016年春节后全面导入阿米巴。

该企业组织结构较为庞杂,重点导入部门是生产部门,老板确立了一个目标,要通过阿米巴经营模式把生产成本降低五个百分点,因此,希望快马加鞭,恨不能立刻核算到每一名员工头上。通过组织单元的划分,形成了六级阿米巴结构:公司是一级阿米巴单元;生产中心是二级阿米巴单元;熔铸、挤压、喷涂、氧化、深加工、包装等车间是三级阿米巴单元；挤压一车间、二车间、三车间、四车间是四级阿米巴单元；每台挤压机是五级阿米巴单元；因为每台挤压机设两个班组，实行12小时轮班制，所以每个班组是六级阿米巴单元。

这样就把整个公司划分成168个阿米巴单元。公司由于要用成本基础定价法核算历史成本以确定内部交易定价，采用了2015年全年数据，一个财务核算组花了整整三个月的时间才搞定。之后，再建立内部流转单、要求班组人员填报数据等工作，由于组织单元核算过细、人力成本太高，遭到基层班组的抵制，准确、及时的数据一直收不上来，眼看年底了，老板也是一筹莫展。

中国民营企业的管理基础和信息化基础较为薄弱，上面这家企业在2010年就安装了Oracle的ERP系统，花了1000多万元，但企业依旧运转不畅，很多管理会计的工作仍是手工操作。老板对阿米巴也只有片面的理解，只想把阿米巴作为考核和评价的工具，缺乏员工思想上的认同，也缺乏相应的管理手段进行补充。

"东施效颦"式阿米巴

"东施效颦"的故事出自《庄子》，故事讲有一个美女，名叫西施，因为心口疼痛而皱着眉头在邻里间行走，被一个丑女人东施看见了。东施认为皱着眉头很美，回去后也在邻里间捂着胸口、皱着眉头行走。有钱人看见她，紧闭家门而不出；贫穷的人看见她，赶紧带着妻儿子女远远地跑开了。东施只知道皱着眉头好看，却不知道皱着眉头好看的原因。

就像有的企业听说行业里某家企业做阿米巴成功了，成本大幅降低，便赶紧上门参观考察，遛了一圈之后立马照章推行，结果发现问题频出，而且有很多问题无法找到合理答案。殊不知行业不同、文化不同、员工素质不同，别人企业里不存在的问题在你这里可能就成了问题，别人企业里的小问题在你这里可能就是大问题。所以，企业不要盲目推行阿米巴，而要找准病因，才能借助有效的措施解决企业自己的问题。

能力第一，理念第二

有的企业引入阿米巴之后，成本大幅降低，很有效果，但老板对经营理念比较漠视，考核激励只重视业绩和能力，忽视了对员工理念方面的引导。升上去的干部大多是个人英雄主义的能人，注重本位利益，漠视企业整体利益。这样的人才虽然可以在短期内给企业带来利润，却容易埋下祸根，给企业带来难以估量的损失。

江西某火力发电厂是中国大型火力发电企业，拥有两台60万千瓦的机组。一次性固定资产投资40多亿元人民币，年销售额超过20亿元人民币，员工300多人。

在总经理的力主下，该公司在2015年导入阿米巴经营模式，由于人才素质较高、电算化基础较好；阿米巴迅速开花结果，当年经营利润同比增长31%，业绩上来讲是非常成功的。但是，接下来的2016年，阿米巴在企业反而停滞不前，算账还在程序化地开展，业绩分析会还在每月照常开展，但是改善动作越来越少，员工对阿米巴也越来越没有兴趣了。

原来，国有集团经常进行岗位轮换和晋升，企业里面虽然有思想认识正面的人，但也有不少思想认识有问题的人。大家发现，提拔上去的往往不是那些认同阿米巴理念、埋头改善业绩的人，而是那些

第十二章 实践阿米巴经营过程中企业容易出现的误区

领导关系处理很好、溜须拍马的人，或者是那些业务能力很强但并不怎么认同阿米巴理念的人。慢慢地，大家的劲头就没那么足了。总经理心里明镜一般，但也无奈得很，面对复杂的关系他也是心有余而力不足。

任何管理手段都是为了提升绩效，但有一种情形例外，那就是晋升的时候。如前所述，考察一名干部可以从三个维度来考虑：理念、能力、业绩。这三者应该采用漏斗模型来筛选人才，首先比理念，理念合格的人才进入下一层比能力，最后再比业绩。保证晋升上去的人都是和公司理念一致的人才，只有这样，才表明公司所倡导的文化真正落地。

分田到户式的阿米巴模式

简单来说，就是把阿米巴做成了承包经营，这是阿米巴经营的最大误区。近 20 年来，因为承包理解起来简单、执行起来快速，民营企业不断尝试承包。阿米巴传入中国之后，很多老板欣喜异常，觉得这不就是日本式的承包吗？按照这种办法，我把企业划小核算单元，把各部门都包给各巴长，自己就可以轻松一些了。

广州有一个生产家具的厂家，生产出来的家具质量在当地数一数二，公司的发展也一直非常稳定。但老板觉得自己太累了，有一天，老板跟厂长商量，从今天起，这个厂的进料、生产、销售都交给你管理，到年底，赚来的利润我们两个四六开分，可以吗？厂长觉得一年能够多赚很多钱，只是辛苦了点，就答应了。而老板觉得厂长已经跟着自己一起管理了企业这么多年，也非常放心，承包制就这样开始了。

　　厂长想尽办法提高利润。首先,把一些员工的保险取消了,接手第一个月的利润一下就上升了。尝到甜头之后,他接着把原材料的费用降低,但同时原材料的品质也下降了,家具的质量也在下降。到第一年年底,利润提高了很多,老板一看,觉得厂长能力很强,第二年便继续交给他管理。这家企业第二年却被人举报,卖出去的家具出现了严重的质量问题,一些老客户都不再跟这个厂合作。在生意惨淡的同时,一位工人受了很严重的工伤。老板去找保险公司赔偿的时候,发现这个工人根本没买保险。没办法,只能自己掏腰包补上。出现了一系列问题之后,这个家具厂很快就被同行超越了,想再回到老大的位置也就很难了。

　　这位老板不了解承包制改变不了负盈不负亏的本质,也不清楚承包制和阿米巴是形似而神不似。承包刚做起来时一般都有点效果,原因是加大了激励,但到了第二年,一般就不灵了。因为承包者想要更大的利益,老板给不了,再多给就没有资源投入新产品研发、没有资源升级管理系统了。所以,老板和承包者最终博弈的结果,就是承包制的崩盘。

　　所以,企业引入阿米巴后,一定要把理论讲透彻,在科学理论的指导下实践,才能出好的结果。阿米巴不仅追求短期高利润,更是为了企业长期的人才升级和文化升级。需要企业领导者下大功夫来做,不然就很容易失败。

认为阿米巴仅仅是一个项目

　　很多企业老板都有外包的思维,愿意把项目委托给有资质的咨询

第十二章 实践阿米巴经营过程中企业容易出现的误区

公司来操刀,以求更快、更彻底地把阿米巴经营落地。但是,他们往往没有耐心,认为短短六个月的项目就可以把阿米巴完全落地,自己则更愿意当甩手掌柜。

湖南长沙某汽车连锁经营品牌,旗下拥有12家一汽大众4S店,2016年8月通过咨询公司的帮助导入阿米巴经营模式,由于老板理念好、企业经营规范、中层以上管理人员素质好、执行力强,项目在三个月之内就取得明显成效:销售额同比增长12%,经营利润同比增长17%。

由于汽车行业竞争激烈,又正值年底,当年1.6升排量及以下小汽车购置税减半的政策到第二年就要失效,所以公司加大力度通过各种渠道进行广告宣传,全公司上上下下开足马力拼业绩。元旦之后又是春节,其间顾问老师屡次打电话要求过去辅导业绩分析会,公司负责人总是以太忙为由回绝,转眼到了3月,公司已经有4个月时间在阿米巴方面没有任何投入了。

3月初,当总经理想把阿米巴捡起来的时候,发现很多人对阿米巴的概念都非常模糊了,报表也有几个月没做了。于是他操起手机打给顾问老师,用词很不客气,顾问老师明确告诉他:项目想要成功可不是咨询公司单方面的事情,企业必须高度配合,而且,项目结束了,全凭企业自身努力独立操作下去,顾问老师只能通过电话等形式远程辅导,给予建议。总经理听到这里,良久不语!

阿米巴经营模式一旦导入企业,形成一套模式后,如果企业不坚持做下去,没有每月定时召开业绩分析会,持续进行业绩改善,那么阿米巴经营模式就无法在企业真正生根。此外,对巴长的赋能训练也非常重要,在项目中,企业要有意识地培养巴长的能力,不要把顾问老师当拐杖。只有这样做,等项目结束后,企业才能有一个比较平稳的过渡。

认为阿米巴就是分钱工具

深圳某创业板上市公司,主营业务是第三方检测,目前拥有30多条产品线,全国各地建设了100多家实验室。这个行业同样存在激烈的价格竞争,公司一方面要上档次、接大单,与国际大公司SGS竞争,同时面临着很多地方小公司用低价抢单的情况。企业毛利率不断下滑,管理层想到用阿米巴经营模式降低实验室成本,提升公司利润。

简单直接的目的造成这家公司急功近利,出现了如下几个问题:

1. 成本核算轰轰烈烈地开展起来,却缺乏理念的宣导,所有人都认为公司的目的就是降低成本,没有大义名分,也没有体现阿米巴经营的核心目的——培养经营人才。

2. 实验室的成本核算相对复杂,由此带来交易定价的困难,管理层没有解决这些问题就急于与考核挂钩,造成了人心的波动。

3. 采购部划为利润中心,它的定价方式是作为外包部门,从采购总金额中提取一定的佣金作为对内销售收入,并把采购部的利润直接与考核挂钩,使采购部人员奖金激增200%,造成其他部门的严重不满。最后造成集团内部的关系紧张,影响了各部门之间工作的协同,有的部门和个人开始使坏,故意拖延采购部的相关工作。

眼看累积的矛盾越来越多,管理层头脑开始清醒,意识到当初对阿米巴经营模式认识太浅薄了,决定聘请一家咨询公司系统地导入咨询项目。

企业在导入阿米巴经营模式的过程中，不讲经营哲学，不讲阿米巴经营模式的核心目的——培养人才，便很难获得广大员工的认同。在经营会计核算还不清晰、内部交易定价还不合理的情况下，就贸然与考核挂钩，必然会带来人心的浮动。而且阿米巴单元创造的利润是虚拟利润，与考核直接挂钩，在事实上就做成了承包经营。

把阿米巴单纯理解为管理会计

阿米巴用经营会计来算账，确实是阿米巴的一个独特有效的工具，但独立核算仅仅是阿米巴经营模式的一小部分，如何理顺人心、如何教会巴长分析报表进而提升经营能力、如何做到科学合理的考核激励等都是大课题，企业不可不加以重视。

广州某中式快餐连锁企业历经20多年的发展，已经在全国拥有600多家门店，年营业额超过30亿。这家企业在中国快餐连锁企业中，是最早引进麦当劳管理模式的，并建立了自己的培训学院——"米饭大学"，每个门店的管理组每个月接受两天的全时培训，管理组平均学历是本科，应该说拥有了国内餐饮行业一流的人才队伍。企业在10年前就应用管理会计工具，在集团总部的财务部里有专业的管理会计组，负责核算每家门店每个月的利润报表。

2011年后，阿米巴的经营理念和经营模式开始流行，该企业老板觉得很好，要求管理层研究方案推进。该公司财务总监对此不屑一顾，觉得我们搞管理会计的核算已经四五年了，每个月每名店长都能及时看到管理会计报表，自己进行管控，阿米巴不过是一个理念而已。

结果是该企业"起了个大早,赶了个晚集",直到2015年,已经有很多快餐连锁企业导入了阿米巴,并取得了成果,该企业还在延续过去的路,阿米巴只停留在算账上,店长及管理组对管理会计报表缺乏分析手段,在店面的管理上仍然是命令式的,各种管理制度和流程非常细致,员工活力不足,在激烈的市场竞争及新零售业态的兴起中,经营效益不断下滑,截至2014年年底,全国1/3的门店处于亏损状态。

经营会计虽然从属于管理会计,但它是升级版。管理会计一般作为供高层决策的依据,而经营会计深入到基层,重点是提供给中基层管理者进行分析总结。所以,经营会计报表科目简单实用、贴近业务。另外,经营会计报表核算鼓励基层人员参与,一些详细的数据也需要仓管、生产等相关人员参与,这样他们才能清楚数据的来源和真实性,对不合理的数据有即时反应的能力。

认为实行阿米巴就必须把信息做到"玻璃般的透明"

广东中山某服装企业专业生产男女内裤,2008年以前产品全部出口,2008年后,由于外贸生意非常难做,便转做内销,经过艰苦的努力后,线上和线下销售渠道逐步打开,企业能够做到微盈利。

张老板为人宽厚,即使企业不赚钱,每年给员工的奖金还是递增的。2015年年底,他从朋友那里听说了阿米巴经营模式,马上买了稻盛先生的十多本书,回到公司开始进行落地。

张老板熟背京瓷的"经营十二条",其中一条是"玻璃般的透明",便觉得信息的全透明有很大的好处,可以使员工理解公司的艰难,加倍努力工作。但是,凡事有利就有弊,2016年4月开始,他

第十二章 实践阿米巴经营过程中企业容易出现的误区

发现隔壁一家竞争企业开发的产品跟得特别紧，一打听才知道，春节后公司的一名设计师跳槽过去了，她顺带把公司的产品核算数据全部带过去了，这等于给了竞争对手免费的情报。张老板对此后悔不迭，看来有些东西一定要保密啊！

基于中国企业目前的生存环境，我的建议是不要把信息搞成"玻璃般的透明"。巴长只能掌握自己巴的数据，其他巴的数据不准打听，更不准打听上级巴的数据。开业绩分析会的时候禁止做记录，只带耳朵听、带嘴巴讲，会后统一由经营管理部发出会议纪要及改善措施跟踪记录表。

在授权方面没有任何改变

武汉某服装品牌代理商拥有30多家专卖店，代理国内10个左右的中高端女装品牌。张董事长非常喜欢学习，只要朋友推荐的课程或者她自己感兴趣的主题，都会主动去听。2017年8月，她听了和道和的阿米巴公开课，觉得非常好，立即开始在自己企业导入。

2017年年底，经过四个月的努力，企业就取得了良好的效果，店长以上层面的管理人员经营意识提升，采取了有效措施降低成本，2018年1月财务报表出来，2017年成本率降低了2.3个百分点。

但是2018年春节后，阿米巴推行没有带来预期的效果，张董事长很奇怪，经过调查，原来问题出在授权上，原有的管理流程没有任何改变。店长申请促销费用，比如装点一下门面、印几个易拉宝，需要督导—区域总监—运营中心总监—副总经理—总经理—董事长逐一审核审批，而且这家企业的信息化手段不够先进，一位领导出差几天不在公司的话，要等他回公司才能签字。往往一个审批单，要花一个月时间才能审批下来,店长们对此抱怨颇多。

企业导入阿米巴经营,往往在初期推行六个月到一年的时间,如果方法得当,一般会有经营效益的提升,但随着时间的增长,深层次的矛盾就会涌现出来,尤其是授权机制。有的老板还是管控的思维,愿意让利,但不肯放权,官僚主义顽症一直改不掉,这样就会打击基层巴长的积极性,使阿米巴变成四不像,并存在停摆的风险。

|阿米巴经营与"人单合一"的区别|

在解释阿米巴经营与"人单合一"的区别之前,让我们首先了解一下阿米巴经营模式给企业带来的十大价值。

(1)员工充分理解"销售额最大化,费用最小化"的经营原则,中基层员工提升经营意识。

(2)真正实现企业经营理念和价值观的全员共享。

(3)充分调动员工主动去做的意愿,而不是被动地去执行上级的决策。

(4)通过阿米巴科学的量化分权,员工得到充分施展才华的机会,进一步激发了员工的潜能。

(5)阿米巴经营搭建了员工成长的平台。

(6)通过内部交易把市场压力向企业内部传递,激活内部运营和职能部门。

（7）通过经营会计报表展开"透明化"经营，哪个部门干得好、哪个部门干得差一目了然，充分调动员工的经营意识。

（8）通过经营会计报表的数据，充分展现各巴对公司利润的贡献，也便于进行公开、公平、公正的考核评价。

（9）阿米巴经营模式强化了公司整体经营计划到各部门经营计划的分解和执行，使公司的经营水平上了一个大台阶。

（10）阿米巴经营会计报表为企业战略的调整提供了数据支持。

海尔张瑞敏在2000年之前，就赴日本拜访稻盛和夫先生，学习交流阿米巴经营模式，回国后不断探索，在2005年推出"人单合一"模式。近年来，这套模式已基本成熟，在海尔内部发挥了巨大的价值，取得了良好的经营效益。那么，作为中国企业家，我们到底要学习哪种模式呢？这要从两种经营模式的区别谈起。

1. 经营哲学。

中国过去几十年，主要是从西方国家学习管理模式，这里面就包括了很重要的一项内容：企业文化，日本则称之为经营哲学。

海尔的企业文化体现的是西方价值观，这种价值观讲究契约精神，也就是说，你受雇于一家企业，按照劳动合同和岗位职责给企业提供价值，换取企业支付给你的薪酬；而阿米巴经营哲学体现的是东方价值观，这个价值观讲究"大家族主义"（不是家族主义），在企业这个大家族中，每个员工都是其中一员，大家族有责任、有义务让每一位员工幸福。

从企业的经营管理实践中，可以看到中国企业员工的职业化提升比较慢，很多企业的现状是老板和员工之间的博弈和冲突。从骨子里来说，中国企业员工更加认可东方的价值观，认可"大家族主义"，这就是阿米巴经营哲学的魅力所在。

2. 组织形式。

"人单合一"模式的组织形式非常激进，它是顺应互联网时代"零距离"和"去中心化"的时代特征，强调组织的扁平化，不断形成并迭代演进的互联网企业创新模式。在"人单合一"模式下，张瑞敏提出了"网状组织"的概念，这可以看作组织变革理念的一次重大突破，即彻底把组织压平，中层变成一个节点，消灭中层的实质是消灭传统的中层意识和权力。

"人单合一"组织形式确实很先进，颠覆了传统的管理理论，但新的适应互联网时代的管理理论尚未形成完备的体系。可以说，对新的管理理论和商业模式的探索，全世界的学者和企业家都在同一条起跑线上。"人单合一"理论和发展模式得到了西方学界和管理界的高度关注，被认为是超前的，但符合时代环境和发展趋势的管理理论和商业模式，对当今世界管理理论的发展具有原创性贡献。

但是这种组织形态的颠覆，对总部的专业化水平、管控能力和信息化水平都是极大的考验，给企业带来了很大的管理风险，不太适合中国目前环境下的广大中小企业。

阿米巴的组织形式则是渐进式的，它把传统的直线职能型组织转化为事业部的组织形态，再把这些虚拟的事业部不断划小核算单元，形成一层一层的阿米巴单元。这种组织形态不会打破原有的组织层级和汇报关系，因此在企业内部的推行不会遇到太大的阻力。它的另一个优点是非常有利于企业内部经营人才的培养，员工的能力和业绩通过独立核算被证明，从而在组织里不断得到晋升，收获更大的成长平台。

3. 核算方法。

"人单合一"模式的核算方法仍然是财务会计,它并不能准确核算出每个人为企业创造了多少利润;而阿米巴经营模式采用经营会计的核算方法,它可以核算到每一个细分组织单元的利润。比如我辅导过的几家已经成功的企业,其销售团队都可以核算到每个业务员每个月为公司创造多少利润,为业务员的考核激励提供了精确的参考数据。

4. 激励方式。

"人单合一"的激励方式是"人单酬",其实是根据每个人创造的绩效进行KPI考核,每个人可以通过自己头上的KPI指标计算出可以拿多少钱,清晰透明,背后体现的是企业和员工的价值交换。

阿米巴的激励方式是以利润为核心指标的KPI考核,通过实绩与计划的对比,对各阿米巴单元进行业绩排名,并通过公司整体经营利润一定的比例做成奖金包的方式,按照各阿米巴单元的业绩排名层层切分,一直到把奖金包公平地分配到个人。

5. 模式成熟度。

阿米巴经营模式创立于20世纪60年代,距今长达半个多世纪,在京瓷有非常成熟的运营,日本目前有12000多家企业在推行阿米巴模式。在中国,阿米巴经营模式虽然只有几年时间,发展却是迅速的,得到了中国很多企业的认同。

反观"人单合一"模式,目前仅仅在海尔获得成功,在其他企业中,成功导入这套模式的企业寥寥无几,原因主要在于这套模式对企业的要求太高。从组织形态就可以看出,它对总部平台的专业化和信息化能力要求极高,所以才能彻底地去追求组织形态的扁平化。而且,它对员工的职业化素质要求也很高,而且体现的价值交换的思想让员工感觉不到多少人情味,所以在海尔内部推行时也产生了诸多的矛盾,很多员工内心对这套模式反感,造成人员的大量流失。最后,海尔对自身运行初步成功的"人单合一"模式缺乏理论上的提炼和总结,无法形成一套实用的、可以落地的模板,造成这套模式对于广大企业来讲仍然神秘,仿效推行自然极为困难。

综上所述,阿米巴经营模式可以达成老板和员工的上下同欲,更加适合中国企业导入;阿米巴的组织形态适合任何企业,并且擅长培养经营人才。更重要的是,在和道和这样的管理咨询公司手里,阿米巴经营模式已经形成用于各类行业的推行模板,并都有成功案例作为参考。所以,阿米巴是当今时代中国企业的必然选择!

最后,我怀着对张瑞敏先生的崇高敬意,祝愿"人单合一"模式在海尔的实践更加成功,真正为互联网这个伟大时代锻造出中国人在管理上的原创性成果!

第十三章

阿米巴经营如何在中国企业中平稳落地

- 中日两国文化对阿米巴经营模式的不同影响
- 阿米巴经营模式本土化成功的核心:"心学 × 实学"
- 阿米巴经营本土化落地步骤
- 对阿米巴经营本土化的一些思考

第十三章 阿米巴经营如何在中国企业中平稳落地

中日两国文化对阿米巴经营模式的不同影响

是否需要短期的物质激励作为手段

中国文化最典型的是对道德的关注,道德关注的是人而不是物,是社会的和谐而不是自然的科学。所以,对道德的过分关注必然导致重人而轻物——善恶观念重于是非观念,善恶判断高于是非判断,注重本质而忽视细节,人文科学发达,自然科学滞后。

而日本文化最典型的是对规则的遵守,原因在于日本统治者非常清楚地看到了中国式的仁政与道德对统治者造成的巨大约束,因此在对儒家所宣扬的等级制度给予最充分肯定的同时,坚决地排除了其他可能影响到等级制度的学说。所以,日本人的观念里,所谓道德就是遵守规则,是非判断取代了善恶判断,因为缺乏对善恶的区分,所以日本人也就缺乏内省与忏悔精神。

中国古代的宗法制是家族制度的政治化,是由私向公的扩展,在这个过程中,家族、宗族的利益得到保护,在家族利益之上的以孝为核心的道德被政治化,成为人的第一属性;日本的家制度则是由国家制度向同族、家庭的深入,社会的等级制度对家庭与同族内部的人际关系具有决定性力量,遵守等级与规则成为人生的第一原则。

所以，日本人所倡导的"集团主义"具有很强的封闭性，更强调集团中个人对集团规则的服从，最重要的是，集团不论大小都具有自身的利益。单位、部门、地区、国家都可以称为集团，个人服从集团、小集团服从大集团。对集团的服从主要体现在不计个人得失而无条件地执行集团各种规定，维护集团的利益。日本的集团主义并不关心个人的动机与道德，而是非常突出地强调集团的凝聚力与纪律性。

这种集团主义更本质的体现为服从，并不关注甚至反对成员间存在中国式的"团结"，每个成员都纵向的服从上级领导，向着同一个目标而努力。所谓的"团结"是指在纵向服从中的一致性与协同性，唯有如此才能获得最大的成功与凝聚力。在日本，只有服从领导的人才能当领导，而不是"具有群众基础的人才能当领导"。

日本的集团文化对内极为严格，要求每一个人对集团忠诚，背叛集团的人死无葬身之地，集团对不遵守集团规则、背叛集团、给集团带来耻辱的成员最严厉的惩罚就是抛弃他。

在强大的等级制度与耻辱感文化的压力下，普通日本人在工作和生活中追求的并不是成功，而是不出错；并不是创造，而是忠诚。所以，我们看到的日本人团队精神非常强，其实是表象，背后是强大的等级制度与耻辱感文化，让每一个人不敢落后和掉队。

在实际的企业经营中可以发现，日本人追求在一家公司的长期稳定发展，沿着公司设定的等级往上爬，两个同时起步的人，一个很努力，一个一般努力，他们的收入差距不是一两年就能体现出来的，而是五年到十年才体现出来；而中国人追求短期收入的快速上升，一个人很努力，一个人一般努力，必须在当年的收入差距中体现出来。

在日本企业导入阿米巴经营模式，并不需要明确的短期物质激励；而在中国企业导入阿米巴，需要员工有动力，就必须给予明确的短期物质激励。这一点就是中日文化不同带来的导入阿米巴经营模式的最大区别。

是否带来部门之间矛盾加剧，协同困难

前述日本的集团主义文化，使日本人在一家企业中，非常重视规则，各部门间的协作意识很强；而中国企业更加注重竞争性，但强烈的竞争意识会导致一些问题出现，比如，当生产部门和销售部门存在矛盾时，生产部门抱怨销售部门的销售能力不够，销售部门则抱怨生产部门的生产能力不够。

在导入阿米巴经营模式的过程中，企业通过独立核算展现各部门的经营状况，在分析报表的时候，经常会碰到两个部门数据相互影响的情况。比如，销售部门业绩上不去的时候，就会使生产部门订单减少，导致生产部门利润目标无法达成，这时，生产部门就会产生抱怨；而销售部门业绩很好，使生产部门订单暴增、生产部门不能及时生产出来的时候，会导致销售部门可以达到的利润目标无法达成，这时，销售部门就会产生抱怨。通过内部交易定价及其规则的调整，并不能解决这种实际运营中产生的矛盾，而只能通过经营哲学、理念的导入和教育，提升中高层干部的思想境界。

阿米巴经营模式本土化成功的核心:"心学×实学"

和道和咨询把稻盛和夫先生的阿米巴经营模式提炼为"心学×实学"。

什么是心学

企业存在的本质目的就是为顾客创造价值。因为企业能够满足客户需要,能够提供客户需要的产品,所以社会才会把创造财富的资源委托给企业。

企业必须利他,也就是为顾客创造价值,所以企业行为和企业决策一定要围绕真正的目标。

企业可以为客户定制产品,甚至可以调动全球资源,专门为某一个顾客定制产品,这就是零距离。当大家都唯金钱观、唯物质观的时候,可能人心跟人心的距离就更大了。所以需要心学拉近人心与人心的距离,来释放善意,互相取暖,为社会送来温暖,送来智慧。商业之美不仅仅是高效率地盈利、高效率地激发我们的创造力,满足客户需求,更应该是高效率地改变陋习,建立经营哲学。

"致良知、知行合一。"心学的始祖是王阳明,他提出,良知在人,永远不可能消失,那些不肯致良知的人,只是良知被物欲所遮盖，并不是说他没有良知了，良知的真理其实就是人人平等，良知可致圣贤，无所不能。所以人人都是平等的，任何人都没有资格充当别人的上帝，任何人也就不可能有资格控制别人。在这个世界上，只有一个人有权力控制和支配你，那就是你自己；只有一个人能主导你的人生，那也只能是你自己。

经营哲学的正确思维方式是稻盛和夫倡导的宇宙法则：人生与心念一致，强烈的心念将以一定的现象表现出来。描绘美好蓝图的人，他就能迎来美好的人生；思想消极的人，其人生就不会如意。人首先要有纯洁美丽的心灵，这是思考人生态度的大前提，因为美丽的态度，才能有奉献社会、奉献人类的思维，这就是宇宙的法则与意志。

宇宙中存在着让一切更美好，使一切更进化发展的力量，这就是宇宙的意志。爱心、真诚以及平等善待一切的理念始终贯穿于整个宇宙当中，使整个宇宙朝着更美好的方向发展。

人类成功构筑了立足于科学技术的高度文明，享受了丰富的人生。但是，也忘记了人类的精神或高尚的心灵的重要性，随之产生了很多问题，比如地球环境遭到破坏等。即使技术或智慧（能力）处于很高的水平，假设还有充分的热情，但是如果忘记努力提高思维方式——哲学、理念、思想，就将会给地球带来莫大的灾难。

企业的经营有四个维度境界：

第一，必须做。员工为了生存"必须做"，就是为了养家糊口必须做，这是我们企业普遍存在的现象，也是企业经营的初级水平。

第二，能够做。不但调动体力，更加激发智力，能够给予员工更多学习提升的机会，使他们越来越能够做。所以，由"必须做"到"能够做"，人们的主动性就增加了。

第三，愿意做。经营艺术就更进一步了，从制度层面使员工感受到被认可、被尊重、被信任,有成就感,使他们越来越"愿意做"。

第四,渴望做。经营艺术达到极致后,渗透到员工的思想和行为中,让员工能够理解和认同公司的愿景、使命、价值观和做事的价值、意义,使他们带着激情与创意"渴望做"。

什么是实学

所谓实学就是经营企业要奉行利润最大化的原则。经营利润最大化来源于销售最大化、费用最小化。

"心学 × 实学"就是心学和实学两者相互的渗透,心学需要实学把经营成果落地,否则就成了夸夸其谈、空中楼阁;实学需要心学的指导,否则会把人心算坏,单一的利己思维会把企业引向歧途。

阿米巴经营本土化落地步骤

经过和道和阿米巴经营咨询的三年实践,我们总结出中国企业阿米巴经营落地的九大步骤,分别是:

第一,阿米巴组织划分。目前中国企业中,95%以上是传统的直线职能式组织结构,导入阿米巴经营,首先需要把公司的直线职能型组织结构转化为事业型组织结构,再以此为基础,把事业部往下划分为若干层阿米巴组织。

第二,建构内部交易结构和交易定价。内部交易是各阿米巴组织单元独立核算的需要,所以内部交易的本质是在企业内部建立虚拟市场。当然,并不排除一些企业导入阿米巴并不需要建构内部交易,比如一些连锁专卖类型的企业,每个门店是天然的阿米巴单元,他们与其他部门也并不需要建构内部交易。

第三,建立经营会计报表,独立核算。经营会计报表是阿米巴独特的对每个阿米巴组织单元进行独立核算的工具,它不仅能够核算出每个阿米巴单元每月、每周、每天甚至每小时的利润,而且科目构造简单实用、好理解,是经营者分析和改进业绩的好工具。

第四,经营哲学的提炼和共通共有。在阿米巴经营实学系统建构基本完善的前提下,高层再对企业的经营哲学和企业文化系统进行反思和总结,提炼出符合本企业特点的经营哲学,体现出从阿米巴经营实践真知上升到理论,之后对全体员工进行普及教育,这种脑力和心灵的激荡,必将给每个员工以深刻的记忆。阿米巴经营哲学带来的是员工对阿米巴经营模式的深刻认同,并体现在精神面貌方面的变化。

第五,建构业绩分析模型,构建月度经营计划。经营会计报表的独立核算成果是分析用的,那么如何对报表进行分析呢?这就要建构业绩分析模型,业绩分析模型从阿米巴的"销售最大化,费用最小化"出发,分析如何从降低固定费用、提升销售额、提升边界利润率这三个途径来提升企业的经营利润。

第六,召开业绩分析会。业绩分析会是阿米巴经营系统的核心环节,也就是 PDCA 循环中的"C"——检查环节。在这个会议上,统一检视各阿米巴单元上个周期的业绩改善情况,规划下个周期的经营计划,体现了阿米巴的业绩循环上升。

第七，构建阿米巴业绩评价和激励系统。有了细化的阿米巴经营会计报表独立核算成果，对各阿米巴单元进行评价和激励会变得更加有数据基础，阿米巴业绩评价得以建构"以利润为核心"的考核指标系统，直达经营改善的本质，更加公正公平。

第八，构建年度经营计划。企业经营战略一般为三年到五年，靠年度经营计划来落地。未来三年战略的目标、举措、资源保障有了，是靠第一年的年度经营计划来落地实施的，也就是说，企业经营战略滚动制订，指导每年的年度经营计划的制订和实施。

第九，量化分权体系。年度经营计划的顺利实施，离不开"责、权、利"的平衡，量化分权是通过经营会计报表上的数据来体现权力，也就是说，经营的权力具体体现为费用的使用权，要实现利润这个责任，要给巴长使用费用的权力，同时要给他利益。定性的权力实操中不好用，量化之后更容易落地，也使巴长更加理解阿米巴经营的内涵。

对阿米巴经营本土化的一些思考

企业在什么阶段导入阿米巴经营最合适

如果按照企业生命周期来划分一家企业的发展阶段，可以分成四个阶段：创立期、发展期、成熟期、衰退期。在这四个时期里的任意阶段导入阿米巴经营都是合适的。

在创立期导入阿米巴，可以真正把阿米巴的基因植入到企业内部，这个基因从表象上看是划小组织单元、进行独立核算，从深层上来讲是全员参与经营，每个人都是企业的发动机，而不是螺丝钉。

在发展期导入阿米巴，可以让企业发展动力更强，阿米巴不是绿皮火车，只靠火车头提供动力，而是动车模式——每节车厢都有动力。这样，企业领导人也没有那么累，企业在大家的推动下发展速度会更快。

在成熟期导入阿米巴也很不错，成熟期对于一家企业是危险的，一方面，进入成熟期的企业产品、人员、管理模式都相对稳定，利润丰厚；另一方面，进入成熟期的企业成长空间不大，并面临着模式被颠覆的危险，如果这时候企业领导人还醉心于丰厚的利润、稳定舒适的状态，好日子也就快到头了。这时候导入阿米巴，能够迅速激活组织氛围，大家群策群力，帮助企业领导人构想新产品、新项目、新模式，从而焕发青春。

在衰退期导入阿米巴，其实这个时候阿米巴已经救不活企业了，但是阿米巴的独立核算能够更加清晰地反映企业存在的问题，促使企业领导人从战略上进行深入思考，为下一次的崛起提供能量。

从我们这几年辅导企业导入阿米巴的实践来看，这些企业绝大多数处于发展期和成熟期，处于发展期的企业希望企业发展更快，处于成熟期的企业希望激活组织氛围，构建新模式。

阿米巴经营与人力资源系统能有效结合吗

人力资源项目也许能够帮企业制定一套科学合理的考核与激励机制，但激励到位是不是就可以提升企业利润呢？答案是，短期可以，长期做不到。

　　原因很简单，即激励递减效应。当一个新的激励机制出台，假设非常合理，能够有效地提升员工的积极性，但一般三五个月后，激励的边际效应就会不断下降，因为激励仍然摆脱不了"要我干"的被动意识。

　　而阿米巴经营的最大优势就是让员工形成主动工作的经营意识，从"要我干"变成"我要干"。阿米巴首先通过"做人何谓正确"作为经营哲学的出发点，让员工树立正确的工作态度；再用经营会计报表算账，哪个单元做得好、哪个单元做得差一目了然，做得差的单元必然会奋起直追。而且，利用经营会计报表进行业绩分析，可以精准地找到瓶颈环节，并采取针对性措施予以改善，就一定能获得最大的业绩改善。最后，还有绩效考核与激励，拿出经营利润的一部分全员共享，一定可以取得最佳的激励效果。

　　阿米巴与任何管理方法、工具都不矛盾，它本质上是一种战术系统，有战略的指导当然更好，从阿米巴经营会计报表和年度经营计划的编制和执行环节中，从数据的反馈上面帮助企业制定更加精准的战略举措。阿米巴是通过一个个课题改善取得业绩突破的，而这些课题如果分解为数量更多的精益生产课题来落地，当然可以获得更佳的效果。阿米巴通过年度经营计划来落地年度和月度的绩效考核与激励，如果能与股权激励及合伙人机制结合起来，对核心层的激励效果就会更好、更持久。

阿米巴经营会不会因为改善得很好，后续就没有提升的空间了

　　日本人有一句话，叫作"干毛巾拧水"，日本人为什么可以发明"精益生产""阿米巴经营"这样精致的运营改善系统和工具，就在于

他们有一种"二杆子精神"。我在日本丰田公司亲眼看到他们怎么做精益生产,丰田公司的精益生产水平已经非常高了,但其员工仍然不满足,每天在生产线上疯狂地找缺陷,进行改善。

所以,丰田公司精益生产体现的是一种永不满足、精益求精的精神。同样,阿米巴也有丰厚的哲学思想内涵,它要求员工以"做人何谓正确"为出发点不断拷问自己,每天都要反省,付出不亚于任何人的努力,单位小时核算制——每小时为一个周期的循环改善。没有完美,永远追求完美是阿米巴的一种精神和状态。

后记

企业为什么要选择和道和

和道和咨询集团从运作之初,就树立了"阿米巴经营咨询的持续领跑者"的理念,同时注重结合中国商业环境,以系统技术为主导,为中国企业导入阿米巴经营模式、培育经营人才。为培养企业经营人才而奋斗终生,是我们每一位和道和人为之奋斗的使命,也是我们每一位和道和人一直追求的!

和道和咨询集团发展历程:

和道和咨询集团前身是广州欧莱企业管理咨询有限公司。
2009年5月,徐志北等人创立广州欧莱企业管理咨询有限公司;
2013年10月,广州盛和企业管理咨询有限公司加入;

2014年11月，广州周戈企业管理咨询有限公司加入；

2016年10月，和道和咨询正式集团化运作，成立广州和道和管理咨询有限公司。

和道和"心学 × 实学"阿米巴经营体系，是以帅超和徐志北为核心的专家团队根据自身多年从事阿米巴经营的实战经验，研发出适合中国企业实际情况的一套体系，专门解决阿米巴经营在中国企业落地难的问题。

心学：企业必须利他，为顾客创造价值。企业行为和企业决策，一定要围绕真正的目标，也就是利他。当大家都去唯金钱观、唯物质观的时候，可能人心跟人心的距离就更大了。所以需要心学拉近人心与人心的距离，来释放善意，来互相取暖，为社会送来温暖，送来智慧。商业之美不仅仅是高效率地盈利，不仅仅是高效率地激发我们的创造力，满足客户需求，更应该是高效率地改变陋习，建立经营哲学。

这与稻盛和夫"敬天爱人"中的"爱人"不谋而合，也就是"心学"强调的一种"利他"精神！

实学：所谓实学，就是经营企业要有经营成果——经营利润，经营利润来源于销售最大化、费用最小化。即：要做到经营利润的最大化，就要激发出员工的智慧，并建立令员工认同公司的愿景、使命、价值观；将企业外部市场竞争引入企业内部，即企业内部市场化，形成全公司的市场竞争氛围，做到全员都面临市场竞争压力与动力，通过全员的努力来抵御外部市场的竞争压力，从而产生内部组织的动力；在组织上要让经营责任下移，将组织进行定性，组织通常定性为利润中心与费用中心两类，组织的定性让员工清楚工作的目标与追

求，利润中心工作目标是做到销售最大化、费用最小化等方面，费用中心仍然要关注费用的使用效果。

这是和道和专家团队专门为适合中国企业实际情况而打造的一套体系，专门解决阿米巴经营在中国企业落地难的问题。

"心学 × 实学"就是心学和实学两者相互的渗透，心学需要实学把经营成果落地，否则就成了夸夸其谈、空中楼阁；实学需要心学的指导，否则把人心算坏，单一的利己思维会把企业引向歧途。

当 TCL 集团、江苏华伦化工、湖南大汉控股集团、长沙华电集团、深圳华测、广州东呈国际集团、山东宇通集团、重庆派斯克刀具、无锡红豆集团、北京好适口餐饮管理有限公司等企业集团将和道和阿米巴经营模式导入后，企业经营业绩发生怎么样的变化？

（1）中国华电集团：长沙华电在 2015 年公司电量创历史新低的恶劣环境下，和道和阿米巴经营创收再次刷新历史：全年实现利润 27070 万元，（不含营业外收入 3357 万元），利润同比增加 6361 万元，增长率为 31.29%。由于卓越的业绩提升，中国华电集团湖南分公司决定继续与和道和咨询集团展开深度合作，再次请和道和咨询为常德发电公司导入阿米巴基因工程咨询项目。并且，长沙华电在和道和咨询的帮助下导入阿米巴核算软件，目前软件运行良好。

（2）江苏华伦化工有限公司：2016 年华伦化工导入和道和"心学 × 实学"阿米巴经营体系，财务数据变化为：

①销售额 17.28 亿元，比去年同期增长 0.84%；

②利润 10394 万元，比去年同期增长 58.25%；

③利润率 6.02%，比去年同期增长 57.18%。

（3）湖南大汉控股集团：湖南省第二大民营企业，大汉控股集团 2016 年营业额 336 亿元，位居全国 500 强第 384 位，湖南省百强企业第五位，湖南省民营企业第二位。大汉控股集团携手和道和咨询集团，导入阿米巴基因工程项目，帮助企业更好地转型，为大汉集团打造独立核算、培养经营型人才、全员参与的阿米巴经营模式。

（4）无锡红豆集团：2016年3月请和道和咨询集团为红豆集团下属南国控股有限公司两家企业——通源塑胶和佐派服饰导入阿米巴基因工程项目，为期6个月。其中，通源塑胶产量从200吨/月增长到270吨/月，材料成本从6890元/吨降低到6049元/吨，一线工人工资从4000元/月增加到4600元/月，佐派服饰动销率从35%跃升到60%以上。

（5）重庆派斯克刀具：和道和咨询通过对派斯克刀具6个多月系统的阿米巴经营辅导，2016年前两个季度迅速提升业绩。项目结束的业绩成果是，完成改善235个课题项目，销售额增长20%，总成本节约近260万元，利润增长了100%。

（6）北京好适口餐饮管理有限公司：始建于1998年，专业从事北方传统面食的生产和研发，目前开设终端门店50余家，是北京地区主食连锁知名品牌。2015年7月，该公司请和道和导入阿米巴，为期6个月，在克服北京控制流动人口的不利局势下，截至2016年10月，与2017年同比销售额维持不变，经营利润率从4.45%增长到10.58%，提升了6.13个百分点。

荣誉代表过去，将来还需要我们共同的努力。和道和咨询集团将一如既往地用心培训辅导中国企业，让和道和阿米巴经营模式"心学 × 实学"的种子在企业中落地生根、开花结果！

与成功者同行，与强者合作！共同打造出中国的百年企业！

参考书目

1. 干法. [日]稻盛和夫著. 曹岫云译. 北京：华文出版社，2010.5.
2. 创造高收益的阿米巴模式. [日]三矢裕，谷武幸，加护野忠男著. 刘建英译. 北京：东方出版社，2010.7.
3. 道德的中国与规则的日本. 孙绿江著. 北京：中华书局，2010.7.
4. 活法. [日]稻盛和夫著. 曹岫云译. 北京：东方出版社，2012.5.
5. 论语与算盘. [日]涩泽荣一著. 范薇，孙晓艳，林卓颖译. 北京：中国友谊出版公司，2014.4.
6. 日航重生. [日]引头麻实编著. 陈雪冰译. 北京：中信出版社，2014.7.
7. 阿米巴经营. [日]稻盛和夫著. 曹岫云译. 北京：中国大百科全书出版社，2016.3.
8. 事业合伙人：知识时代的企业经营之道. 康至军著. 北京：机械工业出版社，2016.2.
9. 阿米巴经营（中国实施指南）. 金培成著. 合肥：合肥工业大学出版社，2016.6.

10. 空巴. [日] 北方雅人, 九保俊介著. 叶瑜译. 北京：东方出版社, 2016.9.
11. 合伙人制度：有效激励而不失控制权是怎样实现的. 郑指梁, 吕永丰著. 北京：清华大学出版社, 2017.5.
12. 赋能领导力. 田俊国著. 杭州：浙江人民出版社, 2017.7.